中国劳動關係学院 青年学者文库
75周年校庆丛书

筑牢制造强国之基
产业工人队伍建设改革的
理论逻辑与实践探索

STRENGTHEN THE FOUNDATION OF
MANUFACTURING POWER

Theoretical Logic and Pactical Exploration
on the Construction and Reform of Industrial Workers

赵明霏／著

社会科学文献出版社
SOCIAL SCIENCES ACADEMIC PRESS (CHINA)

前　言

实体经济是一国经济的立身之本,是财富创造的根本源泉,是国家强盛的重要支柱。新中国走过的70余年承载着中国共产党领导全国人民建设社会主义现代工业体系的光辉历程。改革开放之前的30年,新中国经过"三年恢复期"和4个"五年计划"奠基期的努力,建立起了较为独立、完整的工业体系,不仅以崭新的面貌屹立于世界之林,也为改革开放后中国经济社会发展奠定了坚实的物质基础。改革开放40多年来,通过制定和实施一系列重大产业政策,产业结构在不断调整中优化升级,现代工业体系逐步形成。改革与发展的实践证明,实体经济是我国发展的根基,现代化产业体系是我国构筑未来发展战略优势的重要支撑。

人是生产力中最活跃的因素。构建现代化产业体系离不开一支高素质产业工人队伍的支撑。产业工人作为工人阶级中发挥支撑作用的主体力量,在推动我国工业实现由小到大、由弱到强、由贫穷落后的农业国成长为世界第一工业制造大国的历史跨越中做出了不可磨灭的贡献。翻开新中国的历史画卷,"铁人"王进喜、"高炉卫士"孟泰、"铁路小巨人"巨晓林、"金牌焊工"高凤林、"桥吊状元"竺士杰、"深海钳工第一人"管延安、"中国第一车工"洪家光……这些一代又一代拼搏奋斗、忘我奉献的产业工人在自己平凡的岗位上做出了不平凡的业绩,用自己勤劳的双手和不懈的奋斗铸就了民族伟业,奏响了"咱们工人有力量"的主旋律。近年来,从"嫦娥"奔月到"祝融"探火,从"北斗"组网到"奋斗者"

深潜,从高铁飞速发展到港珠澳大桥横跨三地,正是靠着广大产业工人的辛勤劳动、诚实劳动和创造性劳动,不断推动技术、方法和工艺的革新,使新技术、新装备得到更快更好的应用和推广,让越来越多的科技成果转化为现实生产力。

在看到产业工人巨大贡献的同时,他们的生存状况、职业发展、社会地位等问题同样值得关注。当前我国虽已是制造业大国,但是与世界制造业强国相比,我国制造业在自主创新能力、资源利用效率、产业结构水平、信息化程度、质量效益等方面存在差距,大而不强的问题依然突出,部分制造行业仍处于全球价值链中低端。在制造业企业特别是中小民营企业中,劳动密集型、中低端技术型的企业仍然占据较高比重。受到改革开放之初形成的"三来一补"代工产业模式影响,这些中低端制造业企业以低成本的来料加工生产模式为主,生产过程中劳动密集程度高,技能需求以从事简单重复性任务的低技能劳动为主,对产业工人的技能要求较低。这种生产模式也导致了产业工人在企业中处于"技能弱势"地位。一线产业工人的收入与专业技术人员、管理人员的收入仍有较大差距。此外,在工厂中产业工人职业发展空间有限、职业激励力度不足,导致一线技术工人在职业发展上没有盼头,很多技术工人在育儿、养老、房贷、职业发展等诸多压力之下,难以专心本职工作,更无动力提升自身技术技能水平。在这样的背景下,曾经受人尊敬的工人成了较低层次的职业,"不想进工厂、不愿当工人"成为社会普遍现象。这给我国制造业转型升级和实施制造强国战略带来了风险与挑战,其原因一方面是在加快建设制造强国背景下制造业对产业工人特别是高素质产业工人需求的增加,另一方面是新成长劳动力的技能供给短缺,导致制造业企业的用工荒、技工短缺与大学生的就业难现象同时存在,出现技能不匹配即结构性失业现象。

正是在这样的背景下,2017年,中共中央、国务院印发《新时期产业工人队伍建设改革方案》,就产业工人队伍建设改革专门进行谋划和部署,发出了推进产业工人队伍建设改革的动员令,以期通过改革解决产业工人在数量结构、整体素质、制度保障、权益实现等方面长期存在的突出问题,不

前言

断完善产业工人共享改革发展成果的体制机制，帮助产业工人解决最关心、最直接、最现实的利益问题，让广大产业工人共享改革发展成果，推动形成劳动光荣、技能宝贵、创造伟大的社会氛围，激励更多青年人愿意投身技能成才、技能报国之路。

产业工人队伍建设改革不仅涉及产业工人的素质提升和职业发展问题，而且事关产业工人的利益分配和待遇保障等问题，是社会各个层面的一个深刻的变化过程。推动产业工人队伍建设改革并非"局部性"的，需要从经济社会发展的全局来考虑，既要发挥劳动力市场资源配置的决定性作用，同时也要充分发挥政府的作用，推动人力资本结构、就业结构和产业结构的协同发展。可以说，产业工人队伍建设改革既是一个实践中的政策主题，也是一个学术研究中的理论主题。

由于笔者的工作单位是中华全国总工会（以下简称"全国总工会""全总"）直属并与教育部共建的高校，在劳动关系与工会领域有较显著的学术优势，从2017年以来，笔者一直关注产业工人队伍建设改革问题，围绕这一问题在过去五六年里形成了一系列学术论文、课题报告和智库报告，这些前期研究成果构成了本书的主要内容。理论源于实践，又用来指导实践。这些成果一方面聚焦于从理论层面阐释和分析产业工人队伍建设改革与产业结构升级的内在逻辑关系、提高产业工人技能水平、维护产业工人权益、发挥产业工人在创新创效中的重要作用、推动农民工融入城市等问题。另一方面则侧重于产业工人队伍建设改革的实践经验总结。从2017年7月起，笔者先后参与完成了"成都工匠培育与评选研究""大连市金普新区产业工人队伍建设改革研究""宁波市江北区产业工人队伍建设改革研究""青岛市打造'工匠之城'的实施路径研究""温州市建设职工成长型社会研究"等地方委托课题的研究。通过深入一线，笔者不仅掌握了丰富的第一手资料，同时也对产业工人队伍建设改革在实践中取得的进展和面临的挑战有了更深入的认识和思考。虽然这些实践探索分别从特定城市和地区的地方经验出发，但它们所探讨的理论问题、实践问题和政策问题在凸显产业工人队伍建设改革重要意义的主题上是一致的。本书希望通过对这些城市和地区在完善产业工人技能形成体系、畅通产业工人职业发展通道、引导产业工人在劳动和技能竞赛及企业创新创效中建功立业、充分发挥企业主体作用等方面形成的宝贵经验进行梳理和总结，为推动产业工人队伍建设改革实现从"点"的试行走向"面"的破题提供参考和借鉴。

在这些年的研究过程中，笔者还有幸参与中华全国总工会研究室、权益保障部、中国海员建设工会全国委员会的课题研究和《关于深化产业工人队伍建设改革的意见》等文件的起草工作，这些研究和工作经历让笔者进一步感受到党和国家对产业工人队伍建设改革这项战略部署的高度重视，也感受到对加强产业工人队伍建设改革研究的责任感和使命感。

本书的完成得到了中国劳动关系学院很多领导和同事的殷殷鼓励与大力支持。首先要感谢中国劳动关系学院，学校近年来致力于劳动关系与工会领域特色一流大学建设，为产业工人队伍建设改革的研究搭建了学术平台，提供了诸多资助。笔者受益于这样的环境，才形成这一系列研究成果。感谢给予合作机会的全国总工会、成都市总工会、青岛市总工会、宁波市江北区总工会等全国和地区的工会领导和同仁，以及接受调研和访谈的大量企业工作人员和一线产业工人，在此虽不能逐一列举，但感激之情牢记心底。他们是产业工人队伍建设改革的实践者，正在为实现产业工人队伍建设改革辛勤工作。正是他们的大力支持，才使我们获得了丰富的第一手资料，他们的辛勤付出和努力也激发了笔者的写作动力。感谢中国劳动关系学院科研处处长燕晓飞教授和劳动教育学院院长李珂教授，两位领导对笔者在产业工人队伍建设改革方面的研究给予了长期关注和支持。感谢经济管理学院青年教师王珊娜博士和冯婧博士对本书的研究所给予的许多帮助，尽管我们各自有不同的研究兴趣，但是我们在合作过程中既体会到学科交叉的碰撞，也感受到合作分工的喜悦，同时结下了深厚的友谊。最后还要特别感谢父母、妻子、儿子的鼓励和支持。一路历经风雨，是你们为笔者撑起了一片灿烂无比的晴空，用细致无私的爱给了笔者家庭这一温暖的港湾，让笔者充满了不断前行的力量。本书在写作过程中，得到中国劳动关系学院青年学者文库的资助，在出版过程中得到社会科学文献出版社的大力支持，在此表示衷心感谢。

产业工人队伍建设改革是一个宏大的理论主题、实践主题和政策主题，更多问题还需要在未来的研究中继续探讨。由于笔者的能力、水平有限，书中难免存在不足与需要改进之处，敬请广大读者批评指正。希望本书能为产业工人队伍建设改革的理论与实践探索尽一份绵薄之力。

赵明霏

2023年10月于北京

目 录

第一章　导　论 …………………………………………………………… 001
  一　研究背景 …………………………………………………………… 001
  二　研究意义 …………………………………………………………… 005
  三　研究内容 …………………………………………………………… 008

理论篇
产业工人队伍建设改革的行动逻辑与学理阐释

第二章　变与不变：新时代产业工人的发展与变化 ………………… 015
  一　产业工人的内涵与外延 …………………………………………… 015
  二　产业工人队伍的总体状况与特征 ………………………………… 021
  三　产业工人队伍的新发展 …………………………………………… 027
  四　产业工人队伍面临的新挑战 ……………………………………… 031
  五　新的历史条件下产业工人队伍的作用发挥 ……………………… 036

第三章　协同耦合：产业结构升级与产业工人素质
        提升的匹配逻辑 ………………………………………………… 039
  一　产业结构升级现状与特征 ………………………………………… 040

二　产业结构升级与产业工人素质提升的协同机制……………… 046

　三　产业结构升级与产业工人素质的耦合协调发展测度……… 051

　四　产业结构升级与产业工人素质提升的协同路径……………… 062

第四章　技能宝贵：产业工人技能提升的机制与路径……………… 066

　一　产业工人技能提升的理论机制……………………………… 067

　二　产业工人技能提升的实证检验……………………………… 069

　三　工会在产业工人技能提升中的作用发挥…………………… 080

　四　数字时代产业工人数字素养与技能的提升………………… 081

第五章　创造伟大：充分激发产业工人的创新活力………………… 087

　一　工会的经济效应及其对企业创新的影响…………………… 088

　二　工会激发产业工人创新活力的制度路径…………………… 092

　三　让产业工人的创新才智充分涌流…………………………… 100

第六章　体面劳动：全面提高产业工人主体的就业质量…………… 102

　一　农民工作为产业工人主体就业质量的基本状况…………… 103

　二　农民工就业质量的影响因素………………………………… 106

　三　农民工就业质量影响因素的实证分析……………………… 109

　四　提升农民工就业质量的实践路径…………………………… 119

第七章　此心安处是吾乡：加速推动农民工融入城市……………… 122

　一　劳动关系对农民工融入城市的影响………………………… 125

　二　劳动关系对农民工融入城市的实证分析…………………… 127

　三　加速推动农民工融入城市的路径与举措…………………… 137

实践篇
产业工人队伍建设改革的实践探索与地方经验

第八章 统筹谋划：产业工人队伍建设改革的进展、
　　　　挑战与突破路径 ································· 143
一　产业工人队伍建设改革的积极进展 ························ 144
二　产业工人队伍建设改革的难点堵点与体制机制障碍 ·········· 148
三　深化产业工人队伍建设改革需处理好的几对关系 ············ 151
四　充分发挥国有企业培育高素质产业工人的制度优势 ·········· 154

第九章 榜样引领：充分发挥工匠人才示范引领作用 ············ 160
一　评选和培育"成都工匠"的积极意义 ······················ 161
二　评选和培育"成都工匠"的顶层设计 ······················ 163
三　评选和培育"成都工匠"的长效机制 ······················ 166
四　评选和培育"成都工匠"的创新探索 ······················ 170

第十章 整体推进：以打造"工匠之城"系统化推进
　　　　产业工人队伍建设改革 ······························ 173
一　青岛市打造"工匠之城"的优势与特点 ···················· 174
二　青岛市打造"工匠之城"的实施路径 ······················ 177
三　在打造"工匠之城"中充分发挥企业主体作用 ·············· 182

第十一章 涓流成海：非公企业产业工人队伍建设
　　　　　改革的探索与实践 ································ 189
一　从中国制造到中国智造：重塑产业发展新格局 ·············· 190

二　宁波市江北区非公企业产业工人队伍建设改革的实践探索……… 193
三　构建"互联网+产业工人队伍建设改革"的新体系…………… 202

第十二章　久久为功：科学构建产业工人队伍建设改革的
　　　　　评价考核体系………………………………………… 209
一　产业工人队伍建设改革评价考核的指标体系构建…………… 209
二　产业工人队伍建设改革评价考核的实施步骤………………… 213
三　产业工人队伍建设改革评价考核的推进路径………………… 215

参考文献……………………………………………………………… 218

| 第一章 |

导 论

一 研究背景

人民创造历史,劳动开创未来。习近平总书记在参加党的二十大广西代表团讨论时指出,中国式现代化必须紧紧依靠工人阶级;不能瞧不起产业工人,要思考和研究怎样培养产业工人、发挥产业工人作用。产业工人作为工人阶级的主体力量,始终与中国特色社会主义建设紧密相连,推动了我国工业化和现代化发展进程。近年来,广大产业工人在国家重大战略、重大工程、重大项目建设中勇于担当,在"慧眼"卫星遨游太空、C919大型客机飞上蓝天、首艘国产航母下水、港珠澳大桥建设施工等一系列科技创新和重大工程项目建设中迸发出火热的劳动激情和巨大的创造活力,为推动经济社会持续健康发展贡献了智慧和力量。这些成就充分印证了人是生产力中最活跃的因素、劳动者是科技创新主导力量的科学论断。正如习近平总书记指出,劳动者素质对一个国家、一个民族发展至关重要,一个国家发展能否抢占先机、赢得主动,越来越取决于国民素质特别是广大劳动者素质,要建设宏大的知识型、技能型、创新型劳动者大军。[①] 当前,我国进入新发展阶

---

① 习近平:《在全国劳动模范和先进工作者表彰大会上的讲话》,《人民日报》2020年11月25日。

段，贯彻新发展理念，构建新发展格局，推动高质量发展成为"十四五"乃至更长时期经济社会发展的主题。在新发展格局中，实施创新驱动发展战略、加快关键核心技术攻关、构建现代产业体系都对劳动者素质特别是身处生产制造第一线的产业工人的技术技能素质提出更高要求。全面提升产业工人综合素养对促进劳动者素质与产业升级方向匹配、实现劳动力供求动态平衡、加速经济高质量发展发挥着至关重要的支撑作用。

2017年2月，习近平总书记主持召开中央全面深化改革领导小组第三十二次会议，审议通过《新时期产业工人队伍建设改革方案》，强调要按照政治上保证、制度上落实、素质上提高、权益上维护的总体思路，改革不适应产业工人队伍建设要求的体制机制，充分调动广大产业工人的积极性、主动性、创造性，为实现"两个一百年"奋斗目标、实现中华民族伟大复兴的中国梦更好地发挥产业工人队伍的主力军作用。2017年4月，中共中央、国务院正式印发《新时期产业工人队伍建设改革方案》。这是党和国家首次就产业工人队伍建设改革做出重大决策部署，将产业工人队伍建设改革作为实施科教兴国战略、人才强国战略、创新驱动发展战略的重要支撑和基础保障，纳入国家和地方经济社会发展规划，希望通过改革让产业工人队伍不断壮大、综合素质明显提高，使保障产业工人地位的制度更加健全，促进产业工人合法权益进一步实现，使劳动光荣、技能宝贵、创造伟大的时代风尚更加浓厚，培养造就一支有理想守信念、懂技术会创新、敢担当讲奉献的宏大产业工人队伍。

1. 产业工人队伍建设改革是迈向制造强国的迫切需要

习近平总书记在全国总工会同全国劳动模范代表座谈时指出，工业强国都是技师技工的大国，我们要有很强的技术工人队伍，要大力培育支撑中国制造、中国创造的高技能人才队伍。新中国成立70多年来，特别是改革开放40多年来，我国制造业发展取得举世瞩目的伟大成就，用几十年时间走完了发达国家几百年走过的发展历程，创造了世界制造业发展史上的中国奇迹。我们依然需要认识到，虽然我国制造业规模已连续多年保持世界第一，在工业门类和产业覆盖率上名列世界前茅，但在很多产业链中的关键环节、关键零部件、关键技术上仍然受制于人。从制造业整体竞争力来看，我国是制造大国，但还不是制造强国。攻克"卡脖子"技术问题，维护产业链、供应链安全稳定，提高产业链、供应链竞争力，不仅需要在关键技术上实现突破和创新，也需要改善产业工人技术技能水平这一重要制约因素。纵观世界工业发展史，成功的工业化不仅需要创新和应用先进的技术成果，而且还要有一支规模庞大的高素质产业工人队伍作为支撑。近年来随着制造业转型升级速度的加快，我国制造业技术工人的缺口一直很大。只有通过产业工人队伍建设改革切实解决技能型人才培养问题，并充分发挥其在技术应用、工艺创新、产品研制、设备调试等方面的中坚作用，才能使新技术、新装备得到更快更好的应用和推广，才能使越来越多的科技成果转化为现实生产力，推动我国实现由制造大国向制造强国的跨越。

2. 产业工人队伍建设改革是实施创新驱动发展战略的有效途径

习近平总书记在致首届大国工匠创新交流大会的贺信中提出，各级党委和政府要深化产业工人队伍建设改革，重视发挥技术工人队伍作用，使他们的创新才智充分涌流。[①] 创新活动不仅源自从事研发活动的科学家和工程师，而且来自直接从事生产的"工匠"或"技师"，工作在生产、建设第一线的技术工人在促进企业非研发创新中发挥着重要作用，尤其在企业渐进型创新和工艺创新中发挥着无可替代的作用。正如亚当·斯密所说，在精细分工的制造业中使用的大部分机器本来都是普通工人的发明。2017~2021年，广大产业工人共提出合理化建议4536.85万件、实施2938.01万件，开展技术革新254.81万项，完成发明创造100.13万项、先进操作法77.77万项。截至2021年，经全国总工会推荐获得国家科学技术进步奖的一线工人已达20位，各行各业不断涌现出"工人发明家"。[②] 正是靠着他们的创造性劳动，推动了技术、方法和工艺的革新，使新技术、新装备得到更快更好的应

---

① 习近平：《习近平致首届大国工匠创新交流大会的贺信》，新华网，2022年4月27日。
② 资料来源：根据《中国劳动统计年鉴》和中华全国总工会公布数据整理所得。

用和推广,让越来越多的科技成果转化为现实生产力。全面提升我国制造业的创新能力,不仅要依靠研发活动发挥引领导向作用,同时也要充分发挥群众性技术创新活动的优势,通过开展劳动和技能竞赛、设立劳模和工匠创新工作室等方式打破企业创新活动的固有边界,增进创新链中不同创新主体的联系,为产业工人技术创新交流创造良好条件,激发产业工人的创造活力和创新动力。

3. 产业工人队伍建设改革是加快构建"双循环"新发展格局的有力支撑

推动形成以国内大循环为主体、国内国际双循环相互促进的新发展格局,是党中央科学把握国内外大势,根据我国发展阶段、环境、条件变化,着眼我国经济中长期发展做出的重大战略部署。从供给视角看,畅通内部大循环的关键是要进一步提升产业链的完整性和自主创新能力。推动产业工人队伍建设改革,全面提高产业工人的技术技能水平,可以为提升产业链、供应链竞争力提供人力资本支撑。从需求视角看,国内大循环起于生产,终于消费,社会终端消费是最终动力。因此畅通国内大循环的关键是要进一步扩大国内市场的需求以消化产能。我国现有 2 亿多名产业工人,但是产业工人的年均收入水平不仅低于全社会平均水平,而且近 20 年来产业工人的年均收入水平占全社会平均水平的比重呈波动向下的趋势。尤其是农民工已经成为产业工人的主体,只有通过产业工人队伍建设改革不断提高产业工人的整体收入水平,强化外出农民工就业服务,完善农民工社会保障,才能充分释放消费潜力,为国内大循环提供强大动力。从开放视角看,要使国内市场和国际市场更好联通,需要更好地利用国内国际两个市场、两种资源,实现更加强劲、可持续的发展。不仅要继续深化国际产能合作,而且要在此基础上将其与国内价值链相互衔接,积极向共建"一带一路"国家引入国内价值链上本土龙头企业的品牌和标准。在这一过程中,加强产业工人队伍建设改革,打造一支高素质产业工人队伍,树立良好的品牌效应,将成为"走出去"企业提高国际竞争力,塑造以中国制造、中国创造为主的国际生产体系的重要保障,并为国内国际双循环的对接提供人才保证和技能支撑。

4. 产业工人队伍建设改革是实现共享发展成果的重要保障

共同富裕是社会主义的本质要求，是中国式现代化的重要特征。产业工人是工人阶级中发挥支撑作用的主体力量。在推动实现共同富裕的道路上，党和国家各项事业取得新进展、新成就都离不开产业工人的奋力拼搏和忠诚奉献。市场化改革以来，不同身份、地域、行业、岗位的职工，在就业岗位、工资收入、社会福利、社会声望等方面呈加速分化趋势。当前产业工人队伍建设改革面临的一个突出问题即产业工人共享改革发展成果不充分的问题。产业工人收入水平在不同地域之间、行业之间、岗位之间存在较大差异。在企业内部，一线技术工人的收入与专业技术人员、管理人员的收入仍有较大差距。在激励机制上，向生产操作一线技能劳动者倾斜的收入分配机制还有待建立。国家统计局数据显示，2021年我国生产制造及有关人员的年平均工资为68506元，约为全部就业人员平均水平的78%，仅为中层及以上管理人员的38%。[①] 产业工人是产业工人队伍建设改革的参与者、推动者和受益者。产业工人队伍建设改革的主要目标即是帮助产业工人解决最关心、最直接、最现实的利益问题，让广大产业工人共享改革发展成果，充分激发产业工人的积极性、主动性、创造性，为实现第二个百年奋斗目标和实现全体人民共同富裕贡献力量。产业工人队伍建设改革与共同富裕目标具有高度的融合性和关联度，是实现共同富裕的实践举措，也是不断夯实党执政的阶级基础和群众基础的重要保障。

二 研究意义

产业工人队伍建设改革具有鲜明的问题导向特征，是针对当前我国产业工人整体素质不高、收入水平低、待遇保障差、技能形成不完善、职业发展通道不畅、相关法律法规政策需要进一步完善等突出问题提出的。自2017年《新时期产业工人队伍建设改革方案》实施以来，改革既取得了重要阶

---

① 资料来源：根据国家统计局公布的2021年平均工资相关数据整理所得。

段性成效，同时也迫切需要通过进一步深化改革解决产业工人在数量结构、技能水平、制度保障、权益实现等方面长期存在的突出问题。如何解决这些产业工人最关切的现实问题？如何在推动构建现代产业体系中充分发挥产业工人的作用？新时代需要怎样的产业工人？高素质产业工人需要具备哪些素质？各地方在推动产业工人队伍建设改革的实践中形成了哪些有效的经验与做法？问题是时代的声音，回答并指导解决问题是理论建设的根本任务。本书坚持问题导向，立足实践基础，在习近平总书记关于产业工人队伍建设改革的相关论述指导下，梳理新时代以来产业工人队伍的新发展、新变化、新挑战，提炼和总结产业工人队伍建设改革的规律性成果，把实践经验上升为系统化的理论框架，以期为进一步深化产业工人队伍建设改革提供理论支撑、数据支持和决策参考。

首先，加强和深化对产业工人队伍建设改革的学理化研究、学术化阐释。产业工人队伍建设改革是一项具有战略性、全局性的重大决策部署。在各方共同努力下，改革带来的变化正广泛惠及产业工人，深刻影响经济社会发展。同时在改革中也暴露出产业工人收入水平低、待遇保障差、职业认同感不高、技能形成体系不完善、企业主体作用发挥不足等体制性、结构性难题和障碍。改革的实质是对利益关系的调整，越是到改革深水区，利益关系调整越复杂、越困难。进一步深入推动产业工人队伍建设改革，一方面需要有针对性地破解改革中的难题；另一方面还需要加强对产业工人队伍建设改革的学理化阐释，深刻把握产业工人队伍建设改革的规律与特点。本书从产业经济学与劳动经济学的研究视角和研究范式出发，对产业工人队伍建设改革与产业结构升级的内在逻辑关系、提高产业工人技能水平、维护产业工人权益、发挥产业工人在创新创效中的重要作用、推动农民工融入城市等重点问题进行理论阐释与解读，为更加精准地出台政策举措、更加全面地完善制度体系提供理论参考，让产业工人真正成为改革的推动者和受益者。

其次，提炼和总结产业工人队伍建设改革实践的规律性成果。坚持点面结合、整体推进是产业工人队伍建设改革实施以来的重要实践经验。2020

年1月，全国总工会印发了《关于开展产业工人队伍建设改革试点工作的通知》，开始在全国层面选取25个地方和企业开展2批产业工人队伍建设改革试点工作，围绕产业工人思想引领、建功立业、素质提升、地位提高和队伍壮大等方面进行积极探索，充分发挥试点地方和企业的示范引领带动作用，为推动产业工人队伍建设改革向纵深发展提供有益经验。本书将从成都、青岛、宁波等产业工人队伍建设改革试点城市和地区近年来推动产业工人队伍建设改革的实践探索中汲取丰富的经验养料，围绕成都开展"成都工匠"培育五年计划、青岛打造"工匠之城"、宁波江北区探索非公企业产业工人队伍建设改革等工作实践，对构建产业工人技能形成体系，突破产业工人职业转换、岗位调整、职位晋级限制，引导产业工人在构建现代产业体系中建功立业，大力弘扬劳模精神、劳动精神、工匠精神，充分发挥企业主体作用等方面的创新探索和先进经验进行梳理和总结。

最后，丰富和拓展产业工人队伍建设改革的研究方法和研究手段。本书主要采用理论分析与实证分析相结合、定性分析与定量分析相结合的方法展开研究。在研究产业工人的内涵、外延以及产业工人队伍建设改革与产业结构升级的逻辑关系等问题时，主要采用理论分析与定性分析的方法。全面把握产业工人队伍的基本状况，了解和掌握产业工人的收入状况、休息休假、社会保险状况，构建产业工人就业质量评价指标体系等都需要一定的数据支撑，本书的一大特点就是尝试运用实证分析和定量分析的方法来研究产业工人队伍建设改革相关问题。一方面，利用国家统计局的宏观数据对产业工人队伍的整体状况进行分析，对产业结构升级与产业工人素质的耦合协调度进行测度；另一方面，借助产业工人的微观调查数据对产业工人的技能提升、权益保障和就业质量等问题进行研究。例如，利用中国流动人口动态监测调查数据对农民工产业工人的就业质量进行测度，利用大连市职工状况的个体调查数据对产业工人的技能提升问题进行实证研究，利用农民工就地过年专项调查数据研究农民工的城市融入问题。此外，还通过结构式访谈的方法与政府部门、企业管理部门、工会组织、职业院校和产业工人进行座谈，了解不同参与主体在产业工人队伍建设改革中的经验做法和面临的困境，进而发现不同地区、不同行业和不同所有制企业在产业工人队伍建设改革中存在的一般性和特殊性问题。

三 研究内容

坚持以产业工人为中心的改革导向是产业工人队伍建设改革的基本原则。只有坚持改革为了产业工人、依靠产业工人、造福产业工人，始终围绕产业工人特点和需求来谋划和推进改革，才能激发起广大产业工人的主人翁意识，调动起其积极性、主动性、创造性，为改革注入强大动力。本书将以产业工人为研究对象，设置理论篇和实践篇两部分内容。理论篇主要考察产业工人队伍的发展与变化，分析新的历史条件下产业工人面临的新情况、新问题，对产业结构升级与产业工人素质提升的匹配逻辑、产业工人技能提升的机制与路径、产业工人创新创造活力、产业工人就业质量、农民工城市融入等问题进行学理化研究。实践篇则从2017年以来产业工人队伍建设改革的工作推进出发，对成都、青岛、宁波等地区的实践探索与地方经验进行梳理总结。不积跬步，无以至千里。虽然对上述问题的回答和探索只是初步的，但希望可以为认识问题和解决问题提供可资借鉴的思路与启示。

第一章导论主要回答了推动产业工人队伍建设改革的现实背景，阐释了本书的研究意义、研究目的以及本书的研究内容。

第二章从产业工人的内涵与外延出发，对我国产业工人队伍的总体状况与特征进行分析，回顾了新时代以来我国产业工人队伍的新发展以及面临的新挑战、新问题，提出了在建设社会主义现代化国家的新征程中，如何在政治、经济、文化建设中充分发挥产业工人队伍的作用。

第三章阐释了产业结构升级与推动产业工人队伍建设改革的内在逻辑关系。如何协调好产业结构与就业结构之间的关系，实现产业结构升级和劳动力就业结构特别是技能结构的同步转换，是我国实现经济转型升级必须面对的现实问题。本章从理论上构建了产业结构升级与产业工人素质提升的协同机制；运用耦合协调度模型从时间和空间两个维度，对产业结构升级与产业工人素质耦合协调发展的互动适配关系与时空演变特征进行分析；提出在深化产业工人队伍建设改革的进程中，应从加强技能培训、提高收入待遇、畅通发展通道、提高社会地位等方面协同发力，推动产业结构升级和产业工人素质提升协同发展。

第四章研究产业工人技能提升的机制与路径。在产业工人队伍建设改革的实践中，工会充分利用扎根群众的组织优势，积极发挥工会的建设与教育职能，通过开展劳动和技能竞赛、推出形式多样的培训项目、设立劳模与技能人才创新工作室等方式为产业工人提高技能水平创造良好的条件，在产业工人技能形成中体现工会的作用和价值。本章从理论上分析工会对产业工人技能提升的作用机制，利用产业工人的微观调查数据对工会的技能提升效应进行实证检验。同时提出在当前数字经济快速发展的背景下，实体经济与数字经济深度融合，数字产业化与产业数字化加速推进，产业工人必须提升数字素养和技能，才能适应数字化生产、智能化制造快速发展的步伐。

第五章阐述了产业工人在企业创新中发挥的重要作用。近年来我国涌现出一大批懂技术、会创新的大国工匠和杰出技术工人，以他们为代表的群众性技术创新队伍已经成为创新型国家建设不可或缺的重要力量，群众性技术创新活动也成了国家创新体系的重要组成部分。本章从理论上研究工会激发产业工人创新活力的制度路径，提出在制造业企业的生产过程中，工会通过开展职工技术创新活动产生的激励效应、设立劳模和工匠创新工作室产生的平台效应、加强技能培训和劳动竞赛产生的人力资本效应、协调企业劳动关系产生的协同效应对制造业企业的非研发创新活动特别是渐进式创新产生影响。提出全面提升我国制造业的创新能力，既要依靠企业的研发活动发挥引领导向作用，也要充分发挥工会组织的创新效应打破企业创新活动的固有边界，通过激发产业工人的创造活力和创新动力，增进创新链中不同创新主体的联系，进而有效提高企业创新能力。

第六章探析了产业工人的就业质量。让广大产业工人在政治上有待遇、社会上有地位、经济上有实惠、职业上有保障是产业工人队伍建设改革的主要目标。长期以来，产业工人特别是农民工产业工人的就业质量一直备受关注，产业工人收入水平低、工作强度大、待遇保障差、工作不稳定等问题普遍存在。本章以产业工人的主体农民工为研究对象，通过构建就业质量评价指标体系，利用流动人口动态监测调查数据，对农民工就业质量进行测度，并从个体特征、家庭特征和迁移特征三个维度分析就业质量的影响因素和影响机制，进而提出提高农民工就业质量的实践路径。

第七章从稳定就业的视角出发，考察劳动关系状况对农民工融入城市的影响。近年来，农民工越来越向以家庭为单位的迁移模式转变，这种迁移模式将对农民工融入城市产生影响。本章从理论层面探索劳动关系状况对农民工融入城市的影响机制，利用农民工个体调查数据考察劳动关系状况对农民工融入城市的影响，并利用中介效应模型，进一步探讨工资水平、社会保险、工作时间和工作稳定性对农民工城镇定居意愿影响的中介作用，最后提出加速推动农民工融入城市的路径与举措。

第八章回顾了 2017 年以来产业工人队伍建设改革取得的进展以及面临的问题与挑战，并提出了相应的突破路径。为了进一步推动产业工人队伍建设改革向纵深发展，需要处理好产业结构与产业工人、政府与市场、数量与质量、物质与精神、国有企业与民营企业的关系。特别是要充分发挥国有企业的制度优势，在加强产业工人的思想政治引领，弘扬劳模精神、劳动精神、工匠精神，构建有利于产业工人技能提升的制度环境，提高一线产业工人收入与待遇水平，以及发挥国有企业工会作用等方面充分发挥示范引领作用，培养造就更多大国工匠和高技能人才。

第九章以"成都工匠"的评选和培育为案例，探讨在产业工人队伍建设改革的实践中如何充分发挥工匠人才的示范引领作用。"成都工匠"的评选和培养是从工匠培育顶层设计入手，聚焦成都重点发展的五大先进制造业和五大新兴服务业，在具有工艺专长、掌握高超技能、技术精湛、精益求精、严谨细致、专业敬业，长期坚守在生产服务一线的产业工人特别是制造业产业工人中，评选和培育一批本领域、行业内具有较高公认度和示范引领作用的产业工人代表，通过制度设计做出了产业工人培育、引进、竞赛、评价、使用、激励、保障等一整套制度安排，为开展工匠人才选树活动和深入推动产业工人队伍建设改革提供了有益探索。

第十章以青岛打造"工匠之城"为案例,开展基于地方产业基础和企业特点,系统化推动产业工人队伍建设改革的实践探索。青岛市将打造"工匠之城"作为城市发展战略,从加强顶层制度设计、构建奖励激励体系、搭建工作支撑平台、推进收入分配改革、优化服务保障体系五个方面加强产业工人队伍建设改革。通过打造新时代"工匠之城",在全社会营造尊重工匠、崇尚工匠的社会环境,培育一支门类齐全、数量充足、结构合理、技艺精湛、素质优良的工匠与技能人才队伍,为青岛构建现代产业体系、建设制造强市提供支撑保障。

第十一章阐述了非公企业产业工人队伍建设改革的探索与实践。宁波市江北区通过强化思想政治引领、构建产业工人队伍技能提升体系、优化产业工人队伍建设改革支撑保障机制等举措在非公企业产业工人队伍建设改革方面积极探索,2019年被列为浙江省推进新时代产业工人队伍建设改革试点区。本章从宁波市江北区推动制造业企业智能化改造和数字化转型的现实背景出发,梳理总结江北区非公企业产业工人队伍建设改革的经验做法,并对"互联网+"产业工人队伍建设改革的实践路径进行探索。

第十二章对构建产业工人队伍建设改革的评价考核体系进行研究。随着产业工人队伍建设改革不断深入推进,对政策的针对性与有效性也提出了更精准的要求,加快推动产业工人队伍建设改革综合评价考核工作,开展改革情况绩效评估,不仅有助于发现改革过程中存在的问题与困难,也有利于通过量化评价,考量当前政策效果,为现行政策调整和未来政策制定提供依据。本章尝试性构建产业工人队伍建设改革评价考核指标体系,并提出基于第三方评价机构的产业工人队伍建设改革评价考核实施步骤,建议分类建立评价考核指标库和案例库,并建立与其他相关政策评价的协调机制,使产业工人队伍建设改革取得"1+1>2"的成效。

理论篇

产业工人队伍建设改革的行动逻辑与学理阐释

| 第二章 |

变与不变：新时代产业工人的发展与变化

产业工人在我国革命、建设和改革历程中发挥着不可替代的作用，有着特殊的历史地位和时代光荣。新中国成立70多年来，特别是改革开放以来，我国产业工人队伍发生了深刻变化，产业工人队伍不断发展壮大、文化素质和技能水平逐步提高，农民工逐渐成为产业工人队伍的重要构成部分。在新的历史条件下，产业工人也面临着一系列新发展、新变化、新问题。当前，无论是在学术研究还是实践工作中，产业工人的内涵与外延还没有形成统一的认识。随着时代发展，产业结构加速升级，特别是生产性服务业与制造业融合程度越来越高，产业工人的内涵与外延也越来越丰富。从产业工人队伍建设改革的理论研究和实践探索的需要来看，有必要对产业工人的概念做出明确界定，在此基础上准确把握产业工人队伍的群体特征，分析产业工人面临的新情况、新问题，有助于全面客观地了解产业工人队伍的整体状况和发展趋势，同时也有利于在实践中为进一步深化产业工人队伍建设改革提供理论参考与决策依据。

一 产业工人的内涵与外延

产业工人是产业革命的产物。产业革命表现为生产技术引起生产力大发展,从而引起经济结构的大变化,最终导致社会结构的大飞跃。人类社会的每一次突破性技术革命都会引起一次重大的产业革命。18世纪60年代在英国发生了第一次工业革命。一方面,工业革命的发生带来了生产力的巨大变革,使当时英国的各主要工业部门先后出现从手工业生产向机器生产的转变,并使机器生产的大工业逐渐取代农业成为主导性产业,人类生产方式也开始由手工业劳动进入动力机器生产的时代。另一方面,工业革命的发生带来了人类社会阶级的分化和生产关系的巨大转变。工业革命带来的机器生产推动了资本主义商品经济的发展,摧毁了原来的生产方式,把劳动者与生产资料强制地分离开来,割断了劳动者与生产资料的直接结合,由此产生了大量丧失生产条件的一无所有的劳动力占有者。正如恩格斯所指出,"现代工人,即无产者,是伟大的工业革命的产物,正是这个革命近百年来在所有文明国家中实现了整个生产方式的彻底变革,起初是在工业方面,后来是在农业方面;由于这个革命的结果,参与生产的只有两个阶级:拥有劳动工具、原料和生活资料的资本家阶级,和既没有劳动工具、原料,也没有生活资料,而必须首先用自己的劳动向资本家购买生活资料的工人阶级"[1]。

在一些经典文献与理论探讨中,产业工人与工人阶级这两个概念经常混同使用。仔细考察,两者既有联系,又有区别。从一般意义上来说,两者所指向的内容是一样的,无论是工人阶级还是产业工人,都是伴随着资本主义生产方式的确立而出现的独立于农民、小手工业者群体的新兴阶级。从概念侧重来看,工人阶级更侧重从生产关系的角度出发,强调工人不占有生产资料。资本家为了获取更多的利润,采取各种方式剥削压榨工人,资本主义社会的基本矛盾进一步暴露,工人阶级与资产阶级的矛盾日益加深。马克思在《资本论》中界定了工人阶级的实质:"'无产者'在经济学上只能理解为生产和增殖'资本'的雇用工人。"恩格斯在《共产党宣言》的英文版注解上给出了关于工人阶级的经典性界定:"无产阶级是指没有自己的生产资料、因而

---

[1] 《马克思恩格斯全集》第16卷,人民出版社,2007。

不得不靠出卖劳动力来维持生活的现代雇佣工人阶级。"①毛泽东在《中国社会各阶级的分析》一文中曾指出,工人阶级是中国新的生产力的代表者,是近代中国最进步的阶级,是革命运动的领导力量。②

与工人阶级的概念不同,产业工人更强调工人的行业特征。两者强调的角度不同,工人阶级突出鲜明的阶级特征,产业工人突出的则是其职业和行业特征。"产业"是社会分工的产物,并随社会分工和社会生产力特别是科学技术的发展而发展。工业革命后,机器生产的大工业取代农业成为主导性产业。一方面,产业工人具有雇用工人的特点,即那些靠出卖劳动力,不拥有生产资料和生产工具,劳动成果大部分被资产阶级剥削,并为社会创造主要财富的阶层。另一方面,产业工人更突出行业特点,主要指与机器大生产紧密联系的从事物质生产劳动的工厂工人,以区别于手工业工人、农业雇工、商业和金融业的劳动者等。

随着资本主义生产社会化的不断扩大以及劳动协作的持续发展,产业工人的内涵和外延也发生变化。19世纪后半期,马克思先后提出"脑力无产阶级"和"总体工人"等概念,并就"总体工人"概念做出如下阐释:"随着劳动过程本身的协作性质的发展,生产劳动和它的承担者即生产工人的概念也就必然扩大。为了从事生产劳动,现在不一定要亲自动手;只要成为总体工人的一个器官,完成它所属的某一个职能就够了。"③马克思的"总体工人"概念,涵盖了直接从事劳动的生产者以及从事脑力劳动的科技人员和管理人员,他们都属于参与社会化商品生产的雇用劳动者。

在我国,产业工人的产生同样是与社会化大生产密切联系的。在新中国成立前,他们普遍没有生产资料,是靠出卖劳动力为生的雇用劳动者。这些特征与资本主义工业早期的产业工人非常相似,呈现与马克思主义经典作家所描述的工人阶级相符合的基本特征。新中国成立后,工人阶级从过去受剥

---

① 《马克思恩格斯选集》第1卷,人民出版社,2009。
② 《毛泽东选集》第1卷,人民出版社,1991。
③ 《马克思恩格斯全集》第23卷,人民出版社,1972。

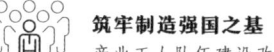

削和受压迫的阶级变成了国家的领导阶级，工人阶级的状况发生了深刻变化。产业工人作为工人阶级的主体力量，主要包括在工厂、矿山和工地等场所从事生产、制造、建筑等的劳动者，特别指在第二产业从业的工人。值得注意的是，从20世纪中叶开始，随着信息技术发展，社会分工进一步分化，涌现出许多新的产业部门，特别是服务业快速发展。服务业的快速发展一方面表现为服务部门产值和就业比重的不断扩大，另一方面表现为生产性服务业的快速发展。在服务业不断融入制造业的过程中，服务已不再仅仅是一种最终产品，而成为一种中间投入品和黏合剂，与社会生产的各产业部门存在密切的联系与互动，服务业与制造业间的融合程度日益提高。随着时代的发展，与产业结构的变迁和演进相适应，产业工人的外延也发生着深刻变化。现代产业工人不仅包括在第二产业从业的工人，还包括在与生产制造紧密联系的生产性服务业中从业的劳动者。鉴于此，根据中华全国总工会的界定，我国产业工人的外延主要包括在第一产业的农场、林场，第二产业的采矿业、制造业、建筑业以及电力、热气、燃气及水生产和供应业，第三产业的交通运输、仓储及邮政业以及信息传输、软件和信息技术服务业等行业中从事集体生产劳动，以工资收入为生活来源的工人。[①] 根据统计，当前在交通运输、仓储及邮政业以及信息传输、软件和信息技术服务业等生产性服务业从业的产业工人比重不断上升，在城镇非私营单位中，在这两类生产性服务业从业的产业工人数量从2012年的890.3万人上升至2020年的1299.3万人。

当前产业工人的概念界定，特别是产业工人的行业划分，主要依据三次产业划分理论。从新中国成立到20世纪70年代末，我国对产业结构的研究主要集中于社会再生产理论两大部类关系和"农、轻、重"关系。改革开放后逐渐在理论研究和实践中引入三次产业的概念，并参考联合国国际标准产业分类体系（ISIC）对国民经济进行行业分类和统计。目前中华全国

---

① 李玉赋主编《新的使命和担当——〈新时期产业工人队伍建设改革方案解读〉》，中国工人出版社，2017。

总工会产业工人的概念囊括了第三产业的交通运输、仓储及邮政业以及信息传输、软件和信息技术服务业等服务行业，反映了我国经济发展和产业结构转型升级的新趋势。但是随着制造与服务融合发展的新型制造模式和产业形态加速发展，服务型制造成为先进制造业与现代服务业深度融合的重要方向，新行业、新业态、新模式不断涌现，产业工人的行业划分也有待进一步明确，否则容易在学术研究和实践工作中产生以下两方面的分歧和误解。

一是使产业工人的外延窄化，无法满足产业转型升级、加快构建现代化产业体系的需要。随着信息技术、人工智能、大数据等技术不断突破和广泛应用，服务内容、业态、模式加速创新，现代服务业与先进制造业、现代农业深度融合，工业设计服务、供应链管理、定制化服务、共享制造、检验检测认证服务、节能环保服务、生产性金融服务等生产性服务与制造业的联系越来越紧密，当前产业工人的行业划分仅列出第三产业的交通运输、仓储及邮政业以及信息传输、软件和信息技术服务业两个行业，第三产业的其他行业则用"等"字概括是不准确的。为了适应先进制造业与现代服务业深度融合的新趋势，产业工人的行业划分有必要进一步明确第三产业的生产性服务业属性，将在其他生产性服务业中从业的工人包括在内。

二是使产业工人的范围泛化，不利于产业工人队伍建设改革的精准推进。从产业工人的行业特征来看，产业工人的主体依然是在第二产业从业的工人。从行业分布来看，当前我国产业工人主要集中在制造业和建筑业两个行业。2020年，47.1%的产业工人集中在制造业，26.7%的产业工人集中在建筑业，两者囊括了超过七成的产业工人。尽管在产业融合发展的趋势下，第三产业部分行业的从业工人被纳入产业工人的概念，但并未明确这部分行业同与生产制造紧密联系的生产性服务业之间的包含关系，导致在实际工作中产业工人的范围泛化，例如一些地区将所有新就业形态劳动者纳入产业工人队伍建设改革的工作格局。在互联网平台就业的快递员、外卖员、网约车驾驶员、货车司机等新就业形态劳动者中，快递员开展的生产性邮递服务、快递服务和生产性装卸搬运服务等属于生产性服务业的范畴，外卖员、网约车驾驶员等从事的主要是生活性服务活动，与生产制造没有直接联系，不应被纳入产业工人的统计范围。

鉴于此，为提升产业工人队伍建设改革的精准性和前瞻性，进一步明确产业工人的行业划分，突出第三产业的生产性服务业①特征，本书对产业工人的内涵与外延进行重新界定。

产业工人主要包括在第一产业的农业、林业、畜牧业、渔业；第二产业的采矿业，制造业，建筑业，电力、热力、燃气及水生产和供应业；第三产业的生产性服务业中从事集体生产劳动的以工资收入为主要生活来源的工人（见表2-1）。

表2-1 产业工人行业划分

行业类别名称	行业分类标准		
	大类	中类	小类
第一产业			
农业	1	9	30
林业	1	5	9
畜牧业	1	4	14
渔业	1	2	4
第二产业			
采矿业	7	19	39
制造业	31	179	608
电力、热力、燃气及水生产和供应业	3	9	18
建筑业	4	18	44
第三产业（生产性服务业）			
研发设计与其他技术服务	1	5	26
货物运输、通用航空生产、仓储和邮政快递服务	1	6	22
信息服务	1	3	20
金融服务	1	4	26
节能与环保服务	1	3	11

---

① 国家统计局在生产性服务业统计分类（2019）中明确了生产性服务业共包括10个大类35个中类171个小类行业类别。

续表

行业类别名称	行业分类标准		
	大类	中类	小类
生产性租赁服务	1	2	7
商务服务	1	3	19
人力资源管理与职业教育培训服务	1	2	8
批发与贸易经纪代理服务	1	2	14
生产性支持服务	1	5	18
合　计	59	280	937

二　产业工人队伍的总体状况与特征

党的十八大以来，我国坚持以创新、协调、绿色、开放、共享新发展理念为指导，深入推进供给侧结构性改革，推动经济发展质量变革、效率变革、动力变革，加快构建以国内大循环为主体、国内国际双循环相互促进的新发展格局。经济总量不断扩大，2012~2021年，我国GDP从53.9万亿元大幅增至114.4万亿元，人均GDP从6300美元上升到超过1.2万美元。产业结构持续调整优化，三次产业增加值比重由10.1∶45.3∶44.6调整为7.3∶39.4∶53.3。服务业占GDP比重超过50%，成为拉动经济增长的主要力量。高技术制造业和装备制造业增加值占规模以上工业增加值比重分别从2012年的9.4%、28%提高到2021年的15.1%、32.4%。产业工人身处生产制造第一线，在推动技术创新，提高企业竞争力，加快产业链、供应链转型升级等方面具有基础性作用。随着经济社会的快速发展和互联网等新技术的广泛应用，我国产业工人队伍在行业结构、性别结构、文化程度等方面也发生了明显的新变化，呈现许多新特点。

本章节将基于《中国统计年鉴》《中国人口和就业统计年鉴》《中国劳动统计年鉴》等资料中的国家统计局宏观数据对我国产业工人的基本状况进行分析和研究。在国家统计局的统计口径中，就业人员按城镇和乡村就业人员分别统计，城镇就业人员又可以分为城镇非私营单位①就业人员、城镇私营单位就业人员以及个体就业人员。由于国家统计局公布的数据中没有分行业的乡村就业人员和城镇私营企业就业人员相关数据，因此本部分通过重点分析我国城镇非私营单位产业工人的分布结构与特征来研究当前我国产业工人队伍的基本情况。

1. 产业工人队伍总体规模呈下降趋势，制造业产业工人比重下降明显

从产业工人队伍的构成来看，在第二产业就业的以工资收入为主要生活来源的劳动者是产业工人队伍的主体。近年来随着我国服务业比重不断提高，第二产业就业人数从2012年的2.32亿人下降至2020年的2.15亿人，第二产业就业人员在产业工人中的比重也从30.4%下降至28.7%（见图2-1）。第二产业的用工规模总体呈下降趋势一方面是由于第二产业规模效益的扩大，第二产业劳动生产率的提升，以及技术进步的推动；另一方面是因为第三产业快速发展，服务业企业数量大量增加，尤其是平台经济的兴起，第三产业越来越成为吸纳就业的蓄水池。城镇非私营单位产业工人的变化也进一步印证了这一结论，2012~2020年，在城镇非私营单位就业的产业工人数量呈现出先上升后下降的趋势（见图2-2），从2012年的8477.2万人上升至2013年的1.07亿人，此后便开始逐年下降，2020年城镇非私营单位产业工人数量下降至8075.6万人，比2012年减少401.6万人，下降4.7%。从产业工人的细分行业来看，制造业的下降趋势更加明显。在城镇非私营单位就业的制造业产业工人数量从2012年的4262.2万人下降至2020年的3805.5万人，减少了456.7万人，下降10.7%。

2. 产业工人主要集中于制造业和建筑业，在生产性服务业从业的产业工人比重逐步上升

当前我国产业工人主要分布在制造业和建筑业两个行业。2020年，七成以上产业工人集中在制造业和建筑业。其中，制造业产业工人比重为

---

① 城镇非私营单位包括城镇国有单位、城镇集体单位和其他单位，其中其他单位包括股份合作单位、联营单位、有限责任公司、股份有限公司、港澳台商投资单位以及外商投资单位等。

第二章 变与不变：新时代产业工人的发展与变化

图 2-1 2012~2020 年第二产业就业人数与比重

图 2-2 2012~2020 年城镇非私营单位产业工人总体规模与行业分布

47.1%，建筑业产业工人比重为 26.7%（见图 2-3）。尽管制造业产业工人数量占产业工人总人数比重从 2012 年的 50.3% 下降至 47.1%，但是仍有近一半的产业工人在制造业从业。可见，在产业结构转型升级推动下，产业工人的外延不断扩大,但是从产业工人的行业特征来看,制造业和建筑业产业工人依然是产业工人队伍的主体。随着专业化分工的逐渐细化和市场化水平的提高,服务业不断向生产领域渗透,服务业与制造业的融合趋势不断加强,模糊了制造业与服务业的边界。以现代信息技术、网络技术和数字技术为手段,以生产服务为核心的生产性服务业快速发展,通过产业关联效应不断带动服务业和制造业升级,提高了整体经济的竞争力,成为现代经济增长的重要支撑。在这一背景下,在交通运输、仓储及邮政业以及信息传输、软件和信息技术服务业等生产性服务业从业的产业工人比重也不断上升,在城镇非私营单位中,生产性服务业的产业工人数量从 2012 年的 890.3 万人上升至 2020 年的 1299.3 万人,在产业工人中的比重也从 10.5% 提高至 16.1%。

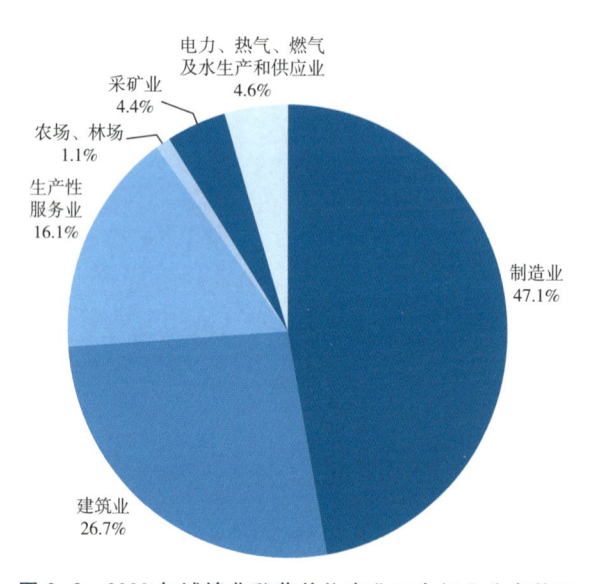

图 2-3　2020 年城镇非私营单位产业工人行业分布状况

3. 产业工人构成日渐复杂,农民工依然是产业工人重要组成部分

党的十八大以来,党中央深入推进以人为核心的新型城镇化战略,先后召开中央城镇化工作会议、中央城市工作会议,制定《国家新型城镇化规划（2014—2020 年）》《国务院关于进一步推进户籍制度改革的意见》等一系列顶层设计文件。在此背景下,农村剩余劳动力加速向城市迁移,为产

业工人队伍的发展壮大注入了源源不断的新鲜"血液"。国家统计局公布的《2021年农民工监测调查报告》显示，2021年全国农民工总量为2.92亿人，在第二产业就业的农民工比重为48.6%，约1.42亿人，其中在制造业从业的农民工比重为27.1%，在建筑业从业的农民工比重为19.0%。在第三产业中从事交通运输、仓储及邮政业的农民工比重为6.9%。依据产业工人的行业划分，2021年农民工产业工人约有1.62亿人，农民工已成为产业工人队伍的重要组成部分。此外，从当前产业工人队伍的构成来看，既有在国有企业工作的产业工人，也有在私营企业、合资企业以及外资企业工作的产业工人。从用工方式和劳动关系来看，产业工人队伍中既有与用人单位签订正式劳动合同（或确定正式劳动关系）的正式职工，也有未签订正式劳动合同的非正式职工，诸如临时工、派遣工、灵活就业工人等。

4. 产业工人平均年龄不断提高，制造业和建筑业产业工人老龄化趋势明显

自新中国成立以来，随着人民生活水平的提高和医疗卫生保健事业的发展，死亡率迅速下降；实行了计划生育政策后，生育率也开始迅速下降，人口年龄结构类型发生了转变。国际上通常把60岁及以上的人口占总人口比重达到10%，或65岁及以上人口占总人口比重达到7%作为国家或地区进入老龄化社会的标准。2021年我国60岁及以上人口占比为18.7%，其中65岁及以上人口占13.5%。按照上述标准，我国已成为老龄化程度较高的国家。在我国人口整体老龄化程度不断提高的背景下，产业工人队伍的老龄化趋势也日渐明显，特别是在制造业和建筑业中，这一趋势更加明显。在制造业产业工人中，40岁及以下产业工人所占比重由2012年的61.3%下降至2020年的52.9%，50岁及以上产业工人所占比重由2012年的10.9%上升至2020年的19.2%。在建筑业产业工人中，40岁及以下产业工人所占比重由2012年的49.1%下降至2020年的42.3%，50岁及以上产业工人所占比重由2012年的16.3%上升至2020年的29.3%。农民工作为我国产业工人的重要组成部分，平均年龄也逐年提高，由2012年的37.3岁上升至2021年的41.7岁。40岁及以下农民工所占比重逐年下降，由2008年的70%下降到2012年的59.3%，2021年进

一步下降至48.2%。

5. 产业工人平均工资呈上升趋势，但不同行业、不同岗位、不同所有制类型企业、不同区域的产业工人工资收入差异较大

党的十八大以来，产业工人的收入保持稳定增长。以城镇非私营单位产业工人为例，制造业产业工人的年平均工资从2012年的41650元上升至2020年的82783元；建筑业产业工人的年平均工资从2012年的36483元提高到2020年的69986元；随着信息化发展，信息传输、软件和信息技术服务业产业工人工资水平与增速一直维持在较高水平，年平均工资从2012年的80510元提升至2020年的177544元，9年间增长了120.5%，远高于在其他行业就业的产业工人（见图2-4）。从不同工作岗位来看，在生产车间从事生产制造工作的一线产业工人平均工资明显低于企业中的中层及以上管理人员和专业技术人员。2021年，在制造业中，生产制造岗位的产业工人年平均工资为68024元，远低于中层及以上管理人员的167097元和专业技术人员的117611元。在采矿业，建筑业，交通运输、仓储及邮政业以及信息传输、软件和信息技术服务业中，产业工人的工资收入同样存在岗位差异（见表2-2）。从不同所有制类型的企业来看，2021年国有企业中从事生产制造及有关工作的人员的年平均工资为89138元，高于其他所有制

图2-4 2012~2020年城镇非私营单位产业工人年平均工资状况

企业。从不同区域来看，2021年东部地区从事生产制造及有关工作的产业工人年平均收入为71576元，高于西部地区的67801元、东北地区的65934元和中部地区的61288元。[①]

表2-2　2021年分行业分岗位产业工人年平均工资

单位：元

行业	中层及以上管理人员	专业技术人员	办事人员和有关人员	社会生产服务和生活服务人员	生产制造及有关人员
采矿业	198534	129137	106756	64734	92323
制造业	167097	117511	85614	83429	68024
电力、热力、燃气及水生产和供应业	219948	147260	99057	105149	115134
建筑业	123273	82424	58191	55998	61333
交通运输、仓储及邮政业	199151	149998	89867	96276	87293
信息传输、软件和信息技术服务业	386705	225938	136772	128032	90433

三　产业工人队伍的新发展

在百年历史征程中，中国共产党始终把工人阶级作为自己最坚实、最可靠的阶级基础，坚持全心全意依靠工人阶级的方针。2015年，习近平总书记在庆祝"五一"国际劳动节暨表彰全国劳动模范和先进工作者大会上的讲话中旗帜鲜明地指出，不论时代怎样变迁，不论社会怎样变化，我们党全心全意依靠工人阶级的根本方针都不能忘记、不能淡化，我国工人阶级地位和作用都不容动摇、不容忽视。[②] 在新时代的奋斗征程中，产业工人作为工人阶级中发挥支撑作用的主体力量也获得了新发展：产业工人的

---

① 资料来源：国家统计局《2021年规模以上企业就业人员年平均工资情况》。
② 习近平：《在庆祝"五一"国际劳动节暨表彰全国劳动模范和先进工作者大会上的讲话》，《人民日报》2015年4月29日。

政治地位更加巩固,在经济社会发展中的作用更加凸显,文化引领性更加突出。

1. 以习近平同志为核心的党中央高度重视

中国共产党作为工人阶级的先锋队,始终把包括产业工人在内的广大工人阶级作为自己的阶级基础和依靠力量,高度重视产业工人队伍建设。党的十八大以来,习近平总书记围绕产业工人、产业工人队伍建设改革,多次发表重要讲话、做出重要指示。2017年2月6日,习近平总书记主持中央全面深化改革领导小组第三十二次会议,审议通过《新时期产业工人队伍建设改革方案》。2018年10月29日,习近平总书记在同全国总工会新一届领导班子成员集体谈话时指出,要加强产业工人队伍建设,加快建设一支宏大的知识型、技能型、创新型产业工人大军。2020年11月24日,习近平总书记在全国劳模大会上发表重要讲话,强调要推进产业工人队伍建设改革,落实产业工人思想引领、建功立业、素质提升、地位提高、队伍壮大等改革措施,造就一支有理想守信念、懂技术会创新、敢担当讲奉献的宏大产业工人队伍。2020年12月10日,习近平总书记致信祝贺首届全国职业技能大赛举办,强调要高度重视技能人才工作,大力弘扬劳模精神、劳动精神、工匠精神,激励更多劳动者特别是青年一代走技能成才、技能报国之路,培养更多高技能人才和大国工匠,为全面建设社会主义现代化国家提供有力人才保障。2022年4月27日,习近平总书记在致首届大国工匠创新交流大会的贺信中强调,技术工人队伍是支撑中国制造、中国创造的重要力量。各级党委和政府要深化产业工人队伍建设改革,重视发挥技术工人队伍作用,使他们的创新才智充分涌流。2022年10月17日,习近平总书记参加党的二十大广西代表团讨论时指出,不能瞧不起产业工人,一定要看实际贡献!我们这些年一步一个脚印,真正在添砖加瓦建设中国特色社会主义现代化强国大厦的人,他们都是值得我们尊敬的。而且我们要思考和研究怎么去培养他们、发挥他们的作用,这个才是重要的。2023年10月23日,习近平总书记同全总新一届领导班子成员集体谈话时指出,深化产业工人队伍建设改革,加快建设一支知识型、技能型、创新型产业工人大军，培养造就更多大国工匠和高技能人才。这些重要指示彰显了我们党坚持全心全意依靠工人阶级的一贯主张，体现了中国特色社会主义的鲜明特点。充分肯定产业工人的地位和作用是推进产业工人队伍建设改革的逻辑起点。①

2.产业工人政治地位更加巩固

新中国成立后，我国产业工人队伍不断壮大，大批优秀工人加入了中国共产党，工人阶级的先进性不断提高，党执政的阶级基础和群众基础日益巩固和增强。进入新时代，产业工人肩负的使命更加光荣而艰巨，产业工人的政治地位不断提高。首先，产业工人党员发展力度不断加大。中共中央组织部从2018年开始连续4年共下达产业工人发展党员指导性计划名额59.1万人，从产业工人中的技术能手、青年专家、优秀工人中发展党员，产业工人中的党员比例不断提升。其次，提高产业工人在各级党的代表大会代表和委员会委员、人民代表大会代表、政协委员、群团组织代表大会代表和委员会委员中的比例，实行产业工人在群团组织挂职和兼职等。截至2021年9月，全国31个省级地方工会配备挂职和兼职副主席132名，其中劳模和一线职工兼职副主席62名。再次，增加产业工人在各级各类劳动模范和先进代表等评选中的名额比例。自2018年起，中华全国总工会开展的全国五一劳动奖评选加大对产业工人的表彰力度，将其所占比例单列并要求不得低于35%，2018年、2019年和2021年产业工人占比分别达到41.61%、40.3%和42.5%。在2020年全国劳模表彰中，企业职工和其他劳动者占总人数的47.8%，一线工人和企业技术人员占其中的71.1%。② 在中国共产党成立100周年之际，马毛姐、艾爱国、黄宝妹3位杰出的产业工人党员被授予"七一勋章"。

3.产业工人在经济社会发展中的作用更加凸显

历史与实践表明，没有强大的制造业，就没有强盛的国家和民族。

---

① 王东明：《推动产业工人队伍建设改革向纵深发展》，《求是》2019年第22期。
② 资料来源：根据中华全国总工会公布数据整理所得。

产业工人身处生产制造第一线，在推动我国工业化进程，提高制造业国际竞争力，加快产业链、供应链转型升级等方面具有基础性作用。新中国成立以来，广大产业工人在中国共产党的带领下，经过"三年恢复期"和4个"五年计划"奠基期的艰苦奋斗，建立起了独立且比较完整的工业体系，不仅使中国以崭新的面貌屹立于世界，也为改革开放后中国经济社会发展迸发出强大活力奠定了较为坚实的物质基础，使我国成为世界上唯一拥有完整工业门类的现代工业体系国家。中国特色社会主义进入新时代，产业工人坚持以习近平新时代中国特色社会主义思想为指导，贯彻落实新发展理念，在高速铁路建设、载人航天工程发展、深海勘探、高新武器装备研制等事业中展现作为，在实施创新驱动发展战略中勇攀高峰，积极投身京津冀协同发展、长江经济带发展、"一带一路"建设、长三角一体化发展、粤港澳大湾区建设、西部大开发、东北振兴等国家重大战略、重大工程、重大项目、重点产业的实施与建设，为实施制造强国战略、推动经济高质量发展和构建现代产业体系提供了强有力的技能支撑和人才保障。

4. 产业工人引领社会主义先进文化的作用更加强化

2013年4月28日，习近平总书记在同全国劳模代表座谈时强调，要自觉践行社会主义核心价值观，发扬我国工人阶级的伟大品格，用先进思想、模范行动影响和带动全社会。翻开新中国的历史画卷，从"拼命也要拿下大油田"的铁人王进喜、"高炉卫士"孟泰，到"铁路小巨人"巨晓林、"金牌焊工"高凤林、"桥吊状元"竺士杰、"深海钳工第一人"管延安……一代代产业工人忘我奉献、鲜活灵动的形象就会浮现在我们眼前。他们在自己平凡的岗位上做出了不平凡的业绩，用自己勤劳的双手和不懈的奋斗绘就了精彩人生，铸就了民族伟业。他们的精神激励着一代又一代劳动者与祖国同成长、与时代齐奋进。在新时代的伟大征程中，产业工人始终牢记自身职责使命，充分发挥模范表率作用，积极参加"中国梦·劳动美"等群众性精神文明建设活动，已成为践行社会主义核心价值观的中坚力量。在产业工人队伍中，一大批劳动模范和先进工作者积极践行劳模精神、劳动精神、工匠精神，用智慧和汗水在平凡的工作岗位上创造了不平凡的业绩，用先进思想、模范行动影响和带动身边劳动者，引领形成了劳动最光荣、劳动最崇高、劳动最伟大、劳动最美丽的社会风尚。

四 产业工人队伍面临的新挑战

我国经济发展进入新常态之后，经济社会结构持续发生着深层次的变化。受经济逆全球化影响，不少企业特别是中小微企业的生产经营面临较大压力和困难。与此同时，制造业发展的外部环境复杂多变，在此背景下，产业工人队伍也面临一些新的问题与挑战。

1. 产业工人队伍内部存在结构性失衡

从整体规模上看，我国拥有世界上最庞大的产业工人队伍，但是产业工人技术技能素质不高、高素质技术工人短缺以及产业工人行业、年龄和地区分布不合理等结构性失衡问题仍然十分突出。

一是技能结构不均衡。在不同的产业结构下，生产过程对产业工人的技能要求不同。在劳动密集型的企业中，产业工人技能的通用性强，劳动力的可替代性也较强，竞争激烈，导致产业工人的收入较低，劳动关系也不稳定。而在技术密集型的企业中，产业工人技能的专用性较强，劳动力的可替代性弱，产业工人的收入和待遇较高，劳动关系也较为稳定。受到改革开放之初形成的"三来一补"代工模式影响，在制造业企业中，特别是民营企业、中小企业中，劳动密集型、中低端技术型的企业仍然占据较高比重。这些企业普遍以低成本的来料加工生产模式为主，生产过程中劳动密集程度高，技能需求以从事简单重复性任务的低技能劳动为主，对产业工人的技能要求较低。这导致当前我国产业工人的技能水平普遍存在"四多四少"现象，即初级技工多、高级技工少，传统型技工多、现代技工少，单一技能型技工多、复合技能型技工少，短训速成的技工多、系统培养的技工少。

二是行业分布不均衡。我国70%以上的产业工人集中于制造业与建筑业，而在制造业内部，分布在先进制造业和现代制造业的产业工人比重相对较低。随着专业化分工的逐渐细化和市场化水平的提高，服务业与制造业的融合趋势不断加强，服务业内部发生了显著的变化，以现代信息技术、网络技术和数字技术为手段，以知识密集型为特征，以生产服务为核心的生产性服务业快速发展。生产性服务业成为现代经济增长的重要支撑。例如产品研发、产品设计、信息技术服务、工程技术服务等知识密集型生产性服务部门以人力资源和知识要素为主要投入品，通过与制造业进行产业链合作，进行产品开发、市场开拓和其他研发活动，提高了生产的专业化程度，促进了专业化技术与知识的传递，实现了服务业与制造业的知识交流与互动，提升了企业的创新能力，提高了资源配置的效率，进而带动整个制造业结构的优化升级。目前我国产业工人在这些知识密集型生产性服务业中就业的比重仍然较低。

三是年龄分布不均衡。进入 21 世纪以来，我国人口形势发生了重大变化，老年人口数量及其占总人口的比重持续提高。预计"十四五"时期，60 岁及以上老年人口总量将突破 3 亿人，占比将超过 20%，我国将进入深度老龄化社会。人口老龄化的趋势在产业工人中也日趋明显。2021 年农民工平均年龄为 41.7 岁，比 2008 年提高 7.7 岁。目前我国企业技师、高级技师普遍年龄偏高，四成以上企业技师、高级技师平均年龄超过 46 岁。青年在高技能人才中所占比重较小，青年高素质技术工人严重短缺，高技能人才尚未形成合理的人才梯队，技术工人队伍面临年龄断档、"青黄不接"的挑战。

四是地区分布不均衡。我国经济发展在区域地理特征和要素自由流动的影响下整体表现出"东强西弱，南升北降"的特点，产业工人的地区分布也反映出这一特点。东部地区是产业工人的主要聚集地，吸纳了超过一半的产业工人，中部地区吸纳了超过两成的产业工人，西部地区吸纳产业工人不到两成，东北地区产业工人的比重仅为 6% 左右。超过六成的制造业以及信息传输、软件和信息技术服务业产业工人集中在东部地区，约 50% 的建筑业以及交通运输、仓储及邮政业产业工人分布在东部地区。由此可见，产业工人的空间分布不均衡问题仍然较突出。

2.制造业产业工人流失现象严重

制造业是立国之本、兴国之器、强国之基，是国家经济命脉所系。我国制造业规模已连续多年保持世界第一，在驱动经济发展、参与国际竞争中发挥着不可替代的重要作用。我国由制造大国向制造强国转变、从中国制造向中国创造跨越必须要有一支高素质的制造业产业工人队伍作为支撑。但是随着新兴行业蓬勃发展，外卖配送员、快递员、网约车司机等入职门槛低、工作灵活自由且收入相对较高的职业越来越受年轻人青睐，制造业产业工人特别是高技能人才的短缺和流失现象越来越严重，这给我国制造业转型升级和实施制造强国战略带来了风险与挑战。

首先是"找不到"。随着制造业企业转型升级速度的加快，我国制造业技术工人的缺口一直居高不下。截至2021年，我国技术工人求人倍率超过1.5∶1，高技能工人高达2∶1，100个短缺职业中有36个属于生产制造及有关人员，制造业人才缺口共计1900万人。截至2021年，在全国7.5亿就业人员中，技术工人约2亿人，其中72.8%为无技能等级人员，61.5%为没有专业技术职称人员，高级工及以上技能等级的技术工人仅占8%。高素质产业工人的短缺与制造业转型升级的需求不匹配。

其次是"招不来"。计划经济时期，为了提高工人对技术钻研的积极性，我国借鉴了苏联的八级工资制模式。在当时，八级工不仅是年轻人心目中的"明星"，工资待遇让人羡慕，而且具有较高的社会地位。大批城乡劳动力涌向制造业，"进工厂"在很长一段时间里都是众多年轻劳动者乐见的选择。但是近年来愿意进工厂上班的年轻人越来越少，相比房地产、金融、互联网等行业，制造业对年轻人的吸引力已经大不如前，工厂招聘工作一年比一年难。因而青年技术工人严重短缺，制造业老龄化问题日益严重。

再次是"留不住"。目前很多制造业企业技术工人流失问题十分严重，很多工厂春节过后的复工率只有近90%，有的甚至跌至80%。很多企业负责人表示好不容易招来人，结果半年走一批，过了年又走一批，来年继续招人,周而复始。即便有年轻人应聘,也被认为是一种"临时选择"。一些企业将技术工人的离职高峰期总结为三个"二",即入职后的第二周、第二个月和第二年,特别是前两个阶段离职率最高。制造业技能人才培养周期长于其他行业,很多工种需要三五年才能入门。高流失率也导致企业中的技术工人以短期速成为主,系统培养的技术工人较少,很多企业出现了生产力下降、技术断档等问题。

3.产业工人共享改革发展成果不够

产业工人是工人阶级中发挥支撑作用的主体力量,是创造社会财富的中坚力量,是创新驱动发展的骨干力量,是实施制造强国战略的有生力量。但在改革过程中,产业工人未能公平地分享改革发展成果,这已成为制约全体人民共同富裕的短板。

第一,一线产业工人的收入水平偏低且增长缓慢。2021年我国生产制造及有关人员的年平均工资为68506元,约为全部就业人员平均水平的78%,仅为中层及以上管理人员的38%。通过对制造业产业工人的调查发现,截至2021年,6.9%的产业工人月收入在2000元以下,35.8%的产业工人月收入在2001~4000元,34.3%的产业工人月收入为4001~6000元,月收入为6001~8000元的产业工人的比重仅为13.6%。60%的制造业产业工人认为"工资收入不高"为最主要的工作不满意因素,这一比例远远高于其他行业的职工。

第二,农民工群体未能公平地享受基本公共服务。农民工虽然长期在城市工作生活,但是因为没有城市户籍,在就业、医疗、子女教育、社会保障等方面受到影响,无法真正融入城市生活,农民工落户城市的意愿普遍偏低。通过调查发现,当前只有25.04%的农民工明确表示愿意落户,表示不愿意和不确定的比例分别达到48.34%、26.62%。以上数据表明,若不彻底改善农民工待遇,农民工将有可能固化为"既融不进城市又退不回农村"的巨大流动性群体。

第三,城市困难职工解困脱困压力巨大。中华全国总工会数据显示,截至2019年底,全国城市低保户有860.5万人,同时还有一定数量的未被纳入低保户的困难职工家庭、患重病和意外事故的支出型贫困家庭。特别是在产业结构持续升级的背景下，那些处于产业链下游的低技能职工面临工作岗位丢失、再就业困难、收入来源中断的巨大压力。

4.产业工人队伍的整体就业质量偏低

党的二十大报告中提出要实施就业优先战略，强化就业优先政策，健全就业促进机制，促进高质量充分就业。不断提高产业工人就业质量，是新发展阶段加快产业工人队伍建设改革、推动实现产业工人根本利益和长远利益的根本路径。长期以来，由于我国制造行业长期处于全球价值链中低端，产业工人普遍存在工作收入低、工作强度大、工作环境恶劣等问题。产业工人就业质量总体上处于较低水平。具体表现为以下三个方面。

一是工作内容枯燥。制造业企业特别是劳动密集型企业为了提高生产效率，必须对工人的动作和劳动时间加以精确控制，生产线上的流程环环相扣，每一个零件的组装和检测时间都经过精确计算。这也导致产业工人的工作内容相对枯燥，日复一日做重复简单的机械劳动。相比之下，外卖员、快递员等工作虽然风吹日晒，却更加自由，工作内容也没有那么枯燥乏味。因此很多年轻一代已经不想再守在生产线上重复单调乏味的工作，年轻人从事产业工人工作的意愿大大降低。

二是职业发展受限。产业工人职业发展通道狭窄、发展空间受限、职业激励力度不足，成为影响产业工人职业发展的突出问题。从纵向看，技术工人成长通道狭窄、路径单一。目前一名青年技术工人从进厂到跨入技师、高级技师行列，大致需要20年的时间，而一个大学本科毕业生参加工作6~8年就有可能取得工程师职称。从横向看，一些企业没有把技能人才和专业技术型人才、管理型人才放在同等重要的位置，在培养选拔和待遇上区别对待，导致一线技术工人在职业发展上没有盼头，很多技术工人在育儿、养老、房贷、职业发展等诸多压力之下，难以专心做本职工作，更无动力提升自身技能。

三是社会认可度低。新中国成立之初，伴随工资等级体系建立起来的

"八级工"技能等级制度影响了几代技术工人的成长。八级工象征着技术过硬、收入高、地位高,曾是影响几代年轻人职业选择的时代偶像。随着产业工人的地位不断弱化,曾经受人尊敬的工人成了较低层次的职业。尤其是近10年,工人似乎成了"社会底层"的代名词,低端职业观在社会上引导着一种不良的就业风气,致使大量年轻人宁愿选择做月收入两三千元的白领也不愿意做一线工人。

五 新的历史条件下产业工人队伍的作用发挥

我国建设社会主义现代化国家的新征程、新使命和新担当,为产业工人提供了更加壮阔的历史舞台。在新的历史起点上,必须坚持以人民为中心的发展思想,坚持全心全意依靠工人阶级的方针,全面深化产业工人队伍建设改革,破除思想观念和体制机制等方面的障碍,充分发挥产业工人在政治、经济、文化建设中的作用,推动产业工人队伍全面发展。

1. 在国家治理体系和治理能力现代化中充分发挥产业工人的作用

中国共产党是工人阶级的先锋队,工人阶级是中国共产党的阶级基础,坚持党的领导,就是坚持工人阶级的领导地位。产业工人作为工人阶级的主体力量,是加强和创新社会治理的关键力量。在推进国家治理体系和治理能力现代化的进程中,要通过制度建设有效畅通产业工人诉求表达和参与治理的渠道。一是彰显工人阶级和产业工人领导地位。依托"全国总工会代表工人阶级总体利益"的制度设计,持续提升产业工人参与国家治理的话语权,在中央和国家机关层面,建立涉及产业工人切身利益的决策联动机制。二是扩大产业工人党组织覆盖面。坚持"哪里有党员,哪里就要建党组织"的原则,实现党的基层组织对产业工人党员全覆盖,特别是向产业工人集中、党组织薄弱的非公企业和中小微企业延伸。三是发挥工会的"柱石"作用。在更广范围、更宽领域、更多群体中不断扩大工会组织、工会工作、工会服务的有效覆盖面,完善政府、工会、企业共同参与的协商协调机制,防范化解劳动领域的政治安全风险和隐患。四是拓宽产业工人参与社会治理渠道。加大从产业工人中发展党员的力度，提高优秀产业工人当选各级党代表、人大代表、政协委员的比例，充分发挥产业工人在国家治理中的作用。五是落实企业民主管理制度。以促进职工代表大会规范化运行为核心，推进企业民主管理制度化、规范化、法治化，把较好地落实民主管理作为企业所有者参选人大代表、政协委员的必要条件，与企业税收贷款、人才引进、劳模评选挂钩。

2. 在推动经济高质量发展中充分发挥产业工人的作用

经济高质量发展，是能够很好满足人民日益增长的美好生活需要的发展，是体现新发展理念的发展，是创新成为第一动力、协调成为内生特点、绿色成为普遍形态、开放成为必由之路、共享成为根本目的的发展。产业工人作为创造社会财富的中坚力量、创新驱动发展的骨干力量和实施制造强国战略的有生力量，是推动经济高质量发展的重要支撑和保障。一是要以产业工人队伍建设改革为抓手，全面提升产业工人整体素质，大力发展职业教育，激励更多青年人走技能成才、技能报国之路，加快打造宏大的知识型、技能型、创新型产业工人队伍。二是在5G基站、新能源汽车充电桩、大数据中心、人工智能、工业互联网等新型基础设施建设和交通、水利等重大工程建设中扎实推动产业工人队伍建设改革，组织动员广大产业工人积极投入"两新一重"建设（新型基础设施建设、新型城镇化建设、交通水利等重大工程建设）。三是推动向技术工人和技能人才倾斜的企业工资分配制度建设，建立按照技术技能要素参与分配的机制，采取技术创新成果入股、岗位分红等方式创新技能导向激励机制，真正实现多劳者多得、技高者多得。四是充分激发产业工人的创造活力和创新动力。充分发挥工会组织优势，积极开展"五小"（小发明、小创造、小革新、小设计、小建设）等群众性创新活动，发挥技能大师工作室、劳模创新工作室等平台的创新导向功能，引导产业工人立足岗位进行技术革新创造，开创"专家不研究、市场买不到、现场很需要、工人来创造"的生动局面。

3. 在建设社会主义文化强国中充分发挥产业工人的作用

产业工人作为坚持和发展中国特色社会主义的主力军，应当坚定文化自信，凝集民族力量。一是加强产业工人思想政治引领。着眼于当前工人阶级的重大理论实践问题，坚持马克思主义指导地位，构建中国特色工人阶级话语体系。坚持总体国家安全观，及时回应国内外理论关切，敢于并善于同各种错误思潮做坚决斗争，有效防范化解意识形态领域风险挑战，引导产业工人增强"四个自信"（道路自信、制度自信、文化自信、理论自信），为中国特色社会主义现代化建设提供思想基础与理论支撑。二是广泛宣传工人阶级和产业工人的光荣历史、奋斗历程和辉煌成就。结合党史开展学习教育，加强对红色工运的重要人物、重大事件的梳理发掘，推进重要遗址（旧址）、重点纪念场馆等的修建修缮、展陈等综合性保护、修复、开发工作，在全社会营造劳动光荣的社会风尚和精益求精的敬业风气。充分发挥报刊、网站等媒体的作用，创新运用新媒体，深入学习宣传习近平总书记关于崇尚劳动、弘扬劳动精神的重要论述，开展劳动创造幸福主题宣传教育。三是推动将"劳模进校园""大国工匠进校园"活动作为大中小学生的劳动教育课程，推动大中小学选聘劳模、大国工匠担任兼职辅导员，鼓励兼职辅导员积极参加班级劳动主题教育活动，引导全社会特别是青少年树立以辛勤劳动为荣、以好逸恶劳为耻的劳动观，确保劳模精神、劳动精神、工匠精神薪火相传。

| 第三章 |

协同耦合：产业结构升级与产业工人素质提升的匹配逻辑

劳动者素质能否更好地匹配产业结构升级的方向，实现劳动力供求动态平衡与协同，关系到能否充分发挥高素质劳动大军对产业转型升级和经济高质量发展的支撑作用。劳动者素质提升和产业结构升级是相互促进、互为因果的关系。产业结构升级对劳动者素质提出更高要求，劳动者素质提升则可以推动企业生产技术和运营管理的革新，提升生产效率，推动产业转型升级。随着数字经济的快速发展，以互联网、大数据、云计算、人工智能、物联网等为代表的新一代数字科技与实体经济日趋融合，生产自动化和智能化水平不断提高，重复性的熟练体力和脑力工作将会不断被智能机器所承担，人机交互以及机器之间的对话将会越来越普遍。智能制造生产过程中的产业工人不再是机械活动的简单操作者，而是能够与机器互通的复合型劳动者。他们不仅需要掌握基本的技术技能，还需要具备对智能化系统的分析管理能力和解决问题的能力。这意味着产业工人将从机器的操作者转变为规划者、协调者、评估者和决策者。此外随着研发设计、管理咨询、生产工艺优化等知识密集型服务活动与生产制造活动不断融合，服务型制造发展对产业工人的知识、技能和创新水平提出更高要求。由此可见，无论从国家层面、地方层面还是企业层面，推动产业工人队伍建设改革必须立足于产业发展实际，通过产业工人队伍建设改革提升产业工人整体素质，优化产业工人的知识结构、技能结构、专业结构等，使其不断适应和满足构建现代产业体系的功能需求。

一 产业结构升级现状与特征

产业结构升级表现为服务业比重的不断扩大，但这只是产业结构升级的外在表现，其中蕴含着更为深刻的内涵，知识经济的兴起及信息技术的发展改变了服务特征及服务的提供方式，产业融合程度不断提高。服务已不再仅仅是一种最终产品，而是成为一种中间投入品和黏合剂；服务业不再仅仅是一个最终生产部门，更多地表现为一个中间生产部门，与社会生产的各产业部门有着密切联系与互动，对产业链的扩展、生产效率的提升和附加值的提高具有重要推动作用，成为推动经济发展和产业结构升级的重要力量。

1. 阶段性特征：服务业整体比重不断提升

改革开放以来，我国经济持续高速增长。1978~2011年，中国经济在长达33年的时间里保持了年均9.78%的高速增长。国内生产总值（GDP）也从1978年的3678.7亿元增长到2020年的101.6万亿元，经济总量首次突破百万亿元大关。根据世界银行的数据，我国经济规模占世界经济的比重从1978年的2.3%提升至2020年的超过17%。国家统计局最新数据显示，2021年我国GDP达到114.4万亿元，人均GDP突破1.2万美元。

随着经济的高速增长，我国的产业结构服务化趋势也不断加强，服务业经历了一个快速发展的阶段，在国民经济中的地位和作用日益显著。1978~2020年，第一产业增加值占GDP的比重呈现不断下降的趋势（从28.2%下降至7.7%）；第二产业增加值占GDP的比重从47.9%降至37.8%，第二产业占GDP比重下降约10个百分点；而第三产业增加值占GDP的比重呈现迅速上升的趋势，由1978年的23.9%上升至2020年的54.5%，提高了超过30个百分点。特别是从2011年以来，第一产业产业增加值和第二产业增加值占GDP的比重呈现持续下降的趋势，第三产业增加值占GDP的比重不断提升，产业结构服务化的特点日渐鲜明（见图3-1）。

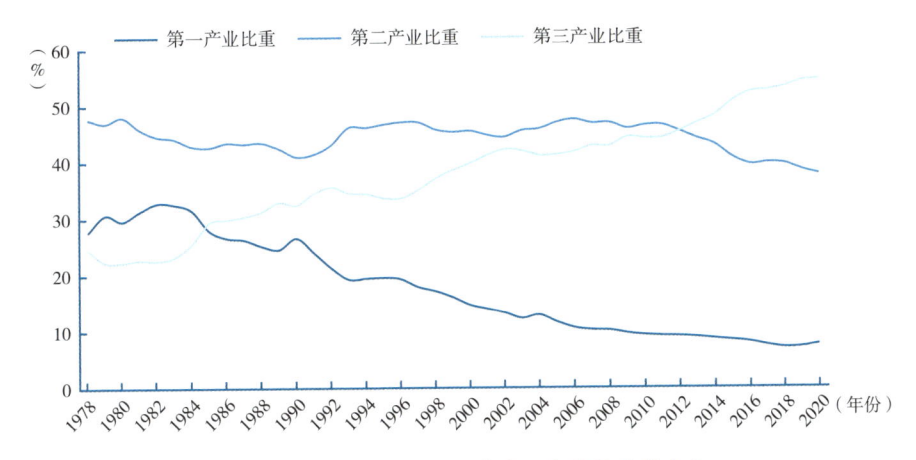

第三章 协同耦合：产业结构升级与产业工人素质提升的匹配逻辑

图 3-1 1978~2020 年三次产业产值结构的变化

在第三产业产值占 GDP 的比重不断提升的同时，三次产业的就业结构也在发生变化，第三产业就业占比不断提高。新中国成立之初，服务业部门构成简单，内容及形式比较单一，1952 年服务业就业占比仅为 9.1%。随着工业化不断推进，第一产业就业占比不断下降，第二产业就业和第三产业就业比重逐步上升，第三产业就业比重从 1978 年的 12.2% 上升至 2011 年的 35.7%，第三产业就业比重首次超过了第一产业（34.8%）和第二产业（29.5%），成为吸纳就业人口的第一大产业（见图 3-2）。经过 70 多年建设，我国服务业门类更加齐全，各部门发展更趋均衡。2020 年末全国就业人员 75064 万人，其中第三产业就业人员占 47.7%，服务业对国民经济的重要性不断上升。

2. 结构性特征：产业融合程度不断提升

在工业经济时代，产业关联程度主要取决于社会分工的深化。随着分工程度的加深，生产迂回的路径也越来越长，中间产品的交易规模不断扩大，经济系统组织与控制的复杂程度也逐渐提升，这些可能导致经济系统的运行效率下降。信息技术的快速发展使产业环境发生了根本性变化，生产的中间环节作为网络的节点，形成了分布式结构，具有很强的自我组织能力，使得产业关联有了新的内涵。首先是信息、服务等无形产品交易规模不断扩大，

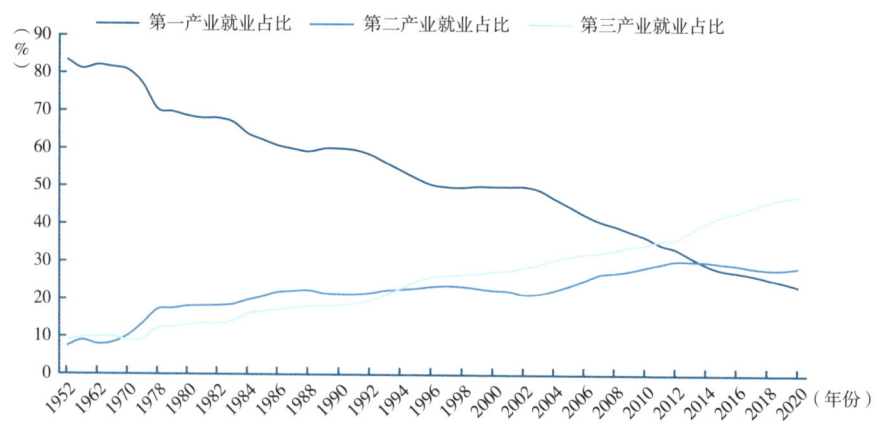

图 3-2　1952~2020 年三次产业就业结构变化

而有形产品交易规模的扩大也主要是由信息、服务等无形产品交易规模的扩大引起的。其次是信息技术的发展使生产与消费的联系更加紧密，大幅度降低了中间环节的物耗成本，实现了低成本的扩张，消除了在工业经济条件下的时空距离成本。最后是服务业作为网络控制性活动使得以信息生产、处理、储存和传递为基础的产业关联程度不断深化。随着以人工智能、大数据等为代表的新一代信息技术不断突破和广泛应用，服务内容、业态和商业模式加速创新，进而推动服务数字化、网络化、智能化融合发展，现代服务业与先进制造业、现代农业深度融合，远程医疗、在线教育、共享平台、协同办公、跨境电商等服务被广泛应用，数字服务和数字贸易成为各国竞相发展的重点，产业融合正在成为现代产业体系发展的新趋势。

（1）农业与服务业产业融合。

从国内外的发展实践经验来看，农村一二三产业融合发展是指各类农业产业组织以农业为基本依托，通过产业联动、产业集聚、技术渗透、体制创新等方式，对资本、技术以及资源要素进行跨界集约化配置，打破农产品生产、加工、销售相互割裂的状态，使农业生产、农产品加工和销售、餐饮、休闲以及其他服务业有机地整合在一起，延伸农业产业链条、完善利益机制，使得农村一二三产业之间紧密相连、协同发展，最终实现农业产业链延伸、产业功能拓展、产业新形态形成、农民就业岗位增加和收入提升，形成各环节融会贯通、各主体和谐共生的良好产业业态。2022年2月11日，国务院印发《"十四五"推进农业农村现代化规划》（简称《规划》）。《规划》提出，要加快农村一二三产业融合发展，以农业农村资源为依托，以农民为主体，培育壮大现代种养业、乡村特色产业、农产品加工流通业、乡村休闲旅游业、乡村新型服务业、乡村信息产业等，形成特色鲜明、类型丰富、协同发展的农村产业体系。

随着我国城镇化和工业化的快速推进，农业农村基础设施不断完善，信息技术快速应用，全国各地开始出现农业与第二、第三产业融合发展的倾向。特别是近年来随着生物技术、信息技术等新技术在农业农村领域的应用以及居民消费需求的不断升级，加速了农村一二三产业的融合，产业融合通过技术创新和模式创新，又进一步催生出众多的新产业、新业态，既包括生物农业、智慧农业、可视农业、阳台农业、植物工厂、直播带货等新技术渗透型的新产业、新业态，也有休闲农业、会展农业、景观农业、创意农业、农业电商、乡村民宿等产业链拓展型的新产业、新业态，还有订单农业、信任农业、认养农业、农业众筹、社区支持农业、定制农业、共享农庄等模式创新型的业态与模式。农村一二三产业融合发展趋势越来越明显。据统计，2019年，我国有农产品加工企业7.9万家，规模以上农产品加工企业主营业务收入14.9万亿元；乡村休闲旅游业营业收入8000多亿元，接待游客达30亿人次；农业生产性服务业营业收入超过2000亿元；农产品网络零售额达到1.3万亿元。[1] 2020年我国休闲农业、农林牧渔专业及辅助性活动、农村电商等营业收入已经超过3万亿元。[2]

（2）制造业与服务业产业融合。

在现代产业组织体系下，随着社会生产力水平不断提高，特别是数字

---

[1] 农业农村部新闻办公室：《农村产业融合引领乡村产业高质量发展》，中华人民共和国农业农村部网站，2019年7月13日，www.moa.gov.cn。
[2] 魏后凯：《高质量持续推进农村产业融合发展》，中国农村网，2022年2月28日，www.crnews.net。

技术的快速发展和商业模式的不断创新，制造业生产过程中开始融合更多服务业态，推动生产方式向柔性、智能、精细化转变，助力制造业由生产型向生产服务型转变，引导制造业企业延伸服务链条、促进服务增值，制造业与服务业的融合程度越来越深，这种融合现象也被称为"两业融合"。具体来看，"两业融合"既可以表现为制造业向服务业融合，也可以表现为服务业向制造业的渗透融合。制造业向服务业的融合即制造业服务化，表现为由单纯的制造业务向研发、设计和市场营销、售后服务、数据服务等领域延伸。服务业向制造业的渗透融合即服务业制造化，一方面表现为服务业作为制造业的中间投入，以咨询、设计、金融、物流和供应链、研发、云计算、系统整体解决方案等形式融入制造业，通过向制造业企业提供战略咨询、设计、研发、工业互联网、供应链管理、文化创意等方面的服务提升制造业的竞争力和创新能力。另一方面也可以表现为一些服务业企业在提供服务的基础上，借助数字化技术，进一步向生产制造环节延伸。例如电商、研发设计、文化旅游等服务业企业，充分发挥自身在大数据、技术、渠道、创意等方面的竞争优势，通过委托制造、品牌授权等方式向制造环节延伸。京东集团提出的"用户直连制造（C2M）智能工厂"，通过人工智能、5G、物联网和云计算，将消费者的个性化和多元化需求快速传导到生产端，由需求决定生产，提高了生产、消费和流通环节的资源配置效率。

为提振制造业国际竞争力，推动制造业和服务业融合发展逐渐成为我国社会共识。2017年，国家发改委印发《服务业创新发展大纲（2017—2025年）》，明确提出要推动服务向制造拓展，搭建服务制造融合平台，强化服务业对先进制造业的全产业链支撑。2019年，《关于推动先进制造业和现代服务业深度融合发展的实施意见》提出培育融合发展新业态、新模式，探索重点行业、重点领域融合发展新路径。2020年，工业和信息化部等15部门发布《关于进一步促进服务型制造发展的指导意见》，再次明确要积极利用工业互联网等新一代信息技术赋能新制造、催生新服务，推动先进制造业与现代服务业深度融合。

(3) 服务业与数字技术的融合。

在我国服务业比重不断提升和新一代信息技术、数字技术快速发展的背景下，服务业数字化转型发展趋势明显，服务业与数字技术的融合速度越来越快。根据中国信息通信院的数据，我国数字经济对服务业的渗透率明显高于农业和工业。2019年，我国数字经济对服务业的渗透率达到37.8%，而工业和农业分别仅为19.5%和8.2%。

数字技术不仅可以为服务业企业的需求撮合、转型咨询、解决方案等服务提供技术支持，还可以推进服务业线上与线下、商品与服务的融合发展，服务业新模式、新业态、新场景不断涌现。

服务业与数字技术的融合表现在两个方面。一是数字技术与生活性服务业的融合。随着互联网、大数据、云计算等技术快速发展，餐饮娱乐行业的"云商场""云展会""云餐厅""云逛街"等线上运营模式越来越普遍，"云旅游""云演艺""云直播""云展览""互联网+医疗健康"等新业态快速发展。《2021年生活服务业数字化发展报告》的数据显示，目前我国生活服务业已具备向数字化转型的良好基础，网络购物及网络支付的用户规模分别达到8.12亿人及8.72亿人。酒店业的数字化率达到35.2%，餐饮业的数字化率约为15.1%。数字化生活服务不仅保障了人们的日常生活、学习和工作，而且展现出强大的发展韧性，成为促进"六稳"以及支撑中小微企业生存和发展的重要力量。

二是数字技术与生产性服务业的融合。生产性服务业概念最早由格林菲尔德（Greenfield）提出，他从"服务对象"是否面向最终消费者的角度出发来揭示生产性服务业的内涵，以区分生产性服务业与消费性服务业，格林菲尔德认为生产性服务业是"用于其他商业公司和其他生产企业而不是最终消费者的服务业"[1]。科菲和贝利（Coffey and Bailly）则指出，"生产性服务业提供一种生产的中间需求功能，其服务是将投入产品融入生产过程

---

[1] H. I. Greenfield. *Manpower and the Growth of Producer Services*, New York: Columbia University Press, 1966.

中或其他服务上,在生产过程中强化生产效率,提高产品价值,广泛促成上游与下游的活动"[①]。可见,生产性服务业是提供中间需求性质服务产品的部门,服务对象都是生产企业而不是最终的消费者。研发、信息、物流、金融等领域的生产性服务业成为促进工业技术进步、产业结构转型升级的关键环节,在畅通和优化经济循环、推动创新方面都具有重要作用,是引领产业向价值链高端攀升的重要力量,也是全球产业竞争的战略制高点。近年来,在5G、大数据、云计算、物联网、人工智能等关键数字技术的支撑下,数据资源及数字技术成为新的生产要素贯穿于社会经济发展的全流程,并与劳动、资本、土地等其他生产要素进行融合、重组、迭代和优化,带来全新的价值创造方式,驱动生产性服务业向数字化转型,智能设计、智慧物流、数字金融等新生产性服务业态不断涌现。例如,科技研发服务业加快研发工业软件、发展工业互联网,积极培育共享制造、共享设计和共享数据平台;物流服务业推进物流大数据开发应用,加快智能仓储、全自动码头、无人场站等设施建设;在金融服务业中,人工智能、区块链等技术在供应链金融、支付清算、跨境贸易、金融交易等领域加速应用。数字技术推动生产性服务业与制造业更广、更深、更快地融合。

二 产业结构升级与产业工人素质提升的协同机制

1. 基于工作任务法的分析框架

在传统的生产函数分析框架下,劳动力和资本是最主要的生产要素,在生产过程中发挥着不同作用。但是在这一框架下,生产函数中劳动力投入和资本投入的相互关系难以表现。劳动力需求是一种引致需求,技术进步带来对新商品和新服务需求的增加,会催生全新的职业和岗位,特别是计算机和

---

① W. J. Coffey and A. S. Bailly. Producer Services and Flexible Production: An Exploratory Analysis. *Growth & Change*, 1991.

信息技术的快速发展改变了劳动者的工作任务与技能需求，进而改变了对不同素质劳动者的需求。为了更好地阐释劳动力市场发生的变迁，越来越多的研究开始从工作任务（Job Tasks）的视角出发，替代传统生产函数的研究工具，关注不同属性的工作任务如何影响劳动力需求与配置。在工作任务的分析框架下，生产的基本单位是工作任务，生产过程是一系列工作任务的集合。Autor 等学者提出如下研究模型[①]：

$$Y = \left[\int_0^1 y(i)^{\frac{\eta-1}{\eta}} di\right]^{\frac{\eta-1}{\eta}} \tag{3.1}$$

其中，Y 表示最终产品或服务，$y(i)$ 是工作任务 i 所提供的生产或服务，η 是不同工作任务之间的替代弹性。式（3.1）表示最终产品或服务是由一系列连续的工作任务结合在一起完成的。

根据劳动者是否可以被机器替代，Autor 将工作任务划分为常规（Routine）工作任务和非常规（Non-routine）工作任务。常规工作任务主要是那些在清晰的指令下能够被机器设备所执行的重复性和可程序化的认知与操作任务，非常规工作任务则是需要问题解决能力和复杂沟通技能从而不易被程序化和替代的任务。后续的研究进一步将工作任务划分为需要认知能力（Cognitive）的工作任务和需要操作能力（Manual）的工作任务，认知型工作任务往往需要建立在知识积累的基础上，操作型工作任务更多地需要体力上的投入和付出。

从这两个不同的维度出发，可以将工作任务划分为以下五种类型：常规认知型任务、非常规认知型的分析型任务、非常规认知型的互动型任务、常规操作型任务、非常规操作型任务。常规认知型任务主要是指重复性的、非体力的工作任务，例如数据录入、重复性的客户服务（如收银）等。非常规认知型任务可以分为两类，即非常规认知型的分析型任务和非常规认知型的互动型任务。前者主要是指具有抽象思考属性的任务，例如医疗诊断、投

---

① David Autor and Michael Handel. Putting Tasks to the Test: Human Capital, Job Tasks and Wages. *Journal of Labor Economics*, 2013, 31 (S1), S59-S96.

资决策等；后者则是指需要处理人际关系的工作任务，如销售、人事管理等。常规操作型任务主要是指需要速度、重复运动和体力的工作任务，例如分拣、包装等。非常规操作型任务则是指需要适应变化的工作环境的任务，例如驾驶、送快递、送外卖等。依据工作任务的复杂性和对技能的需求，这些任务被划分为高技能岗位（非常规认知型的分析型任务、非常规认知型的互动型任务）、中等技能岗位（常规认知型任务、常规操作型任务）和低技能岗位（非常规操作型任务）。

2. 产业结构升级与产业工人素质提升的协同机制分析

产业融合表现为在技术进步的推动下产业边界的收缩或消失。[①] 产业融合以不同的方式演进，推动产业结构高级化、合理化，并逐步形成融合型的新产业体系。生产性服务业作为现代服务业的重要组成部分，是指直接或间接为工业生产过程提供中间服务的服务性产业，是直接面向生产者的服务产业，是产业融合发展的关键环节。在消费需求和产业融合的驱动下，以生产性服务业为纽带，服务业开始向第一产业和第二产业延伸和渗透，第三产业中的服务业加速向第二产业的生产前期的研究、生产中期的设计和生产后期的信息反馈过程展开全方位的渗透，金融、法律、管理、培训、研发、设计、客户服务、技术创新、贮存、运输、批发、广告等生产性服务在第二产业中的比重和作用日趋加大，融合成不分彼此的新型产业体系。在这一过程中，制造业中间投入从实物要素投入逐步向服务要素投入转变，而制造业要素投入结构的变化将会对生产制造和服务提供过程中的工作任务产生影响，对高技能岗位的需求不断增加，进而对产业工人的技能水平和整体素质提出更高要求；产业工人整体素质的提升又进一步为产业结构升级提供了坚实的人力资本基础。具体的协同路径如图3-3所示。

从劳动力需求的角度来看，产业融合发展提升了非常规认知型的分析型任务和非常规认知型的互动型任务的比例，进而对产业工人素质提出更

[①] S. Greenstein and T. Khanna, *What Does Industrial Convergence Mean? Competing in the Age of Digital Convergence*. Harvard Business School Press, 1997.

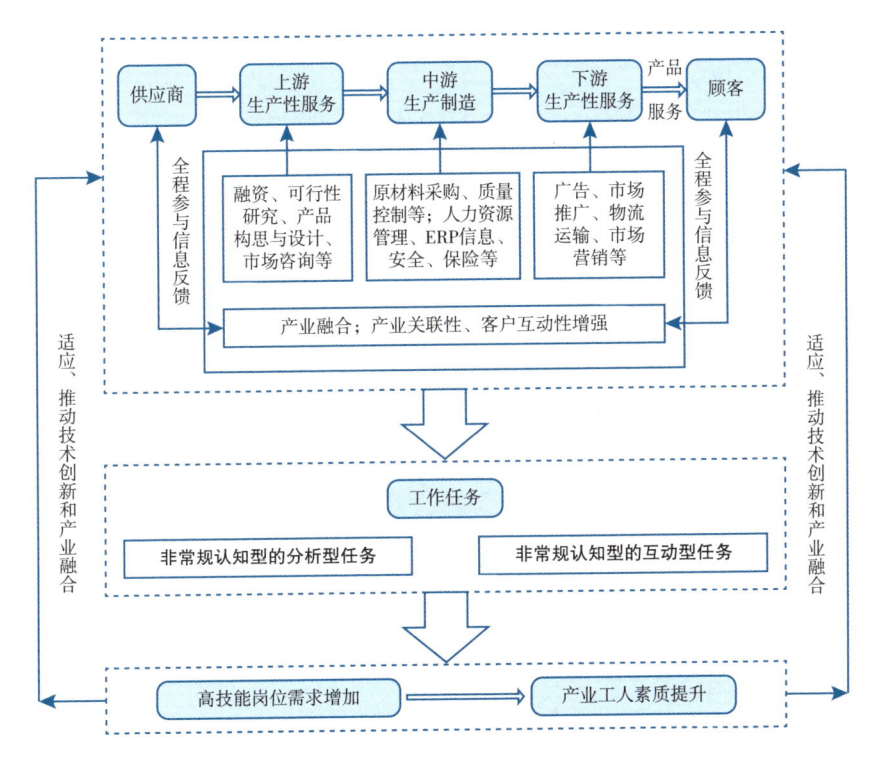

图 3-3　产业结构升级与产业工人素质提升的协同机制

高要求。在产业融合的背景下，越来越多的服务部门从工业企业和服务业企业分离和独立出来，由企业"内部供给"转向"外部供给"。随着专业化分工的深入，大量的新生知识产生，生产的关联程度不断提高，推动了人力资源部门和知识生产部门的发展。知识要素和高素质的人力资源进入生产过程，使生产过程变得越来越迂回化和专业化，越来越多的提供中间服务的知识密集型服务部门从实物生产部门中分离和独立出来，成为提供社会化服务的服务部门。当制造业以生产型为主，企业生产过程中的工作任务以常规认知型任务和常规操作型任务为主，需要的是大量能够在流水线上从事简单加工、装配任务的低技能劳动力。随着制造业服务化转型的推进和深化，制造业价值链上各环节都会增加生产性服务要素投入，特别是信息技术的飞速发展加快了产业结构向服务业和知识化的转型，知识密集型生产性服务业与制造业联系越来越紧密，在生产的各个阶段都形成了对专门服务的需求。

上游生产性服务包括融资、可行性研究、产品构思与设计、市场咨询等。融资环节是企业生存和发展的前提；可行性研究使企业能更好地把握顾客的需求，推动产品的适销对路；产品构思与设计可以进一步增强企业的创新能力，对企业产品的形成发挥着关键作用。在中游生产制造环节，有些服务与产品生产本身结合，如原材料采购，设备租赁、保养与维修，质量控制等，这些服务的采用将极大地帮助企业提高生产效率和产品品质；有些服务与产品生产并行出现，如金融管理、人力资源管理、环保、安全、保险等，这些生产性服务贯穿于日常企业运转中，进一步促进了企业的正常化、规范化经营，也为企业价值链提升创造了一个良好的氛围和环境。下游生产性服务业包括广告、市场推广、物流运输、市场营销等服务，这些服务要素的投入，在支持产品满足市场需求的同时，有利于企业提高产品知名度、增强产品竞争力以及提高顾客满意度等。提供这些知识、技术密集型生产性服务需要具有较高的人力资本和专业化知识，无论是在制造业企业内部还是提供生产性服务的企业中，都增加了对具有抽象思考属性的非常规认知型的分析型任务和具有处理人际关系能力的非常规认知型的互动型任务的需求，只有匹配具有更高技能水平的高素质产业工人才能满足产业融合背景下工作任务的变化所带来的人力资本需求。

从劳动力供给的角度来看，高度的知识密集和高素质的劳动力投入是产业融合过程中最重要的要素投入特征。与传统制造业和传统生活性服务业需要大量设备和资金等有形资产投入不同，知识密集型的生产性服务业主要是知识、智力、研发等无形资产的投入起决定性作用。此外，在服务业与制造业互相融合的模式下，知识密集型生产性服务的提供者与服务对象之间的联系更为紧密、互动性更强。知识密集型生产性服务在很大程度上依赖于某一领域内的专业知识，而不同的专业知识对应不同的部门，这是知识密集型生产性服务业区别于其他服务行业的显著特征。因为客户不具有也难以掌握这种高度专业的知识，所以就需要服务提供者加强与客户之间的沟通，以更好地实现客户与服务提供者知识的生产和相互传播。一方面，知识密集型生产性服务业可以通过吸收客户的知识不断扩大自己的知识储量，提高创新能力。另一方面，客户可以通过有效的互动直接参与服务的创新过程，丰富自身的专业知识，提高决策和行动能力。可见，只有具备较高的专业水平和实践经验的劳动力才能更好地适应产业融合带来的工作任务的变化和工作内容的要求，从而满足客户不断增长的需求和解决客户的问题。高素质产业工人既是专业知识的拥有者和载体，也是服务功能的最终实现者，是提升产业竞争力、推动产业融合发展的重要基础。

三 产业结构升级与产业工人素质的耦合协调发展测度

从产业结构升级与产业工人素质的关系来看，两者之间不是简单的单向因果关系。一方面，产业结构升级特别是产业融合程度的提升增加了需要具有抽象思考属性的非常规认知型的分析型任务和需要具有处理人际关系能力的非常规认知型的互动型任务的需求，只有匹配具有更高技能水平的高素质产业工人才能满足产业融合背景下工作任务的变化所带来的人力资本需求。另一方面，只有具备较高的专业水平和实践经验的产业工人才能更好地适应产业融合带来的工作任务的变化和工作内容的要求，高素质产业工人是助推产业结构升级的重要基础。可见，产业结构升级与产业工人素质是相互促进、耦合协调的关系。本部分将从产业结构升级与产业工人素质的耦合协调关系出发，从时间和空间两个维度，探析产业结构升级与产业工人素质耦合协调发展的互动适配关系与时空演变特征。

1.产业工人素质测度

从已有研究来看，有关劳动力素质的评价指标尚未形成统一标准。依据劳动力素质提升与产业结构升级的协同机制，产业融合推动制造业中间投入从实物要素投入逐步向服务要素投入转变，而制造业要素投入结构的变化将会给生产制造和服务提供过程中企业的工作任务带来影响，对高技能岗位

（非常规认知型的分析型任务、非常规认知型的互动型任务）的需求不断提升，进而对劳动力整体素质提出更高要求，特别是劳动力的文化素质和技能素质将为产业融合提供坚实的人力资本基础。因此，在本部分实证研究中，产业工人素质的子系统主要从文化素质和技能素质这两个维度构建，包括就业人员中大专及以上学历的占比、每万人研发人员数和获取高级技能证书人数占比3个指标。

在构建产业工人素质指标体系中，本书采用熵权法确定各指标的权重，利用信息熵来判断数据的离散程度，由此推断各评价指标的变异程度和信息承载量。与德尔菲法、专家评分法、层次分析法等主观确定权重的方法相比，熵权法是一种客观赋权法，根据指标变异性的大小来确定权重，避免了评分者的主观差异导致的综合评价结果受影响等问题。客观赋权法的优点是能够减少人为因素干预，缺点是难以处理无法量化的感性指标。考虑到相关指标数据均可量化，故选取熵权法进行测度，具体步骤如下。

第一步，选定 m 个分析对象，依据 n 个评价指标，收集相关数据，形成原始数据矩阵 X：

$$X = \begin{bmatrix} x_{11} & x_{12} & \cdots & x_{1n} \\ x_{21} & x_{22} & \cdots & x_{2n} \\ \vdots & \vdots & \cdots & \vdots \\ x_{m1} & x_{m2} & \cdots & x_{mm} \end{bmatrix} = (X_1, X_2, \cdots, X_n) \tag{3.2}$$

用 x_{ij} 表示第 i 个评价对象的第 j 项评价指标值，X_j 表示所有评价对象的第 j 项评价指标值，$i \in [1, m]$，$j \in [1, n]$。

第二步，采用极值法对原始数据进行无量纲化处理。由于各项指标单位不同，所以采用极值法对数据进行无量纲化处理，公式如下：

正向指标：

$$y_{ij} = \frac{x_{ij} - \min(x_{1j}, x_{2j}, \cdots, x_{mj})}{\max(x_{1j}, x_{2j}, \cdots, x_{mj}) - \min(x_{1j}, x_{2j}, \cdots, x_{mj})} \tag{3.3}$$

负向指标：

$$y_{ij} = \frac{\max(x_{1j},x_{2j},\cdots,x_{mj}) - x_{ij}}{\max(x_{1j},x_{2j},\cdots,x_{mj}) - \min(x_{1j},x_{2j},\cdots,x_{mj})} \quad (3.4)$$

其中，x_{ij} 为原始指标数据，y_{ij} 表示各项指标标准化后的数值。

第三步，采用熵权法确定指标权重。计算第 i 个评价对象第 j 项评价指标的权重 p_{ij}：

$$p_{ij} = \frac{y_{ij}}{\sum_{i=1}^{n} y_{ij}} \quad (3.5)$$

进一步计算第 j 项评价指标的信息熵 e_j：

$$e_j = -\ln\frac{1}{n}\sum_{i=1}^{n} p_{ij}\ln p_{ij} \quad (3.6)$$

最后计算各项指标的权重 w_j：

$$w_j = \frac{1 - e_j}{n - \sum e_j} \quad (3.7)$$

产业工人素质各评价指标的原始数据主要来源于《中国统计年鉴》《中国劳动统计年鉴》《中国教育统计年鉴》以及各省份统计年鉴，具体指标体系见表 3-1。

表 3-1 产业工人素质评价指标体系及权重

子系统	评价指标	权重	属性
产业工人素质	就业人员中大专及以上学历的占比	0.18	正向
	每万人研发人员数	0.41	正向
	获取高级技能证书人数占比	0.41	正向

2020 年全国 30 个省（区、市）（不含西藏自治区）的产业工人素质指数如表 3-2 所示。

表 3-2　2020 年全国 30 个省（区、市）（不含西藏自治区）产业工人素质指数

排名	地区	产业工人素质指数	排名	地区	产业工人素质指数
1	北京	0.610	16	辽宁	0.133
2	上海	0.555	17	宁夏	0.127
3	江苏	0.446	18	山西	0.124
4	浙江	0.428	19	四川	0.121
5	天津	0.349	20	贵州	0.116
6	广东	0.258	21	内蒙古	0.113
7	江西	0.253	22	吉林	0.108
8	山东	0.247	23	黑龙江	0.101
9	福建	0.195	24	河北	0.100
10	重庆	0.180	25	青海	0.081
11	湖南	0.170	26	海南	0.081
12	湖北	0.153	27	新疆	0.080
13	安徽	0.152	28	甘肃	0.064
14	陕西	0.141	29	云南	0.063
15	河南	0.138	30	广西	0.060

2. 产业融合测度

本部分借鉴唐晓华等学者的研究[①]，从投入信息化、产出服务化、流程低碳化、组织网络化、融资多元化、创新集成化 6 个维度构建产业融合 ISCNFI 指标体系（见表 3-3）。投入信息化（Information）主要从软件和信息技术服务业比重、信息产业固定资产投资比重、互联网普及率、移动电话普及率、信息产业就业比重 5 个方面衡量区域产业融合投入信息化程度，即区域主导产业对信息产业的融合程度。产出服务化（Servicizing）从服务业增加值占 GDP 比重、服务业法人单位比重、交通运输服务业就业占比、社会消费品零售总额比重 4 个方面评价产出服务化程度。流程低碳化（Low-Carbonization）反映了主导产业与节能环保产业的融合程度，主要从环境污染治理投资比重、固体废物综合利用率和单位 GDP 电耗 3 个方面对产业结

---

① 唐晓华、姜博、马胜利：《基于 ISCNFI 分析框架的我国区域产业融合发展研究》，《商业研究》2015 年第 5 期。

构流程低碳化程度进行测度。组织网络化（Organizational Networking）体现了不同产业以网络形式发展推动了区域经济的发展，促进了产业间全方位的互动，加快了产业融合的实现，因此也成了产业结构升级的重要特征，主要从网络密度、网络发展潜力和技术共享程度3个方面测度区域产业融合组织网络化程度。融资多元化（Diversified Financing）体现了主导产业融合产业的融资能力，可以从资产收益率、外商投资比重、保险深度3个方面测度产业融合融资多元化程度。创新集成化（Innovation Integration）从新产品研发与销售比重、高学历研发人才比重和产学研合作深度3个方面测度产业融合创新集成化程度。

表 3-3　产业融合 ISCNFI 指标体系

准则层	测度指标
投入信息化	软件和信息技术服务业比重
	信息产业固定资产投资比重
	互联网普及率
	移动电话普及率
	信息产业就业比重
产出服务化	服务业增加值占 GDP 比重
	服务业法人单位比重
	交通运输服务业就业占比
	社会消费品零售总额比重
流程低碳化	环境污染治理投资比重
	固体废物综合利用率
	单位 GDP 电耗
组织网络化	网络密度
	网络发展潜力
	技术共享程度
融资多元化	资产收益率
	外商投资比重
	保险深度
创新集成化	新产品研发与销售比重
	高学历研发人才比重
	产学研合作深度

本节选用 2007~2017 年全国除西藏自治区外的 30 个省（区、市）的面板数据进行分析研究，原始数据主要来源于《中国统计年鉴》《中国科技统计年鉴》《中国工业经济统计年鉴》《中国高技术产业统计年鉴》《中国电子信息产业统计年鉴》《中国第三产业统计年鉴》《中国金融统计年鉴》，以及各省（区、市）统计年鉴和统计公报的汇总。基于以上数据，本节在产业融合 ISCNFI 指标体系的基础上，运用主成分分析方法测度产业融合指数。首先，采用主成分分析法计算各指标权重，再将标准化后的数据与权重相乘，进而计算出 30 个省（区、市）的投入信息化指数、产出服务化指数、流程低碳化指数、组织网络化指数、融资多元化指数和创新集成化指数。其次，在确定以上 6 个维度的指标值后，继续使用主成分分析法确定这 6 个维度的特征指数对产业融合指数的贡献度，用标准化后的 ISCNFI 六大特征指数得分乘以权重，计算出我国各省（区、市）的产业融合指数，量化产业间彼此影响、良性互动的机制。具体计算公式为：

$$Convergence_i = \alpha_1 inf_i + \alpha_2 serv_i + \alpha_3 carb_i + \alpha_4 net_i + \alpha_5 fina_i + \alpha_6 inno_i \quad (3.8)$$

其中 $Convergence_i$ 代表我国省（区、市）的产业融合程度，$\alpha_1 \sim \alpha_6$ 分别为投入信息化指数、产出服务化指数、流程低碳化指数、组织网络化指数、融资多元化指数和创新集成化指数的权重。

根据上述评价方法和选取的数据，我国各省（区、市）2017 年产业融合指数如表 3-4 所示。北京、上海的产业融合指数分别为 0.642 和 0.616，产业融合程度最高；其次是广东（0.384）、重庆（0.334）、江苏（0.328）、浙江（0.304）和天津（0.303），这些地区的产业融合程度相对较高。

3. 产业融合与产业工人素质的耦合协调测度

"耦合"这一概念源自物理学，常用来表示不同系统间的相互作用强度，例如电感耦合、力热耦合、流固耦合等。随着这一概念被越来越多地应用于社会科学领域，大量研究通过耦合度对 2 个或 2 个以上社会经济系统的相互作用和影响进行评价，并进一步形成了"耦合协调"分析方法，用以

表 3-4　2017 年全国 30 个省（区、市）（不含西藏）产业融合指数

排名	地区	产业融合指数	排名	地区	产业融合指数
1	北京	0.642	16	山西	0.214
2	上海	0.616	17	陕西	0.210
3	广东	0.384	18	安徽	0.203
4	重庆	0.334	19	甘肃	0.198
5	江苏	0.328	20	河南	0.197
6	浙江	0.304	21	内蒙古	0.188
7	天津	0.303	22	湖北	0.182
8	辽宁	0.271	23	河北	0.181
9	福建	0.253	24	宁夏	0.171
10	黑龙江	0.240	25	新疆	0.161
11	山东	0.233	26	江西	0.157
12	湖南	0.228	27	青海	0.156
13	吉林	0.224	28	云南	0.133
14	四川	0.220	29	贵州	0.127
15	海南	0.214	30	广西	0.126

测度经济、社会、环境等系统间是否匹配适当并形成良性循环的关系。[1] 耦合度反映了不同系统间彼此依赖、相互作用的强度。耦合度越高，表明系统间的发展方向越有序；耦合度越低，表明系统间的发展方向越缺乏有序性，彼此间的关系越缺乏稳定性。协调度则反映了各系统在相互作用关系中良性互动发展的过程，体现了不同系统之间整体协调的状态，即各系统之间是高水平的相互促进还是低水平的相互制约，并根据协调度的区间将协调状态分为若干等级。

在耦合协调度模型中，耦合度一般用于评价多个系统或要素之间的相互影响、相互作用程度，主要是对两个子系统之间由无序向有序状态的转变过程进行考察，从而反映两个子系统内部变量之间的相互作用关系。根据相关

---

[1] 丛晓男：《耦合度模型的形式、性质及在地理学中的若干误用》，《经济地理》2019 年第 4 期。

文献，产业工人素质与产业结构融合化耦合度计算公式为：

$$C = 2 \times \left[\frac{U_1 U_2}{(U_1 + U_2)^2}\right]^{\frac{1}{2}} \tag{3.9}$$

耦合度 C 的取值范围为 $[0,1]$，C 值越小，表示两个子系统彼此影响度越低，越趋于无序发展状态。当耦合度 C 取值为 0 时，表明产业工人素质与产业结构融合化不存在耦合关系，两个子系统处于无关状态。C 值越大，表示产业工人素质与产业结构融合化彼此影响越深，并向有序方向发展。当耦合度 C 取值为 1 时，表明两个子系统存在有序结构，能够有效地产生协同效果。

一般情况下，耦合度数值高低难以准确反映系统或要素之间的协调发展水平，有可能存在产业工人素质较低与产业结构融合化程度不高，但是耦合度较高的情况。因此，需要进一步在耦合度模型的基础上引入协调度模型，更为准确地衡量产业工人素质与产业结构融合化之间的耦合协调水平，公式如下：

$$T = \alpha U_1 + \beta U_2 \tag{3.10}$$

$$D = \sqrt{C \times T} \tag{3.11}$$

在式（3.10）中，T 为耦合发展指数，α 和 β 分别代表对应权重值。根据研究需要，由于产业工人素质与产业结构融合化两个系统相辅相成、同等重要，因此 $\alpha = \beta = 0.5$。在式（3.11）中，D 为产业工人素质与产业结构融合化的耦合协调度指数，反映了产业工人素质与产业结构融合化之间的耦合协调水平。D 的取值为 $[0,1]$，取值越接近 1，表明产业工人素质与产业结构融合化之间的耦合协调水平越高。

参考已有的研究，根据产业工人素质与产业结构融合化耦合协调度指数，可以将两者的耦合协调层次划分为无序发展、过渡发展、协调发展 3 个大阶段，并将其进一步分为极度失调、严重失调、中度失调、轻度失调、濒临失调、勉强协调、初级协调、中级协调、良好协调和优质协调 10 个细分等级（见表 3-5）。

表 3-5 产业工人素质与产业结构融合化耦合协调类型的划分

耦合协调层次	耦合协调等级	耦合协调度取值区间
低层次 （无序发展阶段）	极度失调（Ⅰ）	$0 \leqslant D < 0.1$
	严重失调（Ⅱ）	$0.1 \leqslant D < 0.2$
	中度失调（Ⅲ）	$0.2 \leqslant D < 0.3$
中层次 （过渡发展阶段）	轻度失调（Ⅳ）	$0.3 \leqslant D < 0.4$
	濒临失调（Ⅴ）	$0.4 \leqslant D < 0.5$
	勉强协调（Ⅵ）	$0.5 \leqslant D < 0.6$
	初级协调（Ⅶ）	$0.6 \leqslant D < 0.7$
高层次 （协调发展阶段）	中级协调（Ⅷ）	$0.7 \leqslant D < 0.8$
	良好协调（Ⅸ）	$0.8 \leqslant D < 0.9$
	优质协调（Ⅹ）	$0.9 \leqslant D \leqslant 1$

本书将对我国30个省（区、市）（不含西藏自治区）产业工人素质与产业结构融合化的耦合协调度进行测算。为了更好地考察产业工人素质与产业结构融合化耦合协调水平的区域差异，将30个省（区、市）按照国家统计局标准划分为东部地区、中部地区、西部地区和东北地区4个区域，并将2009~2017年以2009年、2012年、2015年、2017年为时间节点进行划分，以更好地判断不同地区产业工人素质与产业结构融合化的耦合协调阶段（见表3-6）。

通过对我国30个省（区、市）（不含西藏自治区）产业工人素质与产业结构融合化耦合协调度指数进行测算发现：第一，北京、上海的耦合协调水平在考察期内一直处于领先位置，特别是北京的耦合协调度指数在观察期内一直高于0.7，处于中级协调发展阶段，产业工人素质与产业结构融合化耦合协调阶段率先实现了由过渡发展阶段进入协调发展阶段。上海的产业工人素质与产业结构融合化的耦合协调度指数从2009年开始提升，2016年达到了0.701，进入中级协调发展阶段，尽管2017年降至0.699，但是整体上仍保持了较高的耦合协调度指数。

第二，江苏、浙江、广东3个省在2017年的耦合协调度指数都超过了0.6，进入产业工人素质与产业结构融合化的初级协调发展阶段。这3个省的耦合协调水平均从2009年开始整体稳步提升，产业工人素质与产业结构融合化的匹配和协调程度不断提高，江苏和浙江实现了从濒临失调、勉强协调到初级协调的转变，呈现"失调—协调"的演进态势。

表3-6　中国30个省（区、市）（不含西藏自治区）产业工人素质
与产业结构融合化耦合协调度指数及等级

省（区、市）		耦合协调度指数（D）									等级			
		2009年	2010年	2011年	2012年	2013年	2014年	2015年	2016年	2017年	2009年	2012年	2015年	2017年
东部地区	北京	0.712	0.722	0.743	0.765	0.762	0.760	0.766	0.758	0.762	Ⅷ	Ⅷ	Ⅷ	Ⅷ
	天津	0.481	0.521	0.536	0.554	0.570	0.570	0.566	0.561	0.564	Ⅴ	Ⅵ	Ⅵ	Ⅵ
	上海	0.610	0.624	0.631	0.655	0.674	0.686	0.697	0.701	0.699	Ⅶ	Ⅶ	Ⅶ	Ⅶ
	河北	0.336	0.366	0.388	0.391	0.402	0.398	0.428	0.424	0.426	Ⅳ	Ⅳ	Ⅴ	Ⅴ
	山东	0.412	0.463	0.505	0.508	0.510	0.558	0.535	0.581	0.557	Ⅴ	Ⅴ	Ⅴ	Ⅵ
	江苏	0.490	0.557	0.572	0.647	0.643	0.655	0.639	0.674	0.656	Ⅴ	Ⅶ	Ⅶ	Ⅶ
	福建	0.424	0.458	0.467	0.486	0.486	0.478	0.494	0.505	0.500	Ⅴ	Ⅴ	Ⅴ	Ⅵ
	浙江	0.439	0.475	0.502	0.519	0.593	0.588	0.613	0.601	0.607	Ⅴ	Ⅵ	Ⅶ	Ⅶ
	广东	0.547	0.579	0.596	0.602	0.622	0.618	0.639	0.647	0.643	Ⅵ	Ⅶ	Ⅶ	Ⅶ
	海南	0.260	0.271	0.297	0.314	0.354	0.325	0.331	0.336	0.333	Ⅲ	Ⅳ	Ⅳ	Ⅳ
中部地区	山西	0.370	0.397	0.388	0.413	0.404	0.418	0.448	0.466	0.457	Ⅳ	Ⅴ	Ⅴ	Ⅴ
	安徽	0.319	0.360	0.364	0.379	0.397	0.408	0.440	0.457	0.448	Ⅳ	Ⅳ	Ⅴ	Ⅴ
	江西	0.295	0.315	0.309	0.306	0.360	0.368	0.356	0.358	0.357	Ⅲ	Ⅳ	Ⅳ	Ⅳ
	河南	0.317	0.364	0.375	0.393	0.422	0.447	0.447	0.446	0.446	Ⅳ	Ⅳ	Ⅴ	Ⅴ
	湖北	0.433	0.433	0.435	0.497	0.459	0.497	0.494	0.458	0.476	Ⅴ	Ⅴ	Ⅴ	Ⅴ
	湖南	0.351	0.401	0.392	0.416	0.408	0.396	0.404	0.415	0.409	Ⅳ	Ⅴ	Ⅴ	Ⅴ
西部地区	重庆	0.334	0.387	0.396	0.414	0.429	0.440	0.425	0.432	0.429	Ⅳ	Ⅴ	Ⅴ	Ⅴ
	四川	0.366	0.366	0.382	0.379	0.414	0.443	0.459	0.494	0.476	Ⅳ	Ⅳ	Ⅴ	Ⅴ
	贵州	0.191	0.234	0.263	0.266	0.269	0.286	0.278	0.301	0.289	Ⅱ	Ⅲ	Ⅲ	Ⅲ
	云南	0.267	0.326	0.373	0.364	0.370	0.366	0.402	0.394	0.398	Ⅲ	Ⅳ	Ⅴ	Ⅳ
	陕西	0.377	0.420	0.431	0.454	0.460	0.461	0.466	0.472	0.469	Ⅳ	Ⅴ	Ⅴ	Ⅴ
	甘肃	0.245	0.279	0.288	0.311	0.305	0.306	0.317	0.334	0.325	Ⅲ	Ⅳ	Ⅳ	Ⅳ
	青海	0.261	0.283	0.324	0.321	0.336	0.364	0.351	0.340	0.346	Ⅲ	Ⅳ	Ⅳ	Ⅳ
	宁夏	0.293	0.298	0.314	0.343	0.343	0.358	0.348	0.380	0.364	Ⅲ	Ⅳ	Ⅳ	Ⅳ
	新疆	0.293	0.292	0.302	0.331	0.334	0.326	0.348	0.351	0.349	Ⅲ	Ⅳ	Ⅳ	Ⅳ
	内蒙古	0.277	0.308	0.343	0.359	0.367	0.388	0.365	0.368	0.367	Ⅲ	Ⅳ	Ⅳ	Ⅳ
	广西	0.280	0.315	0.318	0.331	0.318	0.318	0.330	0.317	0.323	Ⅲ	Ⅳ	Ⅳ	Ⅳ

续表

省（区、市）		耦合协调度指数（D）									等级			
		2009年	2010年	2011年	2012年	2013年	2014年	2015年	2016年	2017年	2009年	2012年	2015年	2017年
东北地区	辽宁	0.395	0.401	0.412	0.405	0.415	0.419	0.443	0.453	0.448	Ⅳ	Ⅴ	Ⅴ	Ⅴ
	吉林	0.349	0.367	0.369	0.394	0.405	0.407	0.402	0.397	0.399	Ⅳ	Ⅴ	Ⅴ	Ⅴ
	黑龙江	0.372	0.404	0.408	0.418	0.421	0.438	0.434	0.440	0.437	Ⅳ	Ⅴ	Ⅴ	Ⅴ

第三，贵州、海南、甘肃、青海、宁夏、新疆、内蒙古、广西、江西、云南等省（区、市）产业工人素质与产业结构融合化的耦合协调程度较低。虽然在考察期内这些省（区、市）的耦合协调度均有所提升，但是2017年这些省（区、市）的耦合协调度指数均低于0.4。受到整体经济发展水平的影响，这些省（区、市）产业工人素质与产业结构融合化耦合协调水平相对落后，两者仍处于轻度失调的阶段，尚未形成互相促进、协同发展的良性发展格局。

第四，分区域来看，东部地区产业工人素质与产业结构融合化耦合协调水平明显更高。相较而言，中部、西部以及东北地区耦合协调水平整体偏低，这与我国当前劳动力整体素质和产业结构转型升级的空间布局基本一致。值得注意的是，在西部地区，2009～2017年，重庆、四川、陕西3个省（区、市）产业工人素质与产业结构融合化耦合协调度指数提升明显。这些省（区、市）近年来主动承接东部发达地区产业转移，积极推动产业结构升级，产业结构高级化、融合化程度不断提高。此外，这些省（区、市）还采取了一系列人才引进政策，人才虹吸效应明显，为地区产业结构升级提供了高素质人力资本支撑，为产业工人素质与产业结构融合化的耦合协调发展奠定了基础。

第五，从整体上看，我国产业工人素质与产业结构融合化的耦合协调发展程度持续向好。2017年，除贵州外，其他省（区、市）均处于中层次的过渡发展阶段及以上，处于中级协调阶段的地区有1个，处于初级协调阶段的地区有4个，处于勉强协调阶段的地区有3个，产业工人素质与产业结构

融合化的耦合协调层次实现了从低层次向中高层次的转变，产业工人素质提升滞后于产业结构融合化或产业结构融合化滞后于产业工人素质提升的地区显著减少，我国产业工人素质提升与产业结构融合化的耦合协调逐步向更高层次迈进。

四 产业结构升级与产业工人素质提升的协同路径

在不同的产业结构下，生产过程对产业工人的技能要求不同，进而对产业工人的收入、待遇等方面产生的影响也不同。在劳动密集型企业中，产业工人技能的通用性强，劳动力的可替代性也更强，竞争更激烈，导致产业工人的收入较低，劳动关系也不稳定。而在技术密集型企业中，产业工人技能的专用性很强，可替代性弱，产业工人的收入和待遇更高，劳动关系也较为稳定。经过改革开放以来40多年的发展，尽管我国已建成了门类齐全、独立完整的制造体系，制造业规模居全球第一，但"大而不强、全而不优"的问题仍然突出，中国制造与全球领先水平仍存在差距。当前在制造业企业中，特别是民营企业、中小企业中，劳动密集型、中低端技术型的企业仍然占据较高比重。这些企业普遍以低成本的来料加工生产模式为主，技能需求以从事简单重复性任务的低技能劳动为主，对产业工人的技能要求较低。这种低成本、低利润、低附加值的生产模式导致产业工人普遍存在工资收入低、待遇保障差、劳资关系不稳定等问题，与中层及以上管理人员、专业技术人员相比，产业工人在企业中处于"技能弱势"地位。

近年来招工难、用工成本不断上升也迫使一些中低端制造业企业加快"机器换人"、智能化改造的步伐，以实现"减员增效"的目标，但是在机器替代技能的发展模式下，自动化机器一方面承担了高精度、高负荷的制造职能，另一方面也进一步降低了对产业工人技术技能的依赖，产业工人转变为按机器节奏从事简单劳动的操作工，甚至只是机器的看护工，这使得车间工作对产业工人的需求不断下降。调研发现，目前很多制造业工厂引入机器人后并没有带来产业工人的技能提升，反而使原来的技能型工人退化成给机器人从事辅助性作业的普工。这种以机器为中心的生产方式改造使车间中的产业工人在企业中的地位进一步弱化，其各项劳动经济权益受到损害，产业工人学习技能、提升技能的积极性也不断丧失，导致产业工人整体技能水平不高、技能可替代性强，进而陷入"低端生产模式→低技能→低收入→低发展→低认同→低技能……"的结构性陷阱中。

从发达工业国家产业升级与产业工人技能水平协同发展的演进历程来看，存在两条差异显著的发展路径。第一条路径以美国为代表，这种路径在自动化技术发展过程中采取对劳动者去技能化的策略和管理思路，以机器"替代"劳动者技能为突出特征。第二条路径以日本为代表，推行精益生产方式强调设备自动化、智能化与产业工人技能成长的结合，在该方式中机器与车间工人之间是互补的合作关系，机器复杂化、自动化的目的在于延伸产业工人的技能应用空间，这对生产一线的技术工人的技能水平提出更高要求，提升了工人学习技能的主动性，也有利于提高技术工人的收入和待遇水平。

当前我国制造业正处于一个转型发展、多种生产模式并存的时代。如果采取对劳动者去技能化的策略和管理思路，那么将如同美国在过去三四十年的做法一样，不仅会使制造业竞争力陷入长期衰退，而且会导致产业工人的整体技能水平下降，收入增长遭遇结构性"天花板"，劳动经济权益受到损害，进而形成突出的社会阶层对抗，产生严重的社会问题。我国"十四五"规划纲要中指出，实体经济是经济发展的根基，也是现代产业体系的核心。全面建设社会主义现代化国家，必须加快发展现代产业体系，推动经济体系优化升级。加快发展现代产业体系，一方面要提升产业链、供应链现代化水平，推动战略性新兴产业、先进制造业、现代服务业发展；另一方面还要提升产业工人的知识、技能和创新水平，优化产业工人结构，推动发展方式向依靠产业工人持续的知识积累、技术进步和素质提升转变。因此，为了更好地推动产业结构升级和产业工人素质提升协同发展，构建实体经济、科技创新、现代金融、人力资源协同发展的现代产业体系，迫切需要在全面推动产业工人队伍建设改革的进程中，从加强技能培训、提高收入待遇、畅通发展通道、提高社会地位等方面协同发力，真正让产业工人既有"里子"又有"面子"，使其不断提升技术技能水平，形成产业工人技能提升与产业结构升级的良性互动模式。

具体而言，首先，应继续通过全面开展职业技能培训，有效提高产业工人技术技能水平。职业技能培训是产业工人提升技能水平的主要方式，也是提高产业工人职业竞争力的重要途径。在职业培训中，应根据"中国制造2025"的要求，结合企业现实需求，强化新知识、新技术、新工艺、新方法等培训内容，为产业工人提供有针对性、实效性的实操案例、模拟实训、工匠讲坛等各类职业技能培训课程，发挥好职工学校、技能实训基地、"技能强国—全国产业工人技能学习平台"等资源，整合不同行业的工艺技术场景和职业教育培训资源，提高职工技能培训的便利性和可及性，通过让产业工人掌握一技之长，实现高质量就业。此外，为了更好地满足数字产业化与产业数字化的技能需求，还应以智能制造、工业互联网等工业和信息化企业一线产业工人为重点，组织开展"数字工匠"评选和培育活动，加快培育既具备本领域专业素质，又掌握数字技能的复合型"数字工匠"，更好地满足产业结构升级对产业工人的技能需求。

其次，还应加快推动在提高产业工人收入待遇、畅通产业工人发展通道上的各项政策措施落地实施。2018年，中共中央办公厅、国务院办公厅印发了《关于提高技术工人待遇的意见》，明确提出要创新技能导向的激励机制，增强生产服务一线岗位对劳动者的吸引力。在宏观层面，应加快探索建立各级技能人才最低工资标准，各地区则以劳动技能、责任、强度等基本要素评价为基础，加大技术工人工资水平与技能等级挂钩的力度，引导企业结合实际建立自己的技能人才最低工资标准。在微观层面，推动企业建立健全反映劳动力市场供求关系和企业经济效益的工资决定及正常增长机制，探索通过集体协商和民主程序建立产业工人工资增长机制，规范集体协商合同文本，将工资增长机制纳入技术工人工资集体协商条款，在行业内、企业内签订技术工人薪酬集体合同，让更多产业工人跻身中等收入行列，走上共同富裕道路。

最后，在畅通产业工人发展通道方面，应加快推动"新八级工"制度落实落地，按照"新八级"职业技能等级结构，进一步支持特级技师、首席技师设立工匠创新工作室等工作平台，为其开展技术技能革新、工艺流程改进、解决重大技术难题和带徒传技提供条件。充分发挥产业（行业）工会作用，引导企业建立技能学分制，促进产业工人通过参加职业技能培训和各类劳动技能竞赛修满学分，获得新的职业晋升资格。加强技能资历与技术资历、教育资历序列间的横向衔接，实现待遇对接，破除产业工人转换岗位、职位晋级、发展渠道等方面的诸多限制，突破产业工人发展的"天花板"，有效拓宽技术工人的成长成才空间。

| 第四章 |

技能宝贵：产业工人技能提升的机制与路径

当前我国经济发展进入新时代，由高速增长阶段转向高质量发展阶段，新旧动能转换、经济结构优化和产业结构升级步伐不断加快，劳动力市场也正在发生深刻变化。当劳动力供给减少和劳动力成本上升时，劳动力的技能结构将在经济增长方式转变过程中起到决定性作用。人力资本的配置对实体行业的发展发挥着重要的适应和支撑作用，劳动力的技能结构与产业结构越匹配，就越能保持经济的长期稳定增长和产业的不断优化升级。当前我国在全球产业链中仍处于低技术、低价值的位置，许多企业生产的产品标准和质量不高，盈利空间小，创新能力弱，竞争力不强，其中一个重要制约因素就是产业工人队伍的技术技能水平较低。推进产业工人队伍建设改革一个重要目标就是尽快补齐我国高技能人才总量不足的短板，着力提升产业工人队伍素质。在产业工人队伍建设改革的实践中，工会组织充分利用自身扎根群众的优势，积极发挥工会组织的建设与教育职能，通过开展劳动和技能竞赛、推出形式多样的培训项目、设立劳模与技能人才创新工作室等方式为产业工人提高技能水平创造良好条件，在产业工人技能形成中展现工会的作用和价值。2021年，新修订的《工会法》进一步明确规定推动产业工人队伍建设改革为工会组织的法定职责。那么，如何从学理上对工会在产业工人技能提升中发挥的作用进行解释和分析？加入工会组织是否能够提高产业工人的技术技能水平？本章将以从事一线生产制造工作的产业工人为研究对象，从理论上分析工会组织对产业工人技能提升的作用机制，并在此基础上利用大连市产业工人的微观调查数据对工会组织的技能提升效应进行实证检验。本章的研究不仅有利于从理论上丰富对我国工会职能的认识，也有利于在实践中为进一步深化产业工人队伍建设改革提供参考。

一　产业工人技能提升的理论机制

从产业工人技能形成的视角来看，在生产车间工作的产业工人的技术水平和技能素质是决定企业竞争优势的核心因素。西方技能形成理论认为，制造业企业在产业工人技能形成过程中会面临是进行内部培训（企业承担成本）还是在劳动力市场获得成熟的技术工人（从其他企业引进已经培训过的工人）的选择。由于企业在劳动力市场和产品市场都面临竞争，市场中的单个企业为了降低技能培训的成本，实现利润最大化的经营目标，将试图从其他企业中"挖人"。选择这种战略的企业越多，意味着开展技能培训的企业所需的成本越高。那些开展技能培训的企业不仅要承担自我培训的成本，同时还要负担无技能培训的竞争对手所带来的"挖人"成本。在产业工人技能形成的过程中，如果所有企业都实行这种无技能培训战略，将使企业生产所依赖的技能储备不断减少从而导致恶性循环，在整个社会中形成一种由企业集体行动困境导致的低技能均衡。

为了突破这种低技能均衡的困境，一方面，在产业工人技能形成过程中需要政府加强顶层设计，统筹推进，充分发挥"指挥棒"作用。自2017年中共中央、国务院正式印发《新时期产业工人队伍建设改革方案》以来，中共中央、国务院及相关部委出台了一系列配套制度和文件。2018年5月，国务院出台《关于推行终身职业技能培训制度的意见》，明确指出职业技能培训是全面提升劳动者就业创业能力、缓解技能人才短缺的结构性矛盾、提高就业质量的根本举措，是适应经济高质量发展、培育经济发展新动能、推

进供给侧结构性改革的内在要求，对推进制造强国建设、提高全要素生产率、推动经济迈上中高端具有重要意义。2019 年 5 月，国务院办公厅印发《职业技能提升行动方案（2019—2021 年）》，提出实施职业技能提升行动的政策措施，通过大规模开展职业技能培训，加快建设知识型、技能型、创新型劳动者大军。2020 年 9 月，教育部等九部门印发《职业教育提质培优行动计划（2020—2023 年）》，提出要加快构建纵向贯通、横向融通的中国特色现代职业教育体系，大幅提升新时代职业教育现代化水平和服务能力，为促进经济社会持续发展和提高国家竞争力提供多层次高质量的技术技能人才支撑。2022 年 5 月 1 日，新修订的《中华人民共和国职业教育法》颁布实施，为加强职业教育、提高技术工人培养水平提供法律保障。2022 年 10 月，中共中央办公厅、国务院办公厅印发《关于加强新时代高技能人才队伍建设的意见》，明确提出技能人才是支撑中国制造、中国创造的重要力量，要加强高级工及以上的高技能人才队伍建设。这一系列文件的出台为加强产业工人技能培训、提高产业工人技术技能水平提供了方向指引和制度保障。

另一方面，在产业工人技能形成过程中还必须遵循市场规律，充分发挥企业在产业工人技能形成中的主体作用，激发企业培养技能人才的内生动力，特别是要充分发挥企业中的工会组织联系广泛、扎根群众的优势，在提升产业工人技能水平中展现工会组织作为。进入新时代，随着我国社会主要矛盾的变化，产业工人队伍的内部结构、技能素质、权益维护等方面也发生了新变化。工会组织在维护职工各项合法权益、推动构建中国特色和谐劳动关系的同时，在提升产业工人技能水平方面也发挥着重要作用。2016 年中华全国总工会发布实施了《关于充分发挥工会在建设知识型、技术型、创新型技术工人队伍中作用的意见》。具体来看，工会组织对产业工人技能水平提升的影响路径主要包括三个方面：一是工会组织开展各类劳动和技能竞赛，产业工人以赛代练，通过参加技能竞赛提高技术技能水平；二是利用工会组织的职工教育和技能培训资源开展产业工人技能培训，为产业工人提供实操案例、模拟实训、工匠讲坛等各类职业技能培训课程，提高产业工人技能素质；三是通过开展各类群众性技术创新活动、设立劳模与工匠人才创新工作室、开展师带徒活动等方式为产业工人开展技术攻关、技术创新提供更多资源支持，促进生产过程中知识的传播特别是隐性知识的传授和技能传承。中华全国总工会的数据显示，从2017年开始实施产业工人队伍建设改革以来，各级工会共组织产业工人3.7亿人次参加劳动和技能竞赛，培训各类农民工600万人次。通过"技能强国—全国产业工人学习社区"共培训职工1.5亿人次。基于以上分析，本节提出如下研究假设。

假设1：加入工会可以提升产业工人技能水平。

假设2：工会通过开展技能培训促进产业工人技能水平提升。

二 产业工人技能提升的实证检验

我国职工队伍状况调查工作自1982年启动以来，每五年进行一次，2022年开启了全国第九次职工队伍状况调查工作。开展职工队伍状况调查有利于系统掌握职工队伍的总体状况和结构变化，准确了解职工劳动经济权益、民主政治权利、精神文化权益等方面的状况。为了探索互联网、大数据等数字技术在职工状况调查工作中的有效应用，中华全国总工会工会理论研究会2021年发布了招标委托课题"运用互联网、大数据对某地级市范围内职工状况的调查"。笔者作为课题组核心成员，参与了课题的整个研究过程。在研究中，课题组以大连市为调查对象，通过大连市总工会进行抽样发放网络调查问卷，经过数据清洗，共回收有效职工状况调查问卷9469份。为了进一步对工会组织提升产业工人技能水平的理论机制进行实证检验，本节将从这一样本中选择在农林牧渔业，采矿业，制造业，电力、热力、燃气及水生产和供应业，建筑业，交通运输、仓储及邮政业，信息传输、软件和信息技术服务业，租赁和商务服务业，科学研究和技术服务业9个行业中从事集体生产劳动且以工资收入为生活来源的产业工人作为研究对象，剔除工作单位类别为"事业单位"或"机关"的样本，并剔除职业类别为"灵活就业者"的样本，共得到产业工人有效样本3067份。

1. 模型设定

产业工人技能水平是有序多分类变量，因此建立以下有序 Logit 模型：

$$P(Y_j > i) = \frac{\exp(u_i + X_j\alpha)}{1 + \exp(u_i + X_j\alpha)} \quad (4.1)$$

其中，Y_j 是因变量，X 是自变量，α 是回归系数，u_i 是技能 i 的截距。依据目前现行的技能人员职业技能等级划分，本文将产业工人职业技能等级划分为 6 类，1~6 分别为无技术等级、初级工、中级工、高级工、技师和高级技师，有序 Logit 模型形式为：

$$P(Y_j = i) = P(k_{i-1} < X_j\alpha + u \leq k_i) = \frac{1}{1 + \exp(-k_i + X_j\alpha)} - \frac{1}{1 + \exp(-k_{i-1} + X_j\alpha)} \quad (4.2)$$

其中，k_i 是未被观测或潜在变量的分界点，系数 α 显著，则进一步考察工会对产业工人技能水平的作用机制。本文采用逐步回归方式检验工会对产业工人技能提升影响的中介效应，M 是中介变量，其余变量与式（4.1）相同。中介效应模型设定如下：

$$\text{Logit}(M) = \beta_0 + \beta_1 x_1 + \cdots + \beta_m x_m = \beta_0 + \sum_{i=1}^{m} \beta_i x_i \quad (4.3)$$

$$P(Y_j > i) = \frac{\exp(\mu_i + X_j\delta + M\gamma)}{1 + \exp(\mu_i + X_j\delta + M\gamma)} \quad (4.4)$$

第一步，使用式（4.3）考察工会对中介变量 M 的影响，如系数 β 显著则继续检验；第二步，在式（4.4）中，如系数 δ、γ 均显著且系数 δ 的绝对值小于 α，说明变量 M 具有部分中介作用；如系数 γ 显著，而系数 δ 不显著，说明变量 M 具有完全中介作用。此外，当 β 与 γ 至少有一个不显著时，需要进行 Sobel 检验来明确中介效应。

2. 变量说明

本节实证研究以职业技能等级为产业工人技能水平的代理变量，根据问卷调查中"职业技能等级"的选项设置，将选项"无技术等级"设置为 1，将选项"初级工""中级工""高级工""技师""高级技师"分别设置为2~6。无技术等级的产业工人占比为59.54%，初级工占比为13.37%，中级工占比为15.62%，高级工占比为7.76%，技师和高级技师占比均低于2%。

核心解释变量工会参与是二值虚拟变量，若产业工人是工会会员，取值为1，否则为0。在问卷调查中，加入工会的产业工人比例为86.21%。工会作为提高职工素质的"大学校"，组织的各类职业技能培训是提高产业工人技能水平的主要途径。因此本部分将产业工人"是否参加工会组织的技能培训"作为中介变量，若参加过培训，取值为1，否则为0，从表4-1的数据可以看出，参加过工会组织的技能培训产业工人的比例为80.73%。

表4-1 主要变量描述性统计

变 量		频数	比例(%)
职业技能等级	无技术等级	1826	59.54
	初级工	410	13.37
	中级工	479	15.62
	高级工	238	7.76
	技师	59	1.92
	高级技师	55	1.79
是否加入工会	加入工会	2644	86.21
	未加入工会	423	13.79
是否参加工会组织的技能培训	参加过培训	2476	80.73
	没参加过培训	591	19.27
性别	男性	1628	53.08
	女性	1439	46.92
受教育程度	小学及以下	26	0.85
	初中	334	10.89
	高中	131	4.27
	中专或技校	209	6.81
	大专	595	19.40
	本科及以上	1772	57.78
婚姻状况	未婚	876	28.56
	已婚有配偶	2088	68.08
	离异	93	3.03
	丧偶	10	0.33

续表

变量		频数	比例(%)
政治面貌	中共党员	815	26.57
	共青团员	827	26.96
	民主党派成员	11	0.36
	未加入任何党派	1414	46.10
职业类型	非技术工人	622	20.28
	技术工人或熟练工人	326	10.63
	办公室一般工作人员	1151	37.53
	服务行业人员	246	8.02
	管理者/经理	536	17.48
	自雇或创业	4	0.13
	农民、渔民	34	1.11
	其他	148	4.83
产业类型	第一产业产业工人	162	5.28
	第二产业产业工人	1797	58.59
	第三产业产业工人	1108	36.13

注：表中的样本数为3067。

控制变量包括产业工人的性别、受教育程度、婚姻状况、政治面貌、职业类型、产业类型等个人特征。具体来看，问卷调查中产业工人年龄为19~61岁，平均年龄为35.91岁，男性产业工人约占53%，本科及以上的学历的产业工人比例为57.78%，已婚有配偶的产业工人比例为68.08%，产业工人党员比例为26.57%。从职业类型来看，非技术工人的比例为20.28%，技术工人或熟练工人的比例为10.63%，办公室一般工作人员的比例为37.53%，管理者/经理（包括厂长、车间主任、工段长、班组长等）比例达到17.48%。从产业类型分布来看，第二产业产业工人比例达到58.59%，第三产业产业工人比例为36.13%。

表4-2给出了加入工会的产业工人和未加入工会的产业工人的职业技能等级数据，根据数据可以看出，与未加入工会的产业工人相比，加入工会的产业工人无技术等级的比例更低，而加入工会的产业工人中初级工、中级工、高级工、技师、高级技师的比例均高于未加入工会的产业工人；进一步比较参加技能培训的情况，加入工会的产业工人参加过工会组织的技能培训

的比例为82.87%，比未加入工会的产业工人高了15.49个百分点。工会与产业工人技能提升是否存在稳健可靠的关系，需要更加严谨的计量估计。本部分将在控制产业工人特征变量后，利用计量模型对工会对产业工人技能水平提升效应进行更进一步检验。

表4-2 工会对产业工人技能水平提升的典型化事实

变量		未加入工会		加入工会	
		频数	比例(%)	频数	比例(%)
职业技能等级	无技术等级	299	70.69	1527	57.75
	初级工	43	10.17	367	13.88
	中级工	53	12.53	426	16.11
	高级工	19	4.49	219	8.28
	技师	4	0.95	55	2.08
	高级技师	5	1.18	50	1.89
是否参加工会组织的技能培训	参加过培训	285	67.38	2191	82.87
	没参加过培训	138	32.62	453	17.13

3.实证结果

（1）基准模型。

本部分同时运用OLS和有序Logit模型检验工会对产业工人技能水平的影响。表4-3报告了基准回归结果。模型1和模型2分别为OLS回归模型和有序Logit模型，模型3是标准化系数后的有序Logit模型。在OLS模型中，产业工人加入工会对技能水平的影响不显著。在有序Logit模型中，工会在5%的统计水平下对产业工人技能水平具有显著正向促进影响。因此本部分将通过有序Logit模型的结果来分析工会对产业工人技能水平的影响，并利用模型3中的标准化系数比较其影响程度的大小。通过计算有序Logit模型的平均边际效应发现，与未加入工会的产业工人相比，产业工人加入工会的比例每提升1%，无技术等级的产业工人显著减少5.04%，初级工的可能性上升0.81%，中级工的可能性上升1.90%，高级工的可能性上升1.46%，技师和高级技师的可能性分别上升0.4%左右。这一结论初步印证了上文的统计事实，即加入工会有助于提升产业工人的技能水平，工会存在技能提升效应，假设1得到验证。

表 4-3　工会对产业工人技能水平影响的基准回归结果

解释变量/被解释变量		模型 1 OLS	模型 2 有序 Logit	模型 3 有序 Logit 标准化
工会	加入工会	0.084	0.262**	0.090**
		(1.60)	(2.20)	(2.20)
性别	男性	0.327***	0.667***	0.333***
		(7.74)	(7.96)	(7.96)
年龄		0.030***	0.052***	0.439***
		(8.60)	(8.15)	(8.15)
受教育程度	初中	0.113	0.194	0.061
		(0.67)	(0.31)	(0.31)
	高中	0.202	0.548	0.111
		(1.07)	(0.84)	(0.84)
	中专或技校	0.516***	1.108*	0.279*
		(2.79)	(1.72)	(1.72)
	大专	0.584***	1.257**	0.497**
		(3.26)	(1.96)	(1.96)
	本科及以上	0.721***	1.581**	0.781**
		(3.96)	(2.45)	(2.45)
婚姻状况	已婚	0.072	0.237**	0.110**
		(1.50)	(2.42)	(2.42)
政治面貌	中共党员	0.245***	0.404***	0.178***
		(4.78)	(4.59)	(4.59)
职业类型	技术工人或熟练工人	0.992***	1.767***	0.545***
		(11.14)	(11.24)	(11.24)
	办公室一般工作人员	−0.083	−0.042	−0.020
		(−1.36)	(−0.30)	(−0.30)
	服务行业人员	0.224**	0.537***	0.146***
		(2.34)	(2.78)	(2.78)
	管理者/经理	0.431***	0.738***	0.280***
		(5.19)	(4.77)	(4.77)
	自雇或创业	−0.303	−0.555	−0.020
		(−0.68)	(−0.42)	(−0.42)
	农民、渔民	−0.087	−0.762	−0.080
		(−0.65)	(−1.11)	(−1.11)
	其他	0.272***	0.683***	0.146***
		(2.85)	(3.89)	(3.89)

续表

解释变量/被解释变量		模型1 OLS	模型2 有序 Logit	模型3 有序 Logit 标准化
产业类型	第二产业产业工人	0.395*** (3.90)	0.678*** (2.83)	0.334*** (2.83)
	第三产业产业工人	0.065 (0.61)	0.106 (0.43)	0.051 (0.43)
阈值点1			5.217*** (7.62)	0.426*** (10.04)
阈值点2			5.960*** (8.69)	1.169*** (26.35)
阈值点3			7.243*** (10.44)	2.452*** (38.39)
阈值点4			8.614*** (12.30)	3.823*** (36.66)
阈值点5			9.406*** (13.34)	4.615*** (31.71)
常数项		−0.602*** (−2.64)		
样本数		3067	3067	3067
R^2/Pseudo R^2		0.2286	0.1018	0.1018

注：***、**、* 分别表示1%、5%和10%的显著性水平，括号中表示Z值，下同。

在控制变量中，性别、婚姻状况、政治面貌的估计系数显著为正，表明在其他条件不变下，男性产业工人、已婚产业工人和党员身份的产业工人技能水平更高。产业工人的年龄对技能水平具有显著正向影响，意味着年龄越大，产业工人的职业技能等级越高，与现实情况相符。这主要是由于技术工人的培养周期普遍长于其他行业，很多工种需要3~5年才能入门。而且目前我国技术工人的职业技能等级晋升时间较长，青年技术工人从进厂到成为初级工一般需要2年左右时间，成为中级工需要7年时间，成为高级工需要14年时间，跨入技师、高级技师行列则大致需要20年时间。此外，受教育程度对产业工人技能水平提升具有显著促进作用，产业工人受教育程度越高，技能水平也越高，特别是随着近年来制造业转型速度不断加快，生产自动化和智能化水平不断提高,重复性的熟练体力和脑力工作将会不断被智能机器所承担,这对产业工人的知识、技能和创新水平提出更高要求。因此产业工人受教育程度的提高将对技能水平提升产生积极影响。

（2）中介效应检验。

为探究技能培训在工会影响产业工人技能水平中的中介作用,验证加入工会—技能培训—技能提升的理论机制,本部分加入技能培训作为中介变量,探讨工会对产业工人技能水平影响的传导机制。

表4-4报告了加入工会对产业工人技能水平影响的中介效应检验结果。由模型4可知,产业工人加入工会与培训参与显著正相关,即加入工会显著提高了产业工人参与技能培训的可能性。模型5中的系数是对模型4的标准化,回归结果发现,与未加入工会的产业工人相比,加入工会的产业工人参与技能培训提高0.108个标准差。模型6是加入技能培训中介变量后的有序Logit模型,模型7是模型6的系数标准化。可以看出,加入工会对产业工人技能水平的影响依然显著为正,但系数有所下降,标准化下的影响系数从0.090下降至0.072,且显著性水平从5%变为10%;同时,参加技能培训对产业工人技能水平提升有较强的促进作用,与未参加过技能培训的产业工人相比,参加技能培训的产业工人技能水平提升0.245个标准差。这意味着技能培训在工会与产业工人技能水平之间发挥着部分中介作用,即加入工会提高了参加技能培训的可能性,进而提升了产业工人技能水平的理论机制成立,假设2得到验证。

表4-4 工会对产业工人技能水平影响的中介效应

解释变量/被解释变量		培训参与 模型4 Logit	培训参与 模型5 Logit标准化	技能水平 模型6 有序Logit	技能水平 模型7 有序Logit标准化
工会	加入工会	0.633*** (5.11)	0.108*** (5.11)	0.208* (1.74)	0.072* (1.74)
培训	参加过培训			0.621*** (5.10)	0.245*** (5.10)

续表

解释变量/被解释变量		培训参与 模型 4 Logit	培训参与 模型 5 Logit 标准化	技能水平 模型 6 有序 Logit	技能水平 模型 7 有序 Logit 标准化
性别	男性	0.177* (1.65)	0.044* (1.65)	0.647*** (7.69)	0.323*** (7.69)
年龄		0.013* (1.65)	0.054* (1.65)	0.051*** (8.06)	0.433*** (8.06)
受教育程度	初中	0.081 (0.19)	0.012 (0.19)	0.207 (0.33)	0.065 (0.33)
	高中	0.357 (0.77)	0.036 (0.77)	0.524 (0.81)	0.106 (0.81)
	中专或技校	0.745* (1.65)	0.093* (1.65)	1.070* (1.68)	0.270* (1.68)
	大专	0.684 (1.54)	0.133 (1.54)	1.210* (1.91)	0.479* (1.91)
	本科及以上	1.274*** (2.84)	0.310*** (2.84)	1.493** (2.33)	0.738** (2.33)
婚姻状况	已婚	−0.174 (−1.40)	−0.040 (−1.40)	0.255*** (2.61)	0.119*** (2.61)
政治面貌	中共党员	0.571*** (3.92)	0.124*** (3.92)	0.373*** (4.23)	0.165*** (4.23)
职业类型	技术工人或熟练工人	0.444** (2.33)	0.068** (2.33)	1.729*** (11.05)	0.533*** (11.05)
	办公室一般工作人员	0.047 (0.31)	0.011 (0.31)	−0.059 (−0.43)	−0.028 (−0.43)
	服务行业人员	0.736*** (2.98)	0.099*** (2.98)	0.475** (2.46)	0.129** (2.46)
	管理者/经理	1.238*** (5.39)	0.232*** (5.39)	0.661*** (4.28)	0.251*** (4.28)
	自雇或创业	−0.165 (−0.15)	−0.165 (−0.15)	−0.567 (−0.43)	−0.020 (−0.43)
	农民、渔民	−0.184 (−0.42)	−0.010 (−0.42)	−0.781 (−1.14)	−0.082 (−1.14)
	其他	0.398 (1.52)	0.042 (1.52)	0.648*** (3.65)	0.139*** (3.65)

077

续表

解释变量/被解释变量		培训参与 模型 4 Logit	培训参与 模型 5 Logit 标准化	技能水平 模型 6 有序 Logit	技能水平 模型 7 有序 Logit 标准化
产业类型	第二产业产业工人	-0.764*** (-2.76)	-0.189*** (-2.76)	0.728*** (2.99)	0.358*** (2.99)
	第三产业产业工人	-0.175 (-0.60)	-0.041 (-0.60)	0.118 (0.47)	0.057 (0.47)
阈值点 1				5.596*** (8.18)	0.440*** (10.30)
阈值点 2				6.346*** (9.25)	1.189*** (26.32)
阈值点 3				7.635*** (10.99)	2.479*** (38.26)
阈值点 4				9.007*** (12.84)	3.851*** (36.43)
阈值点 5				9.797*** (13.88)	4.640*** (31.73)
常数项		-0.263 (-0.47)	-0.263 (-0.47)		
样本数		3067	3067	3067	3067
Pseudo R^2		0.1092	0.1092	0.1060	0.1060

除了工会和职业培训对产业工人技能水平具有积极影响，模型 7 中性别、婚姻状况、政治面貌的估计系数在 1% 的统计水平下显著为正，表明在其他条件不变的情况下，男性、已婚和党员身份的产业工人技能水平更高。

（3）稳健性检验。

为了进一步验证前文结论的可靠性，本部分以第二产业的产业工人为样本，对工会的技能提升效应进行稳健性检验。模型 8 中未加入技能培训中介变量，可以看出，加入工会对第二产业的产业工人技能水平具有显著正向影响；模型 9 显示，加入工会对第二产业产业工人的培训参与具有显著正向影响；模型 10 中加入了技能培训中介变量，结果显示，加入工会对第二产业产业工人技能水平的影响不再显著，而技能培训在 1% 的统计水平下对技能水平产生显著正向影响。这意味着技能培训在工会对第二产业产业工人的技能提升效应中发挥完全中介的作用，进一步证实本部分的实证结果是较为稳健的（见表 4-5）。

表 4-5 工会对第二产业产业工人技能水平的影响

解释变量/被解释变量		技能水平 模型 8 有序 Logit	培训参与 模型 9 Logit	技能水平 模型 10 有序 Logit
工会	加入工会	0.265* (1.76)	0.481*** (3.14)	0.212 (1.40)
培训	参加过培训			0.630*** (4.01)
个体特征		是	是	是
职业特征		是	是	是
阈值点 1		4.983*** (6.31)		5.315*** (6.92)
阈值点 2		5.741*** (7.23)		6.082*** (7.87)
阈值点 3		7.145*** (8.85)		7.495*** (9.52)
阈值点 4		8.575*** (10.50)		8.926*** (11.19)
阈值点 5		9.414*** (11.50)		9.760*** (12.20)
常数项			-0.842 (-0.95)	
样本数		1797	1795	1797
Pseudo R^2		0.1497	0.1223	0.1541

注：表中"是"表示加上了控制变量，未显示具体的系数。

三 工会在产业工人技能提升中的作用发挥

素质是立身之基,技能是立业之本。工会作为党联系职工群众的桥梁和纽带,是职工利益的代表者和维护者,也是职工提升素质技能的"大学校"。本章第一部分和第二部分在理论机制分析和实证检验的基础上,考察了加入工会对产业工人技能水平的影响。研究发现加入工会组织显著促进了产业工人技能水平的提升。在工会的技能提升效应中,职业技能培训发挥中介作用,即加入工会提高了产业工人参与技能培训的可能性,进而提升了产业工人技能水平。在第二产业中,产业工人技能提升的工会效应更强,技能培训在工会对产业工人的技能提升效应中具有完全中介作用。这一研究结论也为如何在实践中充分发挥工会组织提高产业工人技能水平的作用提供了参考和依据。

第一,结合企业现实需求,向产业工人提供普惠性、均等化、贯穿学习和职业生涯全过程的终身职业技能培训。用好"技能强国—全国产业工人技能学习平台",为产业工人提供有针对性、实效性的职业技能培训课程。整合职业技术院校的在线教育培训资源,通过构建校企合作的优质教育资源建设联盟,为产业工人提供专业齐全的实操案例、模拟实训、工匠讲坛等在线学习资源,以满足产业工人在线学习的需求,形成线上线下有机结合的网络化泛在学习新模式,实现产业工人按需自主选择培训项目,提高产业工人技能培训的便利度和可及性。

第二,积极组织开展"岗位练兵""技能比武"等劳动技能竞赛活动,激励广大产业工人立足岗位、提升技能。充分利用互联网等信息技术,探索开展网上技能竞赛和"比武"活动,开发包括闯关练兵、在线培训、在线考试、网上创新等模块的网上练兵平台,为产业工人提供技能提升的便捷渠道。持续开展"五小"(小发明、小创造、小革新、小设计、小建议)等群众性经济技术创新活动,总结推广设立劳模和工匠创新工作室的经验做法,为产业工人开展技术攻关、技术创新提供更多资源支持,努力让劳模和工匠创新工作室成为解决生产技术难题的"攻关站"、推动企业技术革新的"孵化器"、培养高技能人才的"练兵场"。

第三,加强企业工会与职业院校的联系与合作,推动多层次、多样化的职业教育资源服务于产业工人技能提升。产业工人技能形成始于职业教育,党的二十大报告指出,要统筹职业教育、高等教育、继续教育协同创新,推进职普融通、产教融合、科教融汇,优化职业教育类型定位。新修订的《职业教育法》明确规定工会等群团组织应依法履行实施职业教育的义务,参与、支持或开展职业教育。工会组织应以此为契机,充分发挥工会的"大学校"作用,依托各级工会院校和工匠学院,与职业院校共建产业工人实训基地,开展校企联合培训,推动企业将新型学徒制作为深化产教融合的重要方式纳入产业工人技能形成体系,让企业深度参与开发培训课程、制定培训标准、提供岗位实践等各个环节,推动培训内容与生产过程有效对接,让企业参与技能人才培养的全过程。不断完善"师带徒"培养和评价激励机制,充分发挥职业教育和职业培训在高技能人才培养中的作用,形成技能有效供给的强大合力。

四 数字时代产业工人数字素养与技能的提升

当前,全球经济数字化转型不断加速,劳动者数字素养与技能日益成为国际竞争力和软实力的关键指标。习近平总书记在中央政治局第三十四次集体学习时指出,要提高全民全社会数字素养和技能,夯实我国数字经济发展社会基础。"十四五"规划和2035年远景目标纲要中也明确提出要加强全民数字技能教育与培训,普及提升公民数字素养。2021年,中央网络安全和信息化委员会印发《提升全民数字素养与技能行动纲要》,提出实施全民数字素养与技能提升行动,2035年基本建成数字人才强国,全民数字素养与技能等能力达到更高水平,高端数字人才引领作用凸显。随着实体经济与数字经济深度融合,数字产业化与产业数字化加速推进。工业数字化转型使产业工人将从过去的机器操作者转变为生产过程中的规划者、协调者、评估者和决策者,产业工人的人机交互能力、灵活处理各种实际问题的能力以及创新能力变得越来越重要。产业工人必须提升数字素养与技能,才能适应数字化生产、智能化制造快速发展的步伐。

1. 提升产业工人数字素养与技能的重要意义

随着经济社会各领域数字化的快速发展,数字素养作为适应数字化发展的核心能力,成为个人与组织发展重要的必备基础技能。产业工人身处生产制造领域最前沿,在加快产业升级、推动新技术应用、提高企业竞争力等方面具有基础性、支撑性作用。提升产业工人数字素养与技能,有利于促进生产制造领域新技术创新应用,充分释放数据要素价值,有效发挥技术发展新优势,进而形成社会发展新动能。

第一,提升产业工人数字素养与技能是抢抓第四次工业革命重要机遇的客观要求。历史上,每一次工业革命对产业工人的技能都提出新要求。第一次工业革命以机械化技术为引领,需要适应分散的机械化生产方式。第二次工业革命以电气化技术为引领,需要适应电气化流水线的生产方式。第三次工业革命以信息技术为引领,需要产业工人掌握一定的计算机操作技能,适应大规模、标准化的生产方式。当今科技革命和产业变革正在深入发展,数字经济已成为第四次工业革命最重要的特征,数字技术是其最核心内容,需要产业工人掌握操作数字设施设备的数字技能,进而适应数字化、网络化、智能化的生产方式。抢抓此次工业革命历史机遇,亟须培养一支拥有高水平数字素养与技能的产业工人队伍。

第二,提升产业工人数字素养与技能是推动制造业数字化转型的重要保障。数字化转型是关乎制造业生存和长远发展的"必修课"。当前,我国制造业数字化转型全面提速,重点领域关键工序数控化率达55.3%,数字化研发设计工具普及率达74.7%。同时也要看到,制造业数字化转型是一项涉及发展战略调整、资源要素变革、生产方式重构、企业形态转型、业务模式转变等诸多方面创新的复杂系统工程,企业特别是广大中小微企业仍然存在"不敢转""不能转""不会转"等突出问题。在制造业数字化转型的过程中,只有全面提升产业工人数字素养与技能,建立互联网、大数据、软件、平台等数字化思维,提升产业工人数字技术应用、数据管理、软件开发等数字化转型能力,提高产业工人数字化生产能力,才能有效保障制造业数字化转型的实现。

第三,提升产业数字素养与技能是推动产业工人共同富裕的重要手段。数据显示,我国数字经济规模已从2005年的2.6万亿元增长到2020年的39.2万亿元,占GDP的比重也由2005年的14.2%提升至2020年的38.6%。预计到2025年,数字经济将带动就业人数达到3.79亿人。随着数字经济不断壮大,新业态、新模式不断涌现,数字人才规模需求不断扩大,数字经济领域越来越成为吸纳就业的重要渠道。提升数字素养与技能可以帮助产业工人更好地适应数字经济发展的需要,提高职业技能水平,拓宽职业发展路径,让广大产业工人更好地共享数字经济发展红利。

2.提升产业工人数字素养与技能面临的挑战与障碍

数字素养与技能主要包括数字获取、数字交流、数字创建、数字消费、数字安全、数字伦理、数字规范和数字健康等方面。随着数字技术的广泛应用,产业工人数字素养与技能不断提升,但也面临着数字意识不强、数字技能不高、数字资源供需失衡、数字环境保障不完善等困难与挑战。

一是能力失位,产业工人数字素养与技能整体处于较低水平,且不同年龄段产业工人数字素养差异较大。参照联合国教科文组织2018年发布的《全球数字素养框架》,相关研究发现我国居民平均数字素养得分仅为43.6分(满分100分)。在所有评估项目中,受访者在专业领域数字化应用能力、数字内容创建能力、数字化协作、电脑使用等多个方面的得分普遍较低,这也是当前产业工人队伍在数字素养方面迫切需要补齐的短板。此外,数字素养得分与年龄整体呈现倒"U"形关系。伴随互联网成长的"90后"数字素养得分最高,其次是"80后"和"00后",随着产业工人年龄增大,数字素养得分逐步下降。"60后""70后"产业工人和农民工产业工人面临着较为严峻的"数字贫困""数字鸿沟"等问题。

二是供需失衡,数字资源供给不均衡。随着移动办公、智慧社区、电子商务、移动支付、智慧出行等新工作和生活方式的快速发展，产业工人使用数字资源、数字工具的意愿不断上升。但是与需求侧数字资源的高质量需求相比，数字资源供给的分散化与数据资源开放的不完全、不彻底影响了数字资源供给质量。此外，数字资源供给普遍存在"重硬轻软"现象，硬件建设普及率高，但是对产业工人的媒介素养、网络素养、信息素养等数字技能的教育和培训普遍缺失，这已经成为数字产业发展进程中创新生产力的巨大障碍。另外，由于数字资源在城乡之间供给不均衡，城乡居民在获取、处理、创造数字资源等方面的能力差距较大。城乡居民数字素养与技能的差距正在成为除收入差距、教育差距、医疗差距等传统差距外新的城乡差距。

三是生态失序，数字环境保障有待完善。当前我国数字生态面临较为严重的失序问题。在网络"匿名盾牌"的保护下，虚拟的网络空间使得诸多不规范行为可以逃离现有法律、规则和社会伦理的约束。网络空间谣言不止，虚假信息泛滥，网络安全攻击及信息系统漏洞问题层出不穷。流量造假、夸大宣传、自动续费等"消费陷阱"误导消费行为，损害用户利益。一些互联网平台抱着钻法律政策空子、"打擦边球"的心态，滥用大数据算法，导致个人隐私数据泄露、信息茧房、大数据"杀熟"、算法歧视与陷阱等现象屡有发生，直接损害了产业工人的合法权益。在数据已经成为重要生产要素的环境下，目前我国还没有一部完整的数据法对数据安全、隐私保护等方面做出详细规定，围绕数据的所有权、使用权、收益权、知情权等方面的界定还比较模糊，个人隐私数据被泄露、滥用、过度收集等风险在不断加大，数字治理法治化建设亟待加强。

3.提升产业工人数字素养与技能的实践路径

第一，强化思想政治引领，突出数字职工价值塑造。在数字化转型背景下，做好产业工人思想政治工作，引导广大产业工人遵循数字伦理规范，树立正确的价值观、道德观、法治观，这不仅是提升产业工人数字素养与技能的重要内容，而且是工会组织必须履行好的政治责任。面对数字经济快速发展带来的意识形态领域风险与挑战，各级工会应加强对产业工人的数字伦理、数字规范、数字安全教育，引导广大产业工人在数字环境中保持对国家的热爱、对法律的敬畏、对民族文化的认同、对科学的追求和热爱，使产业工人主动维护国家安全和民族尊严，在各种数字场景中不伤害他人和社会，自觉抵制网络不良信息和不法行为，积极维护数字经济的健康发展秩序和生态，坚定不移听党话、跟党走，自觉做中国特色社会主义的坚定信仰者、忠实实践者。

第二，强化数字劳动与技能竞赛，为产业工人提升数字素养与技能搭建平台。一是围绕数字产业化和产业数字化，在5G基站、新能源汽车充电桩、大数据中心、人工智能、工业互联网等产业积极开展数字化劳动竞赛；二是在职工劳动与技能竞赛中增加包括大数据技术、数据安全攻防演练、国家网络安全、数字化转型应用案例评选等数字素养与技能相关项目；三是充分利用"互联网+"等现代化手段，探索在新产业、新业态、新组织中开展劳动与技能竞赛的新方式和新载体。

第三，强化"数字工匠"培育，促进数字经济与"中国智造"融合发展。一是以智能制造、工业互联网等工业和信息化企业一线产业工人为重点，组织开展"数字工匠"评选和培育活动，培育数字领域高水平大国工匠；二是推动数字技能类高技能人才与专业技术人才职业发展贯通，探索推进数字产业领域职业资格、职业技能等级与专业技术职称有效衔接，加快培育既具备本领域专业素质，又掌握数字技能的复合型"数字工匠"；三是建立产业工人数字素养与技能发展评价指标体系，定期开展产业工人数字素养与技能发展监测调查和评估评价。

第四，强化数字技能培训，丰富优质数字资源供给。一是充分运用"技能强国—全国产业工人技能学习平台"、"职工驿站"App等在线平台，围绕产业工人数字生活、工作、学习、创新等需求，运用视频、动画、虚拟现实、直播等载体形式，为广大产业工人提供数字技能教学案例、数字工匠讲坛等不同形式的数字技能培训，做优做强职工数字素养与技能教育培训。二是充分发挥各级工会院校和工匠学院作用，构建职工数字素养与技能培训长效机制。与数字产业企业共建实训基地，开展校企联合培训，打造产教融合创新平台和数字人才联合培养基地,积极开展数字产业职工学历提升活动。三是发挥数字领域劳模和工匠创新工作室示范引领作用,支持示范性创新工作室为开展数字素养与技能培训提供平台,推动平台向社会开放优质培训资源,组织"数字劳模""数字工匠"进校园、进企业活动。

| 第五章 |

创造伟大：充分激发产业工人的创新活力

创新是一个国家、一个民族发展进步的不竭动力。党的十八大以来，我国全面实施创新驱动发展战略，在多个创新领域实现重大突破，高速铁路、5G网络等建设世界领先，载人航天、火星探测等领域实现重大突破，新能源汽车、新型显示产业规模居世界第一。2012~2022年10年间，国家自主创新示范区从3个增加到23个，全社会研发经费从2012年的1.03万亿元增长到2021年的2.79万亿元。我国在全球创新指数排名中从2012年的第34位上升到2021年的第12位，迈入创新型国家行列。人是生产力中最活跃的因素，劳动者是科技创新的主导力量。创新活动的主体不仅有来自科研院所的科学家和企业研发部门的工程师，工作在生产制造一线的产业工人同样是创新创造的重要主体。近年来工会组织通过设立劳模和工匠创新工作室，开展合理化建议、劳动与技能竞赛等群众性技术创新活动，帮助企业新建或改进生产与管理流程，开发和引入新的产品或生产技术，在企业非研发创新活动中扮演着重要的发起者和推动者角色。经过各级工会的努力，已经培养造就了一大批懂技术、会创新的大国工匠和杰出技术工人，以他们为代表的群众性技术创新队伍已经成为创新型国家建设不可或缺的重要科技力量，群众性技术创新活动也成为国家创新体系的重要组成部分。本章在对工会组织的经济效应及其对创新的影响进行系统梳理的基础上，从工会组织与制造业企业创新活动的关系出发，探索工会激发产业工人创新活力的制度路径。

一 工会的经济效应及其对企业创新的影响

工会组织作为劳动关系矛盾发展的产物，起源于工业革命时期的英国。随着资本主义生产方式的建立，劳动力成为商品进入市场，进一步成为可变资本，工人的劳动过程也相应转变为生产剩余价值的过程。在雇用劳动制度下，工人除了劳动力一无所有，只能获得维持劳动力再生产的最低工资报酬。组建工会的直接目的就是消除工人之间的竞争和加强团结，围绕工资和剩余价值分割问题与资本家进行谈判和协商，维护工人的经济利益。但是马克思认为保护工资这种单纯的经济斗争"只是在反对结果，而不是在反对产生这种结果的原因；只是在阻挠这种下降的趋势，而不是改变这一趋势的方向；只是在用止痛剂，而不是在除病根"[①]。因此工会除了有维护工人经济利益的"直接经济任务"，还具有消灭雇用劳动制度、实现工人阶级解放的"最终政治任务"。可见在资本主义私有制的生产关系下，劳资关系从根本上是对立的，这也决定了资本主义国家工会的性质和功能。由于生产资料所有制的不同，在社会主义市场经济条件下，中国工会具有其自身特殊的性质和地位。《中国工会章程》中明确规定，中国工会是中国共产党领导的职工自愿结合的工人阶级群众组织，是党联系职工群众的桥梁和纽带，是国家政权的重要社会支柱，是会员和职工利益的代表。工会在我国作为群团组织，其特有的政治性、群众性和先进性也决定了其在经济、政治、社会稳定等方面兼具多重功能与职责。

在工会组织的经济效应方面，西方工会理论认为工会组织具有"垄断面

---

① 《马克思恩格斯全集》第 16 卷，人民出版社，1958。

孔"（the monopoly face）和"代言人/应答人面孔"（voice/response effect）的两面性。一方面，工会依靠其在劳动力市场的垄断力量为工会会员争取比在竞争状态下更高的工资水平，从而带来工会会员的工资溢价。Lewis的早期研究发现，20世纪30年代美国工会的工资效应平均保持在10%~15%的水平。① 后续研究进一步证实了这一结论，而且工资溢价在不同工人群体、不同所有制部门之间存在较大差异。② 工会的工资溢价会导致有工会的企业只能通过减少雇用人数、用资本替代劳动和雇用更多高技能员工来提高劳动生产率，使资源无法得到最优配置。这种观点认为工会的垄断性将会降低经济效率、扭曲收入分配，进而对整个经济产生不利影响。另一方面，工会作为工人的"集体代言人"，通过集体谈判等方式使劳资双方信息沟通更为顺畅，降低离职率，促使工人提高劳动技能，推动了管理方式的改变和生产效率的提高。③ 同时工会组织可以推动企业管理层强化生产标准和权责，在确保提高员工工资的同时使企业获得较高的利润，改善企业的经营绩效。④

在这一分析范式下，国外学者认为工会组织对企业创新也会产生两种不同的影响。首先是有抑制企业创新活动的消极影响。工会的"垄断面孔"降低了管理的灵活性，通过集体谈判对工人在生产过程中的工作职责范围加以限定，例如对工人承担工作量的限制、对绩效工资的制约以及要求额外雇用更多的工人等限制性条款都会对企业的过程创新和产品创新产生消极影响。其次是有促进企业创新活动的积极影响，也称为

---

① H. G. Lewis, *Unionism and Relative Wages in the United States*, Chicago: Chicago University Press, 1963, p. 355.
② D. Card, "The Effect of Unions on the Structure of Wages: A Longitudinal Analysis", *Econometrica*, 1996, 64 (4): 957-979; D. G. Blanchflower, A. Bryson, "The Wage Impact of Trade Unions in the UK Public and Private Sectors", *Economica*, 2010, 77 (305): 92-109.
③ D. Checchi and C. García-Pealosa, "Labour Market Institutions and the Personal Distribution of Income in the OECD", *Economica*, 2010, 77 (307): 413-450.
④ P. Laroche, H. Wechtler, "The Effects of Labor Unionson Workplace Performance: New Evidence from France", *Journal of Labor Research*, 2011, 32 (2): 157-180.

"冲击效应"（shock effect）。[1] 工会的"代言人/应答人面孔"使劳资双方信息沟通更加顺畅，在生产过程中采用更灵活的管理方式和更合理的人事政策，促进企业生产效率提高。[2] 另外，离职率的降低使企业招聘和培训新工人的成本降低，人员和劳资关系的稳定都会激励企业通过人力资本投资提高工人技能水平，对专业技术进行投资，增加研发投入，从而提高企业创新水平。[3]

通过对已有研究进行梳理发现，目前学者对中国工会经济效应的研究主要集中在工会的工资效应和非工资效应两类。在工资效应方面，研究发现与发达国家工会一样，中国工会也存在显著的工资溢价[4]，工会会员比非工会会员具有更高的工资水平和更低的工资不平等程度。[5] 工会的工资效应还会促进劳动生产率的显著提升，由于劳动生产率的升幅高于企业工资率，会造成劳动收入份额下降。[6] 在非工资效应方面，有关研究发现中国工会的参与、教育和维护职能可以有效提高非国有企业的企业绩效，而建设职能对企业绩效的影响不显著。[7] 工

---

[1] S. Slichter, *Union Policies and Industrial Management*, Washington, D. C.: Brookings Institution, 1941, p.139; S. Slichter, J. Healy and R. Livernash, *The Impact of Collective Bargaining on Management*, Washington, D. C.: Brookings Institution, 1960, p. 268.

[2] C. Brown and L. James, "Medoff. Trade Unions in the Production Process", *Journal of Political Economy*, 1978, 86 (7): 355-378; Clark, B. Kim, "The Impact of Unionization on Productivity: A Case Study", *Industrialand Labour Relations Review*, 1980, 33 (7): 451-469.

[3] M. Kizilos and Y. Reshef, "The Effects of Workplace Unionization on Worker Responses to HRM Innovation," *Journal of Labor Research*, 1997, 18 (4): 641-656; A. Verma, "What Do Unions Do to the Workplace? Union Effects on Management and HRM Policies", *Journal of Labor Research*, 2005, 26 (3): 415-449.

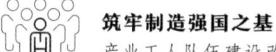

[4] 姚洋、钟宁桦：《工会是否提高了工人的福利——来自12个城市的证据》，《世界经济文汇》2008年第5期；莫旋、刘杰：《中国是否存在工会"工资溢价"效应？——基于工业企业微观数据的分析》，《商业研究》2016年第6期。

[5] 李永杰、魏下海、蓝嘉俊：《工会存在"工资溢价"吗？——来自中国的经验证据》，《华南师范大学学报》（社会科学版）2013年第5期。

[6] 魏下海、董志强、黄玖立：《工会是否改善劳动收入份额？——理论分析与来自中国民营企业的经验证据》，《经济研究》2013年第8期。

[7] 单红梅、胡恩华、黄凰：《工会实践对企业绩效影响的实证研究》，《管理科学》2014年第4期。

会组织还能够有效改善职工福利和劳动权益[1]，对外来工的社会保险、强迫劳动、最低工资符合率等劳动权益具有显著的保障作用。[2] 此外，工会组织通过集体发声和基层党组织这两条途径还可以降低企业短期和临时雇用比例，提高长期雇用占比，在促进就业稳定方面发挥积极作用。[3]

在我国，工会作为社会群团组织，是国家政治体系不可或缺的重要组成部分，同时也在社会主义经济建设、文化建设等领域发挥重要作用。随着社会主义市场经济进一步发展，中国工会组织在维护职工权益、教育和引导职工、参与国家和社会治理以及促进经济发展等方面的职能也逐步制度化，明确了维护、建设、参与、教育4项社会职能。尽管在公有制经济中消除了生产资料和劳动力的对立关系，形成了平等互利的联合劳动关系[4]，但是劳动力市场供求关系长期不平衡、劳动者和用人单位之间权利义务不平等现象依然存在。随着所有制结构的调整和非公有制经济的发展，工会在协调劳动关系，提高劳动者地位，维护劳动者享有的劳动报酬、休息休假、安全卫生、社会保障权益等方面仍发挥着重要作用，维护职工合法权益、竭诚服务职工群众是中国工会的基本职责。与资本主义经济条件下工会的作用不同，中国工会不仅在生产关系层面承担着维护职工合法权益、协调稳定劳动关系的重要职责，而且在生产力层面也通过履行建设和教育职能在推动技术进步和提升劳动者素质方面发挥着重要作用。

受国外研究的影响，目前关于中国工会经济功能的研究主要集中于从维

---

[1] M. Chen and A. Chan, "Employee and Union Inputs into Occupational Health and Safety Measures in Chinese Factories", *Social Science & Medicine*, 2004, 58: 1231-1245；王鸣、李永杰：《中国工会是否改善员工工资福利？——来自2013年广东佛山南海企业—员工匹配数据的证据》，《华南师范大学学报》（社会科学版）2014年第6期；徐雷、屈沙、杜素珍：《劳动合同、工会身份与劳动者权益保障——基于CGSS 2013数据的验证》，《财经论丛》2017年第1期。

[2] 孙中伟、贺霞旭：《工会建设与外来工劳动权益保护——兼论一种"稻草人机制"》，《管理世界》2012年第12期。

[3] 魏下海、董志强、金钊：《工会改善了企业雇用期限结构吗？——来自全国民营企业抽样调查的经验证据》，《管理世界》2015年第5期。

[4] 刘凤义：《社会主义市场经济中劳动力商品理论再认识》，《经济学动态》2017年第10期。

护职能出发,分析工会组织对职工工资水平、员工福利、劳动权益和企业绩效等的影响,对工会的建设、教育职能的研究仍然较少,尤其是对中国工会对企业创新影响的研究鲜有涉及。我国经济进入高质量发展阶段,也要求工会组织在贯彻新发展理念、建设创新型国家、建设现代化经济体系中积极发挥作用。由于性质和职能的差异,中国工会对制造业企业创新的影响方式和路径与国外工会也有较大差别。本章接下来将构建一个理论框架对工会激发产业工人创新活力的经验事实进行解释。

二 工会激发产业工人创新活力的制度路径

自熊彼特提出创新理论以来,对创新的研究已经引起经济学家的普遍关注。工业革命开始以后,制造业在产值和就业方面的贡献率迅速上升,为社会创造了巨大的财富,被视为价值创造的重要源泉,经济学家以制造业为对象就产品的创新、过程的创新、组织的创新、设计的创新和包装的创新等展开大量研究,形成了完善的制造业创新理论体系。经济合作与发展组织（OECD）在《弗拉斯卡蒂手册》（Frascati Manual）中将研发活动定义为"为增加人类、文化和社会等方面的知识储备而进行的具有系统性和创造性的工作,并运用这种知识来设计新型应用的活动",具体包括基础研究、应用研究和实验性开发三种不同类型的研发活动。[1] 随着技术复杂性的日益提高和分工的不断深化,专门从事研究与开发活动的部门逐渐成为大多数制造业企业尤其是高技术制造业企业的独立机构,与高等学校、科研机构、政府部门共同构成了国家创新体系的重要组成部分。

传统的制造业创新理论认为,企业的创新活动主要来自内部组织化的研发部门,研发投入被认为是企业创新的决定性因素,尤其是在计算机、通信、仪器设备、生物制造等技术密集型企业。随着创新范式的演进,这一论

---

[1] OECD, *Proposed Standard Practice for Surveys on Research and Experimental Development*, Paris: Frascati Manual, Organisation for Economic Co-operation and Development, 2002, p.694.

断也开始受到挑战。一些学者研究发现，研发投入仅是企业创新来源的一部分，可以较好地衡量高技术产业的创新投入，但是在中低技术企业中，创新可能从企业内部的知识和技能或外部现有可供选择的方案和技术的新结合中产生。[1] 另外从创新的模式来看，研发投入是产品创新的主要来源，但是对过程创新的解释力相当有限。[2] 因此着眼于研发的主流创新分析范式无法对非研发企业的创新模式和企业中的非研发创新活动进行解释。例如德国的创新型企业中有近44%并未开展内部研发活动。[3] 可见制造业企业的创新能力和经济成功并不完全取决于高技术或高研发投入，企业中的非研发创新活动同样发挥着至关重要的作用。

事实上，研发活动通常对突破式创新起着决定性作用，而渐进式创新往往还会受到教育、培训、生产工艺、设计和质量控制等其他因素的影响。在传统的制造业创新分析范式中，研发活动替代了有助于开发新产品和促进产品改进的所有活动，同时也忽略了生产过程对研发活动反馈循环的重要性。制造业企业的创新活动不仅来自科学家和工程师从事的研发活动，而且可能源于生产车间直接从事生产活动的工匠或技师进行的非研发创新活动。正如亚当·斯密所说："在精细分工的制造业中使用的大部分机器本来都是普通工人的发明。"[4]

近年来我国工会化程度不断上升，中国工会已成为世界上规模最大的工会组织。中国工会会员从2007年的1.93亿人上升至2020年的2.72亿人，基层工会组织从2007年的150.8万个增加至2020年的247.6万个。[5] 随着会员人数的增加和覆盖面的不断扩大，工会组织对企业创新活动的影响也越

---

[1] M. Heidenreich, "Innovation Patterns and Location of European Low and Medium Technology Industries", *Research Policy*, 2009, 38: 483-494.

[2] J. Hervas-Oliver, A. J. Garrigos, I. Gil-Pechuan, "Making Sense of Innovation by R&D and Non-R&D Innovators in Low Technology Context: A Forgotten Lesson for Policymakers", *Technovation*, 2011, 31: 427-446.

[3] 〔德〕奥利弗·索姆、伊娃柯·娜尔：《德国制造业创新之谜：传统企业如何以非研发创新塑造持续竞争力》，工业4.0研究院译，人民邮电出版社，2016。

[4] 〔英〕亚当·斯密：《国富论（上卷）》，郭大力、王亚南译，商务印书馆，2019。

[5] 中国劳动统计年鉴。

来越明显。中华全国总工会的数据显示，2017~2021年，产业工人提出合理化建议4536.85万件、实施2938.01万件，开展技术革新254.81万项，完成发明创造100.13万项、先进操作法77.77万项，创建各级各类创新工作室8.2万余家，20个一线产业工人创新项目获国家科学技术进步奖。

从影响机制和路径来看，工会组织在制造业企业非研发创新活动中发挥着重要的发起和推动作用，工会组织对非研发创新活动的影响可以分为直接影响和间接影响。直接影响表现为工会通过发挥建设职能，直接参与企业的生产过程与创新活动，通过激励效应和平台效应对企业创新活动产生影响；间接影响表现为工会组织履行维护、参与和教育职能，通过人力资本效应和协同效应对企业创新活动产生影响。工会组织的创新效应还可以增进企业创新链中不同创新主体的联系，在研发创新和非研发创新活动间建立创新反馈机制，有效推动制造业企业的产品创新、服务创新、工艺创新和制度创新（见图5-1）。

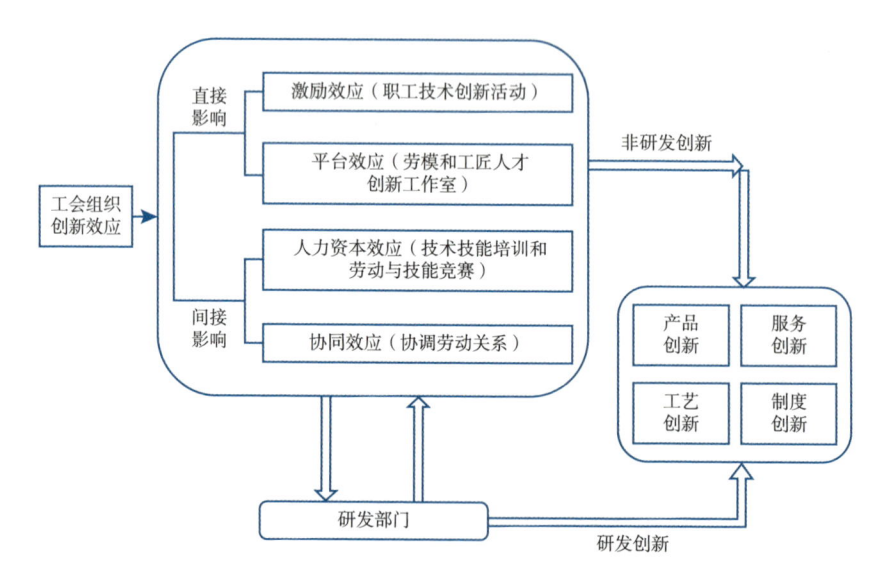

图5-1 工会组织对制造业企业创新活动的影响机制与路径

1. 激励效应（Incentive Effect）

根据对象和内容的不同，创新可以分为产品创新和工艺创新两大类。产品创新包括新产品的开发和现有产品的改进，既可以是有形的产品，也可以是无形的服务产品。随着制造业与服务业融合程度的不断提高，服务创新在制造业企业的竞争力提升中发挥着越来越重要的作用。工艺创新包括生产工艺流程、生产加工技术、生产技术装备等方面的开发与改进，同时也包括企业内部组织的创新。在制造业企业的内部创新过程中，专业的技术研究人员研制新产品和新工艺的内部组织化研发活动对企业的产品创新和工艺创新至关重要。企业通过研发活动研制出的新产品在正式投入批量生产前，还需要进行技术参数的不断调整、产品标准制定和生产模具设计与制造等工作，这些环节都离不开生产车间技术工人的积极参与。即使在新产品投入生产后，技术工人在生产成本改善、工艺流程设计、工作方法改进等方面同样发挥着重要作用。

我国工会组织通过开展合理化建议、技术革新、技术协作、发明创造以及小发明、小创造、小革新、小设计、小建议"五小"活动等职工技术创新活动，激励更多普通工人积极参与企业非研发创新活动。统计数据显示，2007~2013年我国职工提出合理化建议的数量从727.62万件上升至1263.59万件。近年来尽管合理化建议总体数量出现下降趋势，但是合理化建议的实施率不断提升，2019年职工合理化建议实施率约67%，创新效率不断提升（见图5-2）。职工技术创新活动在企业技术和服务改进、提质降耗、节能减排、提高生产效率等方面发挥着越来越重要的作用。此外，各级工会组织还对生产一线技术工人的发明创造和创新成果进行表彰奖励，激发产业工人参与创新的积极性和创造性。例如由中华全国总工会、科技部、工信部、人社部从2004年开始举办的全国职工优秀技术创新成果交流活动，每3年举办一次，截至2019年底共有326项成果获得全国职工优秀技术创新成果奖，其中有7项获奖成果经中华全国总工会推荐获得了国家科技进步二等奖。工会组织通过开展职工技术创新活动和创新成果表彰奖励活动，突破企业创新活动的固有边界，使创新不再是研发部门的独立活动，生产制造部门也促进了产品创新和工艺创新，提升了企业的创新能力和水平。

图 5-2　2007~2019 年职工合理化建议实施状况

资料来源：中国劳动统计年鉴。

2. 平台效应（Platform Effect）

知识作为生产过程中的信息载体，是创新活动的重要资源。企业创新的知识来源可以分为内部知识源和外部知识源：内部知识源包括企业内部知识库、企业高层领导、研发人员、技术专家、工人和技师等；外部知识源包括互联网、高等院校和科研机构、企业的竞争者、客户等。从制造业企业创新的内部知识源来看，创新活动的内部知识既可能来源于企业内部的研发技术专家，也可能来自生产岗位的工人和技师，尤其是制造业企业的工艺创新在很大程度上取决于生产岗位的工人和技师利用技术组织工艺组件的能力，以及根据他们自身需求运用这些知识的能力。

在各级工会的组织引导下，大量制造业企业以企业内部在技术、业务方面具有较高技能水平和创新能力的劳模和工匠为核心，成立了劳模和工匠创新工作室。中华全国总工会的数据显示，截至 2021 年底，全国已成立 8.2 万家各级各类劳模和工匠创新工作室。不同于研发部门主要由工程师和技术专家构成，劳模和工匠创新工作室是以生产一线的工人和技师为主组成的创新团队，是我国制造业企业中特有的一种非研发创新组织。劳模和工匠创新工作室通过承担企业内部的创新课题或技术攻关项目，破解生产中出现的各种难题,研究实践中有现实生产价值或有前瞻价值的技术攻关、技术革新、技术发明等活动,通过组织开展"传帮带"、技术培训、业务交流、"师带徒"等活动,有效促进了企业内部隐性知识的传播和扩散,发挥着重要的知识生产和知识扩散功能。劳模和工匠创新工作室还可以增进制造业企业内外部知识源之间的联系。一方面通过增进企业创新链中不同创新主体的联系,在研发部门与生产制造部门之间建立起一套创新反馈机制,加强企业内部创新成员的合作与交流,促进科技成果的加速转化;另一方面通过加强与企业外部知识源的联系,为制造业企业与高等院校、科研单位、其他制造与服务企业进行交流和联合攻关搭建平台,在制造业企业的创新活动中发挥桥梁纽带的重要作用。

此外,各级职工技术协会作为工会开展群众性科技创新活动的重要社团组织,通过开展技术攻关、技术交流、技术转让、技术服务、技术咨询、技术帮扶等技术协作活动,以及技术练兵、技术比赛、技术培训和科普教育等培训活动,在企业新产品、新技术研制开发以及重大技术攻关和技术培训等群众性技术活动中也发挥重要作用,逐渐成为职工技术创新的宣传教育平台、创新活动的实践平台和创新成果的展示平台。

3. 人力资本效应(Human Resources Effect)

人力资本是影响创新的重要因素。产业工人工作在生产、建设、管理和服务第一线,产业工人技术技能素质的高低决定了生产过程中新技术消化、吸收的速度和程度,技术技能素质水平越高的劳动者越容易掌握新技术,越容易使新技术、新装备得到更快更好的应用和推广,产业工人技术技能素质在推动制造业企业产品研制、工艺创新和实现科技成果向现实生产力转化过程中发挥着重要作用。在我国,工会组织不仅要维护职工的合法权益,也是广大职工提升技术技能素质的"大学校"。各级工会通过开展职工素质建设工程,利用职工职业技能实训基地、职工院校、劳模工匠学院等资源,开展各类劳动与技能竞赛活动、职工培训与技术交流活动,不断提升产业工人的技术技能素质水平。我国开展劳动与技能竞赛的基层工会数从2009年的27.5万个增加至2020年的56.4万个(见图5-3)。根据统计,2009~2020

年，共有1637.1万人次参加了基层及以上工会开展的职业技术技能培训。① 一方面，劳动与技能竞赛和技术技能培训提高了产业工人的技术技能素质；另一方面，生产竞赛和技术比赛也推动了产业工人间技术协作和技术革新，不断提升制造业企业的人力资本水平，促进了产品创新、服务创新和工艺创新。此外，工会组织的教育职能还表现为通过进行职工思想教育，开展"工匠论坛""职工创新大讲堂"等宣传教育活动，推广普及创新方法，引导职工认识创新的重要性，增强一线技术工人创新意识，鼓励更多产业工人参与企业创新活动。

图 5-3 2009~2020 年工会组织开展劳动与技能竞赛状况

4. 协同效应（Synergy Effect）

劳动关系作为生产关系的重要组成部分，是人类社会在物质生产过程中形成的基本社会关系。劳动关系的协调稳定程度也会对企业创新能力和创新水平产生影响。工资报酬、工作环境、社会保障等因素与每个劳动者的个人利益息息相关，和谐稳定的劳动关系有利于提高劳动力的配置效率，激发劳动者在生产过程中的积极性和创造性，进而提升企业的创新能力。劳动关系是工会存在和发展的客观基础。维护职工合法权益、竭诚服务职工群众是工会的基本职责，

---

① 资料来源：中国劳动统计年鉴。

也是工会的原生职能。① 在我国以公有制为主体、多种所有制经济共同发展的所有制结构下，国有企业作为中国特色社会主义生产关系的载体，生产资料归全民所有，在企业内部消除了生产资料和劳动力的对立关系。劳动者以生产资料所有者的身份与生产资料相结合。工会组织通过履行维护、参与的基本职能，推动建立职工代表大会、厂务公开等企业民主管理制度，让更多生产工人能够参与到企业的经营、管理和决策中，进而激发产业工人的创新活力。

在非公有制企业中，工会作为职工利益的代表者和维护者，依法享有代表劳动者同企业等用人单位进行集体协商和参与管理的权利，通过与用工企业开展集体协商、签订集体合同、调解劳动争议，维护劳动者享有的各项合法权益。2007年我国建立劳动争议调解委员会的基层工会有31.11万个，2020年增加至77.32万个。工会组织劳动争议调解成功率也从2007年的18.57%提高至2020年的63.68%（见图5-4）。工会组织在推动构建和谐稳定劳动关系中发挥着越来越重要的作用，通过沟通、协商、调解、合作的方式协同劳动者权益和企业发展目标，提高用工稳定性，促使企业增加对劳动者技术技能培训的投入，不断提高企业创新能力。

图5-4 2007~2020年工会组织劳动争议调解状况

资料来源：《中国劳动统计年鉴》。

---

① 李玉赋：《工会基础理论概论》，中国工人出版社，2019。

三 让产业工人的创新才智充分涌流

改革开放40多年来，我国制造业综合实力不断增强，制造业规模跃居世界第一位，建立起了门类齐全、独立完整的制造体系，成为支撑我国经济社会发展的重要基石。但是与世界先进水平相比，我国制造业在自主创新能力、资源利用效率、产业结构水平、信息化程度、质量效益等方面差距明显。随着科技革命、信息革命不断推进，全球制造业都将迎来新的变革，我国要想在新的国际环境中保持竞争优势，就要着力实施创新驱动发展战略，提高制造业自主创新能力。在制造业企业的生产过程中，工会主要通过开展职工技术创新活动产生的激励效应、设立劳模和工匠创新工作室产生的平台效应、加强技术技能培训和劳动与技能竞赛产生的人力资本效应、协调企业劳动关系产生的协同效应4条路径对制造业企业的非研发创新活动特别是渐进式创新产生影响。正如习近平总书记在致首届大国工匠创新交流大会的贺信中所强调，各级党委和政府要深化产业工人队伍建设改革，重视发挥技术工人队伍作用，使他们的创新才智充分涌流。全面提升我国制造业的创新能力，既要依靠企业的研发活动发挥引领导向作用，也要充分发挥工会组织的创新效应，打破企业创新活动的固有边界，通过激发产业工人的创造活力和创新动力，增进创新链中不同创新主体的联系，全面提高制造业企业创新能力。

在实践过程中，为了让产业工人的创新才智充分涌流，首先，要建立激励创新的长效机制，鼓励更多的产业工人投入企业的非研发创新活动。目前在制造业企业中一线技术工人的收入与企业中的研发人员、管理人员的收入仍有较大差距，而且对一线生产人员创新成果的奖励大部分以荣誉表彰、一次性奖励为主，尚未形成鼓励更多产业工人参与企业创新活动的长效机制。因此应通过构建按照技术技能要素参与分配的制度机制，采取技术创新成果入股、岗位分红等方式创新技能导向激励机制，将技术工人的非研发创新活动纳入企业创新工作总体规划，从场地保障、人员配备、资金投入、设备设施、活动时间、奖励激励等方面给予大力支持，把产业工人的职业技能等级晋升、收入待遇提高与创新业绩挂钩，让更多的产业工人能够通过创新在经济上获得实惠、待遇上得到保障，这样才会有更多的一线产业工人愿意走技能成才、技术创新的发展道路。

其次，在不同所有制性质、不同规模和不同发展水平的制造业企业中，由于劳动关系类型和具体利益的差别，工会组织在制造业企业创新活动中的作用也有较大差异。在大型国有企业中，工会组织根据企业自身的行业和产品特点，通过开展劳动与技能竞赛、推出形式多样的培训项目、设立技能大师工作室、劳模和工匠人才创新工作室等方式为创新活动创造良好条件，形成了研发创新和群众性技术创新相辅相成的创新机制。同时，中小私营企业的研发创新能力相对有限，提高企业创新水平的主要途径是模仿创新和企业内部非研发创新活动。可见非公企业工会组织在确保劳动关系和职工队伍和谐稳定的前提下，应充分发挥人力资本效应和协同效应提升企业创新能力和竞争能力。

最后，一些工业强国例如德国的发展经验显示，创新能力的提升既要依靠研发密集的高技术制造业企业，也要促进研发投入较低的中低技术制造业企业参与到知识创造和技术创新的过程中，同时要发挥高技术、中高技术、中低技术和低技术产业企业间的密切互动关系的重要作用。

因此，全面提高我国制造业企业的创新能力，应充分发挥工会组织广泛联系职工、组织体系健全等独特优势，将工会纳入国家创新系统，让工会从源头上积极参与相关创新政策的制定，加强工会与企业、高等院校、科研机构、教育部门、政府等子系统的相关联系并发挥相关作用，有效促进制造业企业开展非研发创新活动。

| 第六章 |

体面劳动：全面提高产业工人主体的就业质量

让劳动者得实惠、享荣光，是激发劳动创造力的必由之路。2015年4月28日，习近平总书记在庆祝"五一"国际劳动节暨表彰全国劳动模范和先进工作者大会上，强调要建立健全党和政府主导的维护群众权益机制，抓住劳动就业、技能培训、收入分配、社会保障、安全卫生等问题，关注一线职工、农民工、困难职工等群体，完善制度，消除阻碍劳动者参与发展、共享发展成果的制约，努力让劳动者实现体面劳动、全面发展。当前我国经济发展进入新时代，基本特征就是由高速增长阶段转向高质量发展阶段。经济高质量发展的一个重要内容就是就业质量的不断提高。党的二十大报告明确提出要强化就业优先政策，健全就业促进机制，促进高质量充分就业。高质量就业与高质量发展一脉相承，提高就业质量有利于增强劳动者在共享发展中的获得感，也是全面推进中国式现代化的内在需要。长期以来，产业工人特别是农民工的就业问题备受关注。随着经济发展水平的提高，农民工生活水平和职业期望值不断提升，与最初仅为了解决就业、获取收入的简单目标不同，农民工更加重视就业质量，他们希望能够真正融入城市，在就业、社会保障和职业培训等方面获得与城镇人口相同的待遇，农民工的就业矛盾也正在从数量型向质量型转变。提高产业工人的主体，农民工，的就业质量，实现体面劳动，是产业工人队伍建设改革的重要目标之一。本章将通过构建就业质量评价指标体系，利用中国流动人口动态监测调查数据，对农民工就业质量进行测度，并从个体特征、家庭特征和迁移特征三个维度分析农民工就业质量的影响因素和影响机制。本章的研究有助于进一步探索提升农民工就业质量的方法和途径，为通过产业工人队伍建设改革提升农民工就业质量、实现体面劳动提供理论支撑和现实参考。

一 农民工作为产业工人主体就业质量的基本状况

农民工作为我国特有的城乡二元体制的产物，改革开放40多年来为经济发展和社会进步做出了突出贡献，极大地推动了我国工业化、城镇化和现代化发展的进程。国家统计局发布的《2021年农民工监测调查报告》显示，2012~2021年，我国农民工总量从26261万人增至29251万人。随着城镇化发展水平的不断提高，农民工就业机会日益增加，劳动权益也得到更多保障，就业环境不断改善，外出农民工整体就业质量不断提升。但是由于受到城乡二元制度的制约和地区经济发展不平衡状况的影响，与城镇职工相比，农民工普遍存在工资水平低、劳动强度大、社会保障与职业发展空间不足等问题，在户籍制度、居住政策和社会保障方面仍未能获得与城镇户籍人口均等的待遇与服务，农民工整体就业质量仍存在较大的提升空间。特别是受到近年来经济逆全球化等影响，不少企业特别是中小微企业生产经营面临压力和困难，对农民工就业产生较大影响。

1. 农民工收入稳步提升，但仍处于较低水平

党的十八大以来，我国农民工收入稳步提升，外出农民工月均收入从2012年的2290元增至2021年的5013元，实现了较大幅度的增长。但是与城镇单位职工相比，农民工整体收入仍处于较低水平。国家统计局数据显示，2021年全国规模以上企业就业人员年平均工资为88115元，其中中层及以上管理人员为180630元，专业技术人员为125035元，办事人员和有关人员为82512元，均远高于农民工的53184元。此外，农民工的收入在不同区域和不同行业也存在较大异质性，2021年，在东部地区就业的农民工月均收入 4787 元，在中部地区就业的农民工月均收入 4205 元，在西部地区就业的农民工月均收入 4078 元，在东北地区就业的农民工月均收入 3813 元。分行业看，从事制造业的农民工月均收入 4508 元，从事建筑业的农民工月均收入 5141 元，从事交通运输、仓储及邮政业的农民工月均收入 5151 元，在制造业中从业的农民工收入整体偏低。为了全面了解农民工群体的就业创业、劳动经济权益等方面情况，2020 年中华全国总工会权益保障部对农民工就业和劳动经济权益情况进行专题调研。本次调查发现，在农民工对目前工作的不满意因素中，"收入不高"是农民工选择最多的因素，达到 47%。收入水平整体偏低成为制约农民工就业质量提升的最大短板和痛点。

2.农民工工作时间长、休息休假时间短、劳动强度大等问题突出

工作时间的长短可以反映劳动者的劳动状况，也是衡量农民工就业质量的重要维度。根据我国《劳动法》相关规定，"劳动者每日工作时间不超过八小时、平均每周工作时间不超过四十小时""用人单位应当保证劳动者每周至少休息一日"。在对农民工劳动经济权益的调查中发现，农民工加班工作、超时劳动现象较为普遍，68.1% 的农民工日平均工作时间超过 8 小时，19.4% 的农民工日平均工作时间超过 10 小时。在休息休假方面，农民工每周不休息的比例为 11.1%，休息 1 天比例为 31.6%，仅有 43% 的农民工每周休息 2 天，特别是从事生产、制造、纺织等行业的工人，其每周休息时间在 1 天及以下的比例达到 69.34%，从事建筑和装修行业的农民工每周休息时间在 1 天及以下的比例也达到 68.31%。工作时间长、劳动强度大也成为农民工工作不稳定、频繁更换工作的重要原因。有换工作打算的农民工中，23.84% 的农民工因为"工作累，压力大"计划更换工作。

3.农民工社保参保率和劳动合同签订率处于较低水平

由于工作环境差、工作强度大，医疗保险是农民工最重要的险种之一，但是农民工的城镇职工医疗保险参保率从 2010 年至 2017 年在波动中出现了下降的趋势。2010 年农民工城镇职工医疗保险参保率为 22%，在

2016年下降至14%，2017年虽然升至19%，但仍低于2010年的水平。当前我国实行的医疗保险制度分为城镇职工医保和城乡居民医保。城乡居民医保是由新型农村合作医疗保险和城镇居民基本医疗保险合并而来。大多数农民工是按照户籍所在地参加新型农村合作医疗保险，参加城镇职工医疗保险的比例较低，导致其在外出务工工作地难以享受医保待遇。除了医疗保险，农民工的失业保险、生育保险和工伤保险的参保率也处于较低水平。整体来看，农民工社会保险的覆盖率与保障水平与城镇职工相比仍有较大差距，不充分不平衡问题仍然较突出。此外，是否签订劳动合同将会对农民工的劳动权益保障产生重要影响。劳动合同以法律形式确立了劳动者与用人单位的劳动关系，明确了劳动者与用人单位的权利与义务，具有法律约束力，是衡量农民工就业质量的重要维度。但是当前农民工劳动合同的签订率还处于较低水平，尤其是签订无固定期限长期劳动合同的比例远远低于全国平均水平。

4. 平台用工等新就业形态给农民工就业质量提升带来挑战

近年来，互联网、大数据、人工智能等新一代信息技术的快速发展，改变了建立在工业化和工厂制度基础上的传统生产方式和企业形态，加快推动产业数字化、智能化转型，构建了新的产业生态和企业形态，依托互联网平台的新就业形态脱颖而出，从业人员规模迅速扩张，形态种类日趋多样，推动劳动力市场发生深刻变革。以货车司机、网约车司机、快递员、外卖配送员等为代表的新就业形态已成为吸纳农民工就业的重要渠道。与传统就业方式相比，新就业形态在劳动关系、技术手段、组织方式、就业观念等方面都表现出较大差异，呈现劳动关系灵活化、工作内容多样化、工作方式弹性化、工作安排去组织化、创业机会互联网化的新趋势。同时，随着大数据的算法服务日益扩大和技术手段的更新迭代，平台企业以更加隐秘的形式导致一系列诸如劳动异化、数字劳动剥削、算法控制等问题。例如，平台企业利用大数据和算法技术规划出劳动者的工作任务和工作路线，同时平台系统会自动收集劳动者工作的完成情况和完成时间等信息，通过数据分析不断提高劳动强度，挑战劳动者的工作极限。此外，由于工作场所不固定、工作时间

灵活等特点，平台劳动者呈现原子化、分散化的特征，加之劳动时间长、劳动强度大、未签订劳动合同、社会保障缺失等因素，平台劳动者的流动性进一步加剧，劳动关系的稳定性遭到破坏，大大削弱了劳动者的组织化程度，使得劳动者通过组织化渠道维护权益异常艰难，给农民工整体就业质量的提升带来挑战。

二 农民工就业质量的影响因素

1999年6月，时任国际劳工组织（International Labour Organization，ILO）总干事索马维亚先生在第87届国际劳工大会上首次提出体面劳动，倡导通过增加就业机会、社会保护、工作中的权利、社会对话这四个目标，确保世界各地的劳动者有体面地劳动。此后，ILO在不同的国家推进体面劳动国别计划。欧盟委员会和欧洲基金会则以"工作质量"的概念来衡量就业质量，并从职业安全、健康福利、职业技能发展和工作与非工作的协同4个维度来构建就业质量的评价指标体系。在已有的研究中，就业质量的评价与衡量可以从宏观和微观两个层面进行，宏观层面包括就业机会、就业环境、工作安全、社会保障、劳资关系和对话机制等，微观层面包括劳动报酬、工作时间、工作满意度、岗位匹配度、职业发展等内容。受到人口、职业、劳动力市场、国家和社会发展阶段差异的影响，目前学术界对就业质量尚无明确统一的定义。大部分研究沿用了ILO提出的"体面劳动"概念以及由此构建的指标体系作为衡量就业质量的标准，主要包括就业、社会保障、工人权利和社会对话等维度。随着农民工就业质量问题越来越受到关注，国内一些学者从劳动报酬、工作环境、工作稳定性、职业声望、社会保险、劳资关系等角度衡量农民工就业质量。本节内容将从农民工的群体特点和流动特性出发，从个体特征、家庭特征和迁移特征三个维度来构建理论分析框架，全面考察农民工就业质量的影响因素。

第六章 体面劳动：全面提高产业工人主体的就业质量

1. 个体特征与就业质量

在农民工的个体特征中，人力资本是影响就业质量的重要因素。人力资本水平越高，劳动者的工资或收入水平也越高，受教育程度提高可以有效增强工人获取劳动报酬的能力。[①] 沈诗杰认为人力资本和社会资本是新生代农民工就业质量的主要影响因素。受教育程度和技能水平越高，新生代农民工的就业质量也越高。[②] 刘莹莹等从受教育程度、技能培训和健康状况三个方面考察了新生代农民工人力资本水平对就业质量的影响，发现人力资本各要素均对农民工就业质量有显著正向影响。[③] 肖小勇等研究发现农民工受教育程度越高，越有利于提高收入水平、提高工作稳定性、减少工作时间和改善福利待遇，此外接受职业教育也可以显著提高农民工就业质量。[④] 相关研究发现，除了人力资本水平，年龄和性别等个体特征也是影响农民工就业质量的直接因素。靳小怡等运用流动人口动态监测调查数据对农民工的社会年龄进行界定与识别，研究发现农民工的"高龄"特征出现在45岁，超过该年龄后农民工收入、就业和医疗等各方面都受到挤压。[⑤] Magee认为影响工作满意度的一个重要因素是性别差异，女性的工作满意度通常比男性高。[⑥] 可见，人力资本、年龄、性别等个体特征因素会对农民工就业质量产生影响。

2. 家庭特征与就业质量

婚姻状况、家庭成员的随迁情况等家庭特征也会对农民工的就业质量产生影响。近年来，在农民工融入城市的过程中家庭化迁移趋势凸显，与

[①] 〔美〕西奥多·W. 舒尔茨：《论人力资本投资》，吴珠华译，北京经济学院出版社，1990。
[②] 沈诗杰：《东北地区新生代农民工"就业质量"影响因素探析——以"人力资本"和"社会资本"为中心》，《江海学刊》2018年第2期。
[③] 刘莹莹、梁栩凌、张一名：《新生代农民工人力资本对其就业质量的影响》，《调研世界》2018年第12期。
[④] 肖小勇、黄静、郭慧颖：《教育能够提高农民工就业质量吗？——基于CHIP外来务工住户调查数据的实证分析》，《华中农业大学学报》（社会科学版）2019年第2期。
[⑤] 靳小怡、胡钊源、顾东冬：《谁是"高龄"农民工——基于流动人口监测调查的数据分析》，《管理评论》2018年第7期。
[⑥] W. Magee, "Anxiety, Demoralization, and the Gender Difference in Job Satisfaction", *Sex Roles*, 2013, 69 (5/6): 308-322.

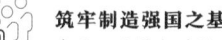

配偶、子女共同流动的农民工比例越来越高。① 家庭成员的随迁使农民工的家庭决策属性更为明显，从而对其工作、生活和劳动行为偏好产生影响。② 家庭化迁移提高了农民工在迁入地工作时的家庭完整性和职业发展稳定性，从而提高了就业质量。邓睿和冉光和对子女随迁的家庭迁移模式对农民工就业质量的影响进行了实证研究，发现子女随迁可以显著提高农民工家庭的就业质量，而且对雇主身份农民工和中高分位点农民工就业质量的影响更明显。③ 可见，由于农民工内部的职业性和群体性差异，家庭成员的随迁对农民工的就业质量也会产生差异性影响。婚姻状况对农民工就业质量也有显著影响。朱红根和康兰媛通过对问卷调查数据进行分析发现，已婚农民工对劳动报酬、工作条件和总体工作满意度高于未婚农民工。这主要是由于已婚的农民工可以获得家庭的温暖，从而减轻工作压力；而未婚农民工可能由于成家的压力转化为较大的工作压力，降低了就业质量。④ 因此家庭特征中的家庭成员随迁情况与婚姻状况会对农民工就业质量产生影响。

3.迁移特征与就业质量

农民工就业的流动和迁移特征是我国在特定历史背景下伴随着工业化、城镇化和市场化进程而出现的一个社会现象。大量农业转移人口为了找到工作岗位和获得劳动报酬而外出务工。流动范围、迁移时间和流动次数等因素将对农民工的就业质量产生影响。不少学者研究发现务工距离对劳动者收入有显著的正向促进作用，流动范围越大，劳动报酬越高。流入更高层级的城镇工作也可以提升劳动力就业的稳定性。⑤ 李中建和袁璐璐对务工距离对农民工就业质量的影响进行了实证检验，研究发

---

① 国家卫生和计划生育委员会流动人口司：《中国流动人口发展报告2016》，中国人口出版社，2016。
② 王春超、张呈磊：《子女随迁与农民工的城市融入感》，《社会学研究》2017年第2期。
③ 邓睿、冉光和：《子女随迁与农民工父母的就业质量——来自流动人口动态监测的经验证据》，《浙江社会科学》2018年第1期。
④ 朱红根、康兰媛：《农民工工作满意度及其影响因素的差异分析》，《湖南农业大学学报》（社会科学版）2017年第4期。
⑤ 宁光杰：《自选择与农村剩余劳动力非农就业的地区收入差异——兼论刘易斯转折点是否到来》，《经济研究》2012年第2期。

现流动范围在本县区域内，务工距离的增加将降低农民工就业质量；流动范围超出本县，务工距离的增加将会提高农民工就业质量。务工距离与农民工就业质量表现为正"U"形关系。① 农民工在外出务工过程中迁移时间的长短也会对就业质量产生影响。迁移时间越长，越有助于农民工积累非农工作经验，提高就业稳定性，提升劳动技能水平，从而获得更高的工资收入，实现更高质量的就业。但是也有学者研究发现，迁移时间的延长不会缩小低收入职业农民工与城镇职工的工资差距，而且农民工也无法通过延长迁移时间实现从低收入职业向高收入职业的跨越，存在较为明显的职业固化现象。② 此外，对农民工群体而言，流动次数和职业转换的频率增加会降低就业稳定性，从而对收入和就业质量产生负面影响。明娟和曾湘泉利用中国城乡劳动力流动调查数据分析了工作转换对雇员职业身份农民工就业质量的影响，发现工作转换对农民工的收入水平、工作时间、社会保障和签订劳动合同4个方面都会产生负面影响，也会对整体就业质量产生显著负面影响。③ 因此迁移特征中的流动范围、迁移时间和流动次数会对农民工就业质量产生影响。

三 农民工就业质量影响因素的实证分析

本部分使用国家卫生健康委员会2016年流动人口动态监测调查数据（China Migrants Dynamic Survey，简称 CMDS）对农民工就业质量影响因素进行实证分析。该抽样调查数据按照随机原则在全国31个省（区、市）和新疆生产建设兵团抽取样本，样本信息中包含了流动人口的个体特征、家庭特征和迁移特征等基本信息。与其他数据相比，CMDS 具有样本容量大、调

---

① 李中建、袁璐璐：《务工距离对农民工就业质量的影响分析》，《中国农村经济》2017年第6期。
② 吕炜、杨沫：《迁移时间有助于农民工融入城市吗？——基于职业流动和工资同化的动态研究》，《财经问题研究》2016年第10期。
③ 明娟、曾湘泉：《工作转换与受雇农民工就业质量：影响效应及传导机制》，《经济学动态》2015年第12期。

查地域广和问卷信息丰富等优点,而且该数据是基于农民工输入地的抽样调查,其获得的有关农民工就业质量方面的信息更加准确。由于研究的目标对象是流动人口中的农民工群体,因此根据户籍属性从样本中筛选出符合"乡—城"流动特征的流动人口,删除城镇户籍样本。在2016年所有调查样本中具有城镇户籍的流动人口占比约为15%,具有农业户籍的农民工占比约为85%,在剔除遗漏重要信息变量的样本后,最终得到138168个有效农民工样本。

1. 农民工就业质量的测算与描述

农民工就业质量的指标体系构建借鉴了Erhel和Guergoatlariviere构建客观就业质量指数的做法[1],结合2016年流动人口动态监测调查数据的特点,从劳动报酬、工作时间、社会保障和劳动关系四个维度出发考察就业质量。其中劳动报酬用"月工资收入"表示;工作时间以"周工作时间"来衡量;社会保障用是否参加养老保险表示,包括在本地的养老保险和在迁出地的养老保险;劳动关系以是否签订固定或长期劳动合同表示。参考Leschke和Watt构建多维就业质量指数的方法[2],对衡量就业质量的4个维度指标进行标准化处理,采用等权平均法加权计算,得到农民工就业质量指数(见表6-1)。2016年农民工的就业质量指数为39.19。在劳动报酬方面,农民工的月平均工资收入为4068.35元,标准差为3582元,虽然近年来农民工的月均收入稳定增长,但是群体差异较大;在工作时间方面,农民工周平均工作时间为54.57小时,远远超过法定时间;在社会保障和劳动关系方面,农民工养老保险的平均覆盖率为57%,64%的农民工签订了固定或长期劳动合同。

---

[1] C. Erhel and M. Guergoatlariviere, "Trends in Job Quality during the Great Recession and the Debt Crisis (2007-2012): A Comparative Approach for the EU", *Psychopharmacology*, 2015, 232 (19): 3563-3572.

[2] J. Leschke and A. Watt, "Challenges in Constructing a Multi-dimensional European Job Quality Index", *Social Indicators Research*, 2014, 118 (1): 1-31.

表 6-1 农民工就业质量的描述性统计

指标	定义	均值	标准差
劳动报酬	月工资收入(元)	4068.35	3582.60
工作时间	周工作时间(小时)	54.57	17.03
社会保障	参加养老保险=1;无=0	0.57	0.50
劳动关系	签订固定或长期劳动合同=1;无=0	0.64	0.48
就业质量	取值为0~100	39.19	20.89

2. 农民工就业质量影响因素的选取与描述

个体特征主要包括人力资本、年龄和性别三个变量，其中人力资本用被调查者的受教育程度来衡量，本书将农民工受教育程度处理为定序变量（0＝小学及以下，1＝初中，2＝高中/中专，3＝大专，4＝大学本科及以上）。性别设定为虚拟变量，男性取值为1，女性取值为0。为了进一步分析民族和政治面貌对农民工就业质量的影响，本节实证分析部分在个体因素中加入民族（0＝其他少数民族，1＝汉族）和政治面貌（0＝非党员，1＝党员）两个虚拟变量。家庭特征中包括家属随迁和婚姻状况两个变量。家属随迁以及婚姻状态均设定为二元虚拟变量。如果农民工独自流动取值为0，与子女、配偶、兄弟姐妹或父母/岳父母/公婆一起流动则取值为1。婚姻状况中，如果为未婚、离婚、丧偶和同居取值为0，初婚和再婚取值为1。迁移特征包括流动范围、迁移时间和流动次数三个变量。流动范围处理为定序变量，即市内跨县＝1，省内跨市＝2，跨省＝3，跨境＝4。外出和迁移时间用2016年至本次流动起始年份来计算，表示农民工本次迁移时间的长短。流动次数则等于截至2016年农民工总共流动次数。

解释变量的描述性统计结果如表6-2所示。首先在个体特征方面，农民工年龄的平均值为35岁，其中男性占57%，汉族所占比例为92%。农民工受教育程度均值为1.49，即绝大多数农民工的学历处于初中和高中/中专水平。被调查农民工中党员的比例为4%。其次在家庭特征方面，处于已婚状态（包括初婚和再婚）的农民工占80%，其中70%的农民工在外出务工过程中有家属随迁，进一步印证了近年来农民工在流动过程中家庭化迁移模式越来越明显的观点。最后在迁移特征方面，农民工的平均迁移时间约为6年，流动次数约为1次，流动范围的均值为2.34，意味着大部分农民工的空间迁移范围为省内跨市和跨省流动。

表6-2 解释变量的选取及描述性统计

变量	定义	均值	标准差
个体特征			
年龄	年龄(岁)	35	9.63
性别	男性=1;女性=0	0.57	0.49
受教育程度	小学及以下=0,初中=1,高中/中专=2,大专=3,大学本科及以上=4	1.49	1.06
民族	汉族=1;其他少数民族=0	0.92	0.26
政治面貌	党员=1;非党员=0	0.04	0.02
家庭特征			
婚姻状况	初婚和再婚=1;未婚、离婚、丧偶和同居=0	0.80	0.40
家属随迁	有家属随迁=1;独自流动=0	0.70	0.46
迁移特征			
迁移时间	2016年至本次流动起始年份	5.58	5.42
流动次数	截至2016年农民工总共流动次数	1.37	1.08
流动范围	市内跨县=1,省内跨市=2,跨省=3,跨境=4	2.34	0.74

3. 农民工就业质量影响因素的OLS回归结果

本节首先采用异方差稳健估计OLS方法分析影响农民工就业质量的因素。模型1是个体特征对就业质量的影响，模型2引入家庭特征因素变量，模型3加入迁移特征的变量，模型4至模型7是农民工就业质量四个分项指标的估计结果。从表6-3中可以看出，模型1至模型3的R^2值为0.052~0.062，随着家庭特征和迁移特征变量的加入，R^2值逐渐提高，表明OLS回归模型的整体拟合程度较高，所选择的自变量对因变量有着较好的解释能力。

第六章 体面劳动：全面提高产业工人主体的就业质量

表 6—3 农民工就业质量影响因素的 OLS 回归结果

变量	模型 1 就业质量	模型 2 就业质量	模型 3 就业质量	模型 4 劳动报酬	模型 5 工作时间	模型 6 社会保险	模型 7 劳动关系
个体特征变量							
年龄	0.358000***	0.564000***	0.551000***	134.600000***	0.098600	0.019900***	0.012500***
年龄的平方	−0.003200***	−0.005110***	−0.004900***	−1.789000***	−0.002360**	−0.000184***	−0.000176***
性别	−0.328000***	−0.480000*	−0.440000	1.124000***	1.130000***	−0.002110	−0.011500
受教育程度	5.243000***	5.628000***	5.596000***	241.500000***	−3.515000***	0.087800***	0.108000***
民族	−0.943000***	−1.118000**	−1.160000**	283.700000***	3.212000***	0.004840	0.016200
政治面貌	4.240000***	3.030000***	3.059000***	107.000000	−0.510000	0.059600***	0.046000**
家庭特征变量							
家属随迁		2.095000***	2.204000***	146.900000***	−2.029000***	0.014800**	0.039200***
婚姻状况		−1.168000***	−1.193000***	−85.970000	1.324000***	0.025600**	−0.003760
迁移特征变量							
流动时间			0.033000	−1.901000	0.129000***	0.002350***	0.006410***
流动范围			0.266000***	237.000000***	−0.434000***	−0.035600***	0.041900***
流动次数			−0.304000***	−1.333000	0.422000***	−0.000708	−0.012700***
常数项	23.250000***	17.710000***	17.990000***	−2.029000***	57.730000***	0.023000	0.114000*
样本量	109553	24352	24304	25244	25327	24929	14388
R^2	0.052	0.061	0.062	0.302	0.046	0.035	0.067

注：*、** 和 *** 分别表示在 10%、5% 和 1% 水平上显著。

113

在个体特征中，受教育程度对农民工就业质量及分项指标均有显著影响。受教育程度对劳动报酬、社会保障和劳动关系具有显著正向影响，学历层级每上升1个等级，农民工月工资收入提高241.5元，养老保险覆盖率和劳动合同签订率分别提升9%和11%。受教育程度对工作时间这一反向指标具有显著负向影响，学历层级每上升1个等级，周平均工作时间可以减少约3.5小时，整体就业质量指数提高5.6。可见受教育程度作为一种重要的人力资本，对农民工就业质量产生显著影响。年龄与农民工就业质量的关系表现为倒"U"形，即随着年龄的提高，农民工就业质量先上升后下降。这主要是由农民工的工作类型和工作性质所决定的，农民工从事的多为建筑业和制造业中的高强度体力劳动，找工作以获得工资收入为主要目标，随着年龄的提高，其劳动技能水平和熟练程度不断提高，工资收入提升也较快。但是到达一定年龄后，随着劳动能力的弱化，则面临收入下降、就业困难和养老、医疗等诸多问题，就业质量不断下降。性别变量在劳动报酬和工作时间模型中通过了显著性检验，对社会保障和劳动关系的影响不显著。与女性相比，男性农民工工资水平更高，工作时间也更长，其主要原因一方面在于男性农民工承担更多的家庭责任，工资性收入是农民工家庭的主要经济来源，因此男性农民工需要比女性工作更长时间，争取获得更多收入。另一方面是在从事体力型劳动时，男性农民工的工资待遇一般高于女性。此外在个体因素中政治面貌和民族均对就业质量有显著影响，党员身份与少数民族农民工的就业质量分别高于非党员和汉族农民工。

从家庭特征来看，子女、配偶和父母等家庭成员的随迁将会显著提高农民工的就业质量，与独自流动的农民工相比，有家庭成员随迁的农民工就业质量高2.2左右，月工资水平高146.9元，周工作时间减少2小时左右，养老保险覆盖率和劳动合同签订率分别高1.5%和3.9%。这意味着随着农民工在外出务工过程中以家庭为单位的迁移趋势越来越明显，家庭成员的随迁提高了农民工工作稳定性和家庭的完整性，促进了就业质量的提升。婚姻状况对农民工就业质量有显著负向影响，以未婚农民工为参照，已婚农民工的就业质量指数比未婚低1.19左右。在就业质量的分项指标中，婚姻状况对工作时间和社会保障有显著正向影响。已婚农民工的周工作时间比未婚农民工长 1.3 小时，养老保险缴纳比率高约 2.6%。已婚农民工由于家庭负担较重，大多需要从事一些工作时间较长但相对稳定的工作来维持家庭生活。

从迁移特征来看，在控制个体特征和家庭特征变量后，流动范围和流动次数对农民工就业质量有显著影响。流动范围扩大会促进就业质量和工资水平提高、工作时间减少和劳动合同签订率提高。这与已有的研究发现较为接近，证实了当务工距离超出县域范围时，务工距离的增加将会提高农民工就业质量。流动次数的增加则会显著降低农民工就业质量，增加农民工工作时间，降低劳动合同签订率，而对劳动报酬和社会保障没有显著影响。这表明流动次数对就业质量总指数的负效应主要体现在工作时间和劳动关系两个方面，频繁的流动和工作转换制约了农民工就业质量的提升。

4. 农民工就业质量影响因素的分位数回归结果

利用 OLS 回归对农民工就业质量总指数及分项指标的影响因素进行分析，可以从总体上反映出个体特征、家庭特征和迁移特征对农民工就业质量均值的影响。但是 OLS 回归关注的是平均效应，无法反映出不同就业质量下影响因素的差异，受极端值的影响较大。随着农民工就业质量的变化，影响就业质量的因素可能存在差异。分位数回归的方法是对 OLS 回归的深化扩展，通过因变量的条件分位数对自变量进行回归，可以得到不同分位数下的回归模型，能够更加全面地揭示农民工就业质量的条件分布情况，并在某种程度上克服异方差问题，实现对极端值更为稳健的参数估计。本节利用分位数回归模型进一步考察个体特征、家庭特征和迁移特征对农民工就业质量的影响机制（见表 6-4 的模型 8 至模型 12）。

不同分位数下农民工就业质量影响因素的回归结果如表 6-4 所示。在个体特征中，年龄、性别、受教育程度等因素在各个分位点上的影响方向基本与 OLS 回归一致。其中年龄在 50% 和 90% 的分位点上平方项系数显著为负，说明年龄对农民工就业质量影响的倒"U"形生命周期特征在中等分位点和高分位点更为突出。性别因素也表现出相似的特点，在 50% 和 90% 分位点上，男性农民工的就业质量显著低于女性，而在低分位点就业质量的性别差异并不显著，这主要是由于在中间就业质量分位点和高就业质量分位点处的职业类型对身体素质和劳动强度的要求较低，而对劳动技能的要求较高，因此女性农民工受到的就业歧视较小。受教育程度在所有分位点均对农民工就业质量有显著正向影响，回归系数随着分位点的上升逐渐变大，在50%的分位点上达到最高，随后呈现下降趋势。这说明受教育程度对就业质量的影响在不同分位点呈现倒"U"形特征，在中间分位点受教育程度对农民工就业质量的边际贡献率最高，但其贡献率随就业质量的提高而下降。这也意味着在就业质量较低的劳动力市场上，对农民工受教育程度的要求较低，相比而言，中高层次劳动力市场对农民工受教育程度需求较高，但是在就业质量最高的劳动力市场中，受教育程度对农民工就业质量的影响最小，表明在中高分位点，受教育程度对农民工就业质量的边际提升效应递减。民族在10%、25%和75%的分位点上对农民工就业质量有显著负向影响，说明汉族农民工在低分位点和中高分位点上的就业质量低于少数民族。政治面貌则对中低分位点农民工就业质量有显著影响，在25%和50%的分位点上，党员农民工比非党员的就业质量指数分别高12.05和5.44。

表6-4 不同分位数下农民工就业质量影响因素的回归结果

变量	模型8 Q10	模型9 Q25	模型10 Q50	模型11 Q75	模型12 Q90
个体特征变量					
年龄	0.135000*	0.456000***	0.725000***	0.233000	0.190000***
年龄的平方	−0.000631	−0.003060	−0.007110***	−0.002600	−0.002420***
性别	−0.009680	−0.197000	−0.795000***	−0.158000	−0.197000**
受教育程度	2.067000***	5.642000***	6.902000***	5.145000***	1.546000***
民族	−1.049000***	−1.588000***	−0.408000	−1.567000***	−0.287000
政治面貌	1.440000	12.050000***	5.438000***	−0.108000	0.111000
家庭特征变量					
婚姻状况	−0.842000***	−1.321000**	−0.347000	−0.716000***	−0.343000***
家属随迁	0.619000***	1.139000***	1.167000***	4.494000***	1.375000***

第六章 体面劳动：全面提高产业工人主体的就业质量

续表

变量	模型8 Q10	模型9 Q25	模型10 Q50	模型11 Q75	模型12 Q90
迁移特征变量					
流动时间	-0.015800	-0.021500	0.082100 **	0.108000 **	0.025900 *
流动范围	-0.262000 *	-0.432000 ***	0.008730	1.428000 ***	0.513000 ***
流动次数	-0.108000 ***	-0.082400	-0.256000 ***	-0.695000 ***	-0.202000 ***
常数项	5.426000 ***	1.456000	15.270000 ***	40.320000 ***	56.850000 ***
样本量	24304	24304	24304	24304	24304

注：*、** 和 *** 分别表示在10%、5%和1%水平上显著。

在家庭特征中，婚姻状况对中间分位点的影响不显著，对低分位点和高分位点农民工就业质量有显著负向影响。可能的解释是，在低层次的劳动力市场上，已婚状态的农民工为了满足家庭生存的需要而承担了较大的经济压力；而高分位点处已婚农民工承担了更多的家庭发展压力，从而导致更低的就业质量。家属随迁在所有分位点均对农民工就业质量有显著正向促进作用，进一步证实了OLS回归的研究结论。随着就业质量的提高，家属随迁对就业质量的提升效应更为明显，在75%的分位点上影响最大。这说明在高就业质量阶段，随着农民工经济能力和工作待遇不断提高，家庭的完整性和家庭成员的陪伴更有助于提高其就业质量。

在迁移特征中，流动时间在中高分位点上，对农民工就业质量有显著正向促进作用，表明在较高的就业质量阶段，流动时间越长，农民工的劳动熟练程度和技能水平也不断提高，进而促进了就业质量的提升。流动范围对就业质量的影响存在"马太效应"。在10%和25%的低分位点上，流动范围的扩大会显著降低农民工就业质量；在75%和90%的高分位点上，流动范围的扩大则会显著提高农民工就业质量。原因是在低层次劳动力市场上，农民工跨市、跨省流动到大中城市中，从事的多为城镇职工不愿意选择的又累又脏的体力劳动，也难以享受与城镇户籍人口均等的公共服务，流动范围的扩大会降低就业质量；而在较高层次的劳动力市场上，农民工的大范围流动会获得更多的就业机会，从而提高其就业质量。流动次数在所有分位点上均对就业质量有负向影响，在75%的分位点上回归系数绝对值最大，表明对于就业质量较高的农民工来说，减少流动次数可以更好地提高就业质量。

本节利用流动人口动态监测调查数据，全面考察了个体特征、家庭特征和迁移特征对农民工就业质量及其分项指标的影响，并对不同分位点农民工就业质量影响因素的差异进行扩展分析，得到如下实证研究结论。

第一，在个体特征中，受教育程度的提高会显著提升农民工就业质量，是影响农民工就业质量的首要因素。受教育程度越高，农民工月工资水平越高、工作时间越短、养老保险覆盖率和劳动合同签订率越高。此外受教育程度对中间分位点农民工就业质量的提升效应更明显，在低层次劳动力市场和高层次劳动力市场受教育程度对就业质量的提升效应较小。年龄与农民工就业质量之间存在倒"U"形关系，随着年龄的增长，农民工就业质量先上升后下降，这种影响在中等分位点和高分位点更为显著。在加入迁移特征变量后，农民工就业质量的性别差异不显著。在分项指标中，男性农民工比女性工资水平更高，工作时间也更长。在中高分位点上男性农民工的就业质量显著低于女性。个体特征中的民族与政治面貌也对农民工就业质量有显著影响，汉族农民工的就业质量低于少数民族农民工，党员身份农民工的就业质量高于非党员。

第二，在家庭特征中，家属随迁不仅显著提升了农民工的整体就业质量，对就业质量4个分项指标也有显著影响，同时家属随迁对高分位点农民工就业质量的提升效应更为明显。婚姻状况对农民工就业质量具有显著负向影响，已婚农民工的就业质量低于未婚农民工，在低分位点和中高分位点这种影响更突出。

第三，在迁移特征中，流动时间对中高分位点农民工就业质量有显著正向促进作用，同时对工作时间、社会保障和劳动关系3个分项指标产生显著正向影响。流动范围扩大则可以提高农民工月工资水平、减少工作时间以及提高养老保险覆盖率和劳动合同签订率。流动范围对不同层次就业质量农民工的影响具有较大差异。在低分位点流动范围的扩大会显著降低农民工就业质量，而在高分位点流动范围的扩大则会显著提高农民工就业质量。流动次数增加会引起就业质量下降，带来工作时间延长、劳动合同签订率降低，在高分位点这种影响较大。

四　提升农民工就业质量的实践路径

就业是民生之本，不断扩大就业，创造更多就业岗位，推动劳动者体面劳动、全面发展，对于保障广大人民群众的生存权、发展权具有十分重要的作用。农民工作为我国产业工人队伍的重要组成部分，是推动中国式现代化建设的重要力量，为我国经济社会发展做出了巨大贡献。在推进产业工人队伍建设改革过程中，只有切实维护好农民工的劳动经济权益，不断提高农民工就业质量，才能使更多产业工人的合法权益和合理利益诉求得到重视和保障，让改革发展成果更多更公平地惠及广大产业工人，有效激发产业工人队伍建设改革的内生动力。

1. 构建农民工充分就业和高质量就业统计指标体系

大数据时代，数据是最重要的资源之一，建立科学的指标体系，及时准确收集相关就业数据，在科学分析后及时公开，是实现更加充分、更高质量就业的一项基础性工作。为了更好地促进农民工充分就业，有效提高农民工就业质量，需要加强农民工就业需求调查，包括地区、行业等的就业需求调查，并及时予以公布，为农民工就业选择和国家就业政策制定提供信息支撑。此外，随着新生代农民工成为农民工主体，农民工就业质量越来越受到关注。到目前为止，尚没有一个统一的就业质量指标。关于农民工就业质量的报告更多的是科研机构和专家学者的研究成果，指标体系和数据来源不统一。随着新经济业态的发展，平台性就业、弹性就业、非标准就业等不断涌现，这些就业方式和就业形态对于扩大和稳定就业具有重要作用，但对这些形式的就业如何统计的问题远未得到解决。因此，需要尽快建立健全就业质量指标体系，更加全面地反映农民工的就业状况和就业质量。

2. 推动完善农民工的公共服务和社会管理体系

提升农民工的就业质量，在管理方式上要实现由防范式管理向服务型管理转变，在公共产品提供上要实现由单纯地面向城镇户籍人口向包括农民工在内的所有常住人口转变，加强和改善对农民工的公共服务和社会管理。一是推进户籍制度改革，按照"居住地管理"的原则，使已在城镇稳定就业的农民工能够享受到与城镇户籍人口均等的教育机会、就业服务、医疗卫生和社会保障等。二是通过建立工资支付监控制度和工资保证金制度，从制度机制上杜绝拖欠和克扣农民工工资的现象，加大对拖欠农民工工资的用人单位的处罚力度。三是依法保障农民工的休息权和休假权，监督用人单位严格执行国家关于工作时间和职工休息休假的规定，延长工时和占用休息日、法定节假日的用人单位必须依法支付加班工资。四是加强对用人单位订立和履行劳动合同的指导与监督，推动各类企业同农民工按照平等自愿、协商一致、依法订立的原则签订劳动合同，建立权责明确的劳动关系。五是做好农民工社会保障工作，以工伤保险、医疗保险、养老保险为重点，大力推进农民工参保。针对农民工流动性强的特点，在制度设计上努力保障其社会保险权益转移接续，并保证其在外出就业过程中社会保险权益不受侵害。六是随着农民工迁移向以家庭为单位的迁移模式转变，推动构建面向家庭的外出农民工公共服务体系，增加面向外出农民工子女、父母等家庭成员的教育、医疗和就业等方面的公共服务供给，解决外出农民工的后顾之忧，增强其劳动供给意愿和能力，从而提升就业质量。七是针对不同行业、不同职业、不同地区等不同特征的农民工就业质量可能存在的异质性，政府在制定政策时应分群体、有重点地推动相关政策细化和落地，充分发挥公共政策对农民工就业质量提升的"靶向"效应。

3. 加强对农民工的职业技能培训

企业是外出农民工的用工主体，由于农民工的流行性较强，有些企业在雇用农民工后，在工资发放、职业培训、工种分配和职务晋升等方面，存在区别对待城镇户籍员工和农民工，无法实现同工同酬、同工同时、同工同权的现象。此外有些企业在对外出农民工进行职业技能培训方面更是不愿投入，一方面认为农民工从事的工作以简单重复性体力劳动为主，无须进行职业培训，另一方面担心对农民工进行技能培训后导致人才流失，因此在企业中尤其是中小企业中"重使用、轻培训"现象十分普遍。企业这种做法从短期来看有助于减少成本、提高利润，但是从长远来看，降低了农民工对企业的归属感和生产的积极性，降低了企业用工的稳定性，不利于企业长远发展。因此企业需要树立正确的效益观和用人观，既要用人，还要留人。应严格贯彻落实相关政策法规，规范用工，完善企业用工体制，对城镇户籍员工和农民工一视同仁，确保农民工在企业内部可以享有平等权益。加强对农民工的职业技能培训，通过技术技能培训推动农民工专用人力资本投资和积累，提升劳动生产率，既可以改善企业的生产效益，也可以提高外出农民工的工作稳定性，促进收入水平的提高，实现企业与劳动者双赢。

4.积极吸纳农民工加入工会

维护农民工合法权益，提高农民工就业质量，是各级工会组织的重要职责，也是新时代工会工作的重要内容。工会应积极组织农民工加入工会，保障和维护农民工的合法权益。首先，应根据农民工自身特点和行业特点采取多种形式组建工会。以"源头入会""集体入会""直接入会"等方式，最大限度地把广大农民工吸纳进工会组织。同时，加大乡镇工会、村工会和企业工会组织网络建设的力度，扩大工会组织的覆盖面，把广大的农民工吸纳到工会中来。利用互联网大数据技术，探索建立包括农民工会员在内的工会会员会籍信息化、动态化管理制度。其次，维护和保障农民工的各项劳动权益。保障农民工的劳动就业权利，加大工会职业培训、职业介绍和就业援助力度，帮助更多外出农民工实现稳定就业；保障农民工取得劳动报酬的权利，推动完善工资平等协商机制、支付保障机制和正常增长机制，保障外出农民工按时足额领到工资；保障农民工参加社会保险并依法享受社保待遇的权利，督促企业依法为农民工缴纳社保。最后，通过开展劳动与技能竞赛、推出形式多样的培训项目等方式为农民工接受职业培训创造良好条件，让农民工通过职业技能培训和技能竞赛学习新知识、掌握新技能，尽快适应信息技术进步和产业转型升级对劳动者素质提出的新要求。

| 第七章 |

此心安处是吾乡：加速推动农民工融入城市

党的二十大报告提出，中国式现代化是全体人民共同富裕的现代化。要实现好、维护好、发展好最广大人民的根本利益，紧紧抓住人民最关心、最直接、最现实的利益问题，着力解决好人民群众"急难愁盼"问题，健全基本公共服务体系，提高公共服务水平，增强均衡性和可及性，扎实推进共同富裕。农民工作为中等收入群体的重要来源，能否让他们安心进城、稳定就业，决定着这部分人群能否进入中等收入群体行列，直接检验着共同富裕的实现程度。"有钱无钱，回家过年""月是故乡明，人是家乡亲"，春节回家过年是中国人千百年来形成的传统风俗，是难以割舍的浓烈情怀。外出农民工作为我国城乡之间最主要的流动群体，在春节假期愿意选择就地过年是其市民化的重要标志之一。本章将根据农民工个体调查数据，对农民工就地过年状况进行分析。在此基础上从就业稳定的视角分析劳动关系状况对农民工就地过年决策的影响，揭示劳动关系状况对农民工选择就业过年的影响机制，通过 Logit 模型和中介效应检验劳动合同签订状况对农民工就地过年决策的影响，以期为推动新型城镇化和农民工市民化的政策制定提供依据。

为了及时了解农民工的就业状况和其 2021 年春节假期就地过年情况，中华全国总工会权益保障部委托中国劳动关系学院、中国职工服务集团对农民工进行了专题调研,本次调查对象为在户籍所在乡镇地域外从业的农民工。调查范围为全国31个省(区、市)。调查内容既包括农民工就业、收入、社会保障、劳动关系、工作满意度等情况,也包括农民工就地过年情况。本次调查共有145990名农民工接受调查并完成问卷,其中有效问卷120207份。调查结果如下。

1. 超6成农民工选择就地过年

调查的统计结果显示,超6成(63.5%)农民工选择留在工作地过年,35.4%的农民工选择回老家过年,较少数(1.1%)农民工选择去其他城市过年。从身份来看,外出农民工[①]选择就地过年的比例更高,63819名外出农民工中有65.9%选择就地过年,82171名本地农民工[②]中有59.6%选择就地过年。从性别来看,男性农民工选择就地过年的比例为60.2%,女性农民工选择就地过年的比例为66.2%。在全部就地过年农民工中,男女比例分别为62.6%、37.4%。

2. 新生代农民工和高学历农民工是选择就地过年的主体

在就地过年的农民工中,16~30岁的农民工(18605人)占24.4%,31~40岁的农民工(38288人)占50.1%,41~50岁的农民工(15685人)占20.5%,51~59岁的农民工(3800人)占5%,其中年龄在40岁以下的新生代农民工占比约为75%,构成就地过年农民工的主体。从受教育程度方面来看,小学及以下学历(3043人)占4%,初中学历(17478)占22.9%,高中与中专学历(25648人)占33.6%,大专及以上学历(30209人)占39.6%。在选择就地过年的农民工中,约四成的农民工为大专及以上学历。[③] 受教育程度更高的农民工对就地过年呈现理性思考,更愿意选择留在工作地度过春节假期。

---

① 指在户籍所在乡镇地域以外从业的农民工。
② 指在户籍所在乡镇地域以内从业的农民工。
③ 此处数据不一致的原因有两个:一是在问卷中每个题目的答题人数有差异,填写年龄状况和学历状况这两个题目的人数总人数不一致;二是年龄状况调查中有部分农民工年龄在60岁以上,此处未列出。

3. 在东部与西部地区务工的农民工选择就地过年的比例高于其他地区

在用工较为集中、经济发达地区如上海、广东、天津、浙江、江苏、福建等地，就地过年的农民工比例超过平均水平，分别为74.5%、64.4%、71.3%、65.1%、67.7%、67.4%；西部地区受到气候和交通的影响，在内蒙古、青海、西藏、新疆等地务工的农民工选择就地过年的比例均超过70%；在东北地区辽吉黑三省务工的农民工选择就地过年的比例分别为61.2%、67.5%、64.7%；在中部地区务工的农民工选择就地过年的比例较低，山西、安徽、江西、河南、湖北、湖南6地农民工选择就地过年的比例分别为62.7%、52.9%、48.8%、57.8%、54.6%、36.8%。

4. 生活性服务业与制造业从业农民工选择就地过年的比例较高

从就地过年农民工的行业分布来看，从事服务员/保洁员/保安（72.54%）、快递员（66.62%）、家政/月嫂（64.33%）、其他城市服务业务人员（厨师、理发师、房产中介等）（62.82%）、外卖送餐员/骑手（62.79%）等职业的农民工就地过年的比例较高，可见在与春节假期居民生活需求保障密切相关的服务行业中均有6成以上的农民工选择就地过年。以快递行业为例，顺丰、圆通、德邦、韵达和中通等快递公司均发布公告表示，春节期间快递不打烊，并推出各种留岗福利。例如顺丰在原有的5倍派费上，额外给加班补助1000~2000元，促使更多快递员选择不回家过年。调查结果显示，在制造业中有64.2%的农民工选择就地过年。

5. "上班或者加班"是就地过年农民工春节假期最主要活动

为了更好地了解农民工就地过年情况，本次调查还对选择就地过年的农民工春节期间在工作地的打算进行考察。在"上班或者加班""参加政府、企业或自己报名的技能培训""上网、看影视剧等休闲娱乐活动""附近周边游""其他"5个选项中，选择"上班或者加班"的人数最多，达到40725人，其次是"上网、看影视剧等休闲娱乐活动"，达到35220人。可见为了响应国家号召，企业通过以岗留工、以薪留工的方式鼓励农民工就地过年，同时也缓解了企业因春节假期而产生的员工不足的问题，有利于企业更好地生产经营。此外，随着新生代农民工成为就地过年的主体，上网、看影视剧等休闲娱乐活动也成为农民工的主要娱乐休闲方式。

一 劳动关系对农民工融入城市的影响

长期以来，学术界从经济学、社会学、心理学等多学科角度对农民工市民化和城市融入问题展开深入研究，取得了丰富成果。已有研究表明，农民工市民化受到多重因素影响，有的研究侧重于考察人力资本、社会资本、心理资本、职业资本、非认知能力、日常生活感受等个体特征对农民工市民化和定居意愿的影响，也有研究从户籍制度、迁移模式、城市级别、家属随迁等方面得出有益启示。值得注意的是，在农民工市民化的过程中，是否与用人单位建立稳定的劳动关系对农民工的劳动报酬、社会保障、职业安全、技能培训、劳动争议处理、职业发展预期等方面产生重要影响。特别是近年来随着数字经济和平台经济快速发展，新技术引领的新经济、新业态引发生产组织方式深刻调整，劳动方式不断变革，催生了灵活就业、共享用工、远程办公等工作模式，劳动关系呈现非标准化的特征，新就业形态劳动者的劳动保障问题日益受到关注。

劳动关系是现代社会的基本经济关系。我国劳动关系的认定主要以《劳动法》和《劳动合同法》为基础，在司法实践中通常以《关于确立劳动关系有关事项的通知》为认定劳动关系的主要依据，其中从属性（如发放报酬、遵守规章、使用生产资料、不分担成本和利润等）是认定劳动关系的重要依据。若劳动关系成立，则用人单位应与劳动者签订劳动合同，依法保障劳动者取得劳动报酬的权利、休息休假的权利、享受社会保险的权利、获得劳动安全卫生保护的权利、接受职业技能培训的权利等合法权益。总体来看，目前我国各项劳动保障制度都是以劳动关系为基础设计和建立的，只有形成严格意义上的劳动关系，劳动者才能享受工作时间、休息休假、劳动报酬、社会保险、劳动保护、福利待遇等合法劳动权益。

我国《劳动合同法》于 2008 年 1 月开始正式实施,从立法的高度来保护劳动者的合法权益,提高了劳动力市场制度化水平。[①] 劳动合同在规范劳动用工、稳定劳动关系、提升劳动经济权益的同时,也不可避免地提高了企业的用工成本。尽管目前我国劳动合同签订率整体有所提升,2017 年全国企业劳动合同签订率达到 90%以上[②],但是外出务工的农民工工作不稳定、流动性强,导致农民工劳动合同签订率普遍较低。国家统计局数据显示,2016 年农民工与雇主或用人单位签订劳动合同的比例仅为 35.1%。[③] 由于用工企业与农民工之间未建立劳动关系,因此现行法律无法从劳动者角度对农民工进行权益保护,一旦农民工与用工企业之间产生纠纷,只能从《合同法》角度入手,无法受到《劳动法》和《劳动合同法》保护。近年来,随着数字经济、平台经济快速发展,依托互联网平台的新就业形态脱颖而出,从业人员规模迅速扩张。新就业形态的发展一方面创造了大量工作岗位,增加了农民工的就业机会。另一方面,在快递员、外卖员、网约车司机等新就业形态中从业的农民工,普遍存在无劳动合同、无社会保险、无劳动保障的"三无"现象,劳动关系呈现"去关系化"和"弱关系化"的趋势,面临工作时间长、劳动强度大、职业保障差、社会认同不高等问题,这致使农民工难以真正融入城市。由此可见,劳动合同作为劳动关系合法化的象征,签订劳动合同可以为劳动者提供制度性的合法权益保障,提高农民工定居城市的意愿。已有的研究发现非正规就业对流动人口的城市居留意愿产生显著负向影响。[④] 从具体影响机制来看,陈祎和刘阳阳在控制了内生性之后依然发现劳动合同对农民工的月收入和小时收入具有显著的积极影响。劳动合同的

---

① 蔡昉:《刘易斯转折点与公共政策方向的转变——关于中国社会保护的若干特征性事实》,《中国社会科学》2010 年第 6 期。
② 人力资源社会保障部:《2017 年度人力资源和社会保障事业发展统计公报》,www.mohrss.gov.cn。
③ 2016 年以后历年《农民工监测调查报告》不再提供农民工劳动合同签订情况。国家统计局:《2016 年农民工监测调查报告》,www.stats.gov.cn。
④ 杨凡、林鹏东:《流动人口非正规就业对其居留意愿的影响》,《人口学刊》2018 年第 6 期。

签订不仅对农民工的收入具有显著的正向影响[1]，而且有助于提升农民工社会保障覆盖率。[2] 此外，劳动合同的签订在制度上降低了受雇者被解雇的风险，劳动合同是一种更强的正式契约，对农民工的工作时间和工作稳定性有更强的保障。[3] 鉴于此，通过签订劳动合同确立稳定的劳动关系可以提高农民工在月均工资水平、社会保障、日均工作时间和工作稳定性等方面的权益保障水平，进而提高农民工在城市定居的意愿。

基于以上分析，本节提出如下研究假设。

假设1：签订劳动合同可以提高农民工融入城市的可能性。

假设2：签订劳动合同将通过工资水平、社会保障、工作时间和工作稳定性等中介效应影响农民工城市融入的决策。

二 劳动关系对农民工融入城市的实证分析

本次调查对象为户籍地在乡、镇、村，人户分离时间超过6个月，从事非农就业，且年龄超过16岁（含）的农民工。调查范围为全国31个省（区、市）。调查内容包括农民工就业、收入、社会保障、劳动关系、工作满意度、就地过年等情况的调查。剔除问卷中就业身份为"自主创业者"的农民工以及异常样本后，有效样本为101080人。

1. 模型设定

二项Logit模型的因变量为0~1二分类变量，农民工选择就地过年的概率为P_1，不选择就地过年的概率为$(1-P_1)$，该模型的表达式为：

$$\text{Logit}(Guonian) = \text{Ln}\frac{P_1}{1-P_1} = \alpha_0 + \alpha_1 x_1 + \cdots + \alpha_m x_m = \alpha_0 + \sum_{i=1}^{m} \alpha_i x_i \quad (7.1)$$

---

[1] 陈祎、刘阳阳：《劳动合同对于进城务工人员收入影响的有效性分析》，《经济学（季刊）》2010年第9卷第2期。

[2] 张世伟、张娟：《劳动合同对农民工劳动报酬的影响》，《吉林大学社会科学学报》2017年第1期。

[3] 官华平：《流动人口就业稳定性与劳动权益保护制度激励研究》，《西北人口》2016年第1期。

其中，x_i（$i=1, 2, \cdots, m$）表示影响农民工就地过年的第i个因素，包括核心解释变量是否签订劳动合同、个体特征变量、工作特征变量和其他劳动经济权益变量等，α_i为待估计参数。这意味着，选择就地过年的概率为：

$$P_1 = \frac{\exp(\alpha_0 + \sum_{i=1}^{m} \alpha_i x_i)}{1 + \exp(\alpha_0 + \sum_{i=1}^{m} \alpha_i x_i)} \tag{7.2}$$

x_i为核心解释变量，如果式（7.1）中系数α_1显著，则进一步考察劳动合同签订对农民工选择就地过年的作用机制。本章采用逐步回归方式检验其中的中介效应，M是中介变量，其余变量与式（7.1）相同。中介效应模型设定如下：

$$\text{Logit}(M) = \beta_0 + \beta_1 x_1 + \cdots + \beta_m x_m = \beta_0 + \sum_{i=1}^{m} \beta_i x_i \tag{7.3}$$

$$\text{Logit}(Guonian) = \gamma_0 + \gamma_1 x_1 + \cdots + \gamma_m x_m + \gamma_{m+1} M = \gamma_0 + \sum_{i=1}^{m} \gamma_i x_i + \gamma_{m+1} M \tag{7.4}$$

第一步，使用式（7.3）考察劳动合同签订对中介变量M的影响，如系数β_1显著则继续检验。第二步，在式（7.4）中，如系数γ_1、γ_{m+1}均显著且系数γ_1的绝对值小于α_1，说明变量M具有部分中介作用；如系数γ_{m+1}显著而系数γ_1不显著，说明变量M具有完全中介作用。此外，当β_1与γ_{m+1}至少有一个不显著时，需要通过Sobel检验来明确中介效应。

2. 变量说明

本节以农民工就地过年为城市融入的代理变量，将调查问卷中的"今年春节期间您在哪里过年"作为农民工就地过年选择变量，选项"回老家"取值为0，选项"留在工作地"取值为1，选项"去其他城市"设置为空值。以农民工是否签订劳动合同为劳动关系状况的代理变量，选项"签订"设置为1，选项"没有签订"设置为0，选项"不清楚"设置为空值。中介变量包括月均工资水平、社会保障、日均工作时间以及工作稳定性（换工作计划）。

为了提高研究的准确性，模型中还控制了其他影响农民工就地过年的变量，包括个体特征变量、工作特征变量和其他劳动经济权益变量。个体特征变量包括性别、年龄、受教育程度和户籍地；工作特征变量包括行业类型、工作地虚拟变量；其他劳动经济权益变量包括月均休息天数、工会参与以及培训接受情况等。表7-1报告了主要变量的描述性统计结果。

表7-1 主要变量的描述性统计

变量名称		数量(变量=1)	比例(%)	样本
就地过年	回老家=0,留在工作地=1	64195	64.0	101080
性别	男性=0,女性=1	39970	39.5	101080
年龄	16~30岁	30159	29.8	101080
	31~40岁	45402	44.9	101080
	41~50岁	20018	19.8	101080
	51~60岁	5501	5.4	101080
受教育程度	小学及以下	4067	4.0	101080
	初中	24884	24.6	101080
	高中/中专	33068	32.7	101080
	大学专科/高职	24743	24.5	101080
	大学本科及以上	14318	14.2	101080
劳动合同	没有签订=0,签订=1	77592	79.5	97564
月均工资水平	2000元及以下	8564	8.5	101080
	2001~4000元	41292	40.9	101080
	4001~6000元	32885	32.5	101080
	6001~8000元	12620	12.5	101080
	8001~10000元	3967	3.9	101080
	10001元及以上	1752	1.7	101080
社会保障	没有参加社保	14026	14.7	95300
	参加城乡居民社保	26422	27.7	95300
	参加城镇职工社保	54852	57.6	95300

129

续表

变量名称		数量(变量=1)	比例(%)	样本
日均工作时间	不足4小时	1896	1.9	101080
	4~8小时	20267	20.1	101080
	8~10小时	58871	58.2	101080
	10小时以上	20046	19.8	101080
换工作计划	不换工作=0,换工作=1	19436	22.8	85342

在调查中，在个体特征方面，64%的农民工选择留在工作地过年，女性农民工占39.5%，40岁及以下农民工所占比重为74.7%，高中及以上学历的农民工占比为71.4%。在劳动经济权益方面，79.5%的农民工签订劳动合同，约45%的农民工收入分布在4001~8000元，85.3%的农民工参加社会保险（包括城镇职工社保、城乡居民社保），78%的农民工每天工作时间超过8小时。在就业稳定性方面，77.2%的农民工在2021年没有更换工作的计划。

3. 基准估计结果

本节通过构建二元 Logit 回归模型探讨农民工劳动合同签订状况对城市融入决策影响的总效应。模型1以劳动合同签订为核心解释变量，以个体特征变量为控制变量，模型2、模型3、模型4逐步加入农民工工作特征变量、劳动经济权益变量、劳动合同签订变量，构建了4个基准模型。表7-2是使用 Logit 模型估计的结果。结果显示，由模型1到模型4，4个模型的伪 R^2 逐渐增大，意味着劳动合同签订情况对农民工就地过年的决策具有较强的解释能力。模型4劳动合同签订变量的估计系数为0.553，在1%的统计水平下与农民工就地过年决策显著正相关，进一步计算其平均边际效应可以发现，劳动合同签订的平均边际效应为0.12，表明在其他条件不变的情况下，农民工签订劳动合同的可能性每提升1%，选择就地过年的概率将提高0.12个百分点。可见签订劳动合同显著提高了农民工就地过年的可能性，稳定的劳动关系有助于提高农民工定居城市的意愿和融入城市的程度，假设

1 得到验证。

在个体特征的控制变量中,女性农民工比男性农民工有更大的可能做出就地过年的决策。与男性相比,女性农民工在城市生活压力较小,随着收入水平提高,城市定居意愿明显增强。"60 后""70 后""80 后"农民工比"90 后"农民工更愿意选择就地过年,主要是由于"60""70 后""80 后"农民工在城市居留时间较长,大多以家庭模式定居在城市,形成了相对稳定的生活方式,积累了更丰富的工作经验和形成了较强的经济能力。而"90 后"农民工由于留城时间短,缺乏稳定的工作和生活经验,在不确定风险下体现出较强的迁移特点。此外,受教育程度越高,农民工就地过年的可能性越大。

表 7-2 农民工就地过年的 Logit 模型

变量		模型 1	模型 2	模型 3	模型 4
劳动合同签订					0.553***
性别	女性	0.175***	0.178***	0.183***	0.164***
年龄	31~40 岁	0.663***	0.663***	0.620***	0.620***
	41~50 岁	0.841***	0.865***	0.836***	0.839***
	51~60 岁	0.889***	0.936***	0.914***	0.929***
受教育程度	初中	0.401***	0.401***	0.373***	0.318***
	高中/中专	0.597***	0.611***	0.491***	0.435***
	大学专科/高职	0.646***	0.693***	0.509***	0.428***
	大学本科及以上	0.651***	0.738***	0.515***	0.398***
户籍地	中部	-0.182***	0.188***	0.210***	0.180***
	西部	-0.028	0.319***	0.317***	0.289***
	东北	0.056**	0.315***	0.343***	0.350***
行业类型	新就业形态从业		0.057*	0.128***	0.193***
	传统服务业从业		0.160***	0.151***	0.179***
	其他		-0.171***	-0.150***	-0.139***
工作地	中部		-0.582***	-0.569***	-0.547***
	西部		-0.556***	-0.547***	-0.533***
	东北		-0.368***	-0.353***	-0.318***

续表

变量		模型1	模型2	模型3	模型4
月均休息天数	1天			0.161***	0.127***
	2天			0.115***	0.096***
	3天及以上			0.022	0.010
加入工会				0.381***	0.265***
培训接受	参加过培训,有用			0.337***	0.239***
	参加过培训,一般			0.126***	0.140***
常数项		−0.475***	−0.479***	−0.885***	−1.099***
		(−13.03)	(−12.96)	(−19.84)	(−23.39)
样本数		100328	100328	86308	84312
Pseudo R^2		0.0243	0.0343	0.0461	0.0519

注：***、**、*分别表示1%、5%和10%的显著性水平，下同。

在工作特征的控制变量中，农民工从业的行业类型差异将对就地过年决策产生显著影响。与在制造业、建筑业等第二产业从业的农民工相比，在传统服务业就业的农民工选择就地过年的可能性更高，其原因主要是制造业、建筑业等行业在春节期间一般会停产停工，而像服务员、保洁员、保安、家政等传统服务业的职业在春节期间用工需求更高。此外，从事外卖送餐员、骑手、网约车司机、平台主播等职业以及其他网上兼职的农民工选择就地过年的可能性高于其他行业。

在其他控制变量中，加入工会能够显著提升农民工就地过年的意愿。为贯彻落实党中央、国务院决策部署，全国总工会等七部门于2021年1月21日至3月底开展"迎新春送温暖、稳岗留工"专项行动，鼓励引导农民工等务工人员留在就业地安心过年，通过维护就地过年农民工合法权益及提供各种形式的物质和精神文化服务等做法促使更多农民工选择就地过年。此外，职业培训由于具有较大的非货币收益和溢出效应，在农民工做出就地过年的决策上也具有显著促进效果。

4. 中介效应检验

上一小节的Logit模型分析了签订劳动合同可以提高农民工就地过年的

第七章　此心安处是吾乡：加速推动农民工融入城市

可能性，那么签订劳动合同如何促使农民工选择就地过年？中间传导机制如何发挥作用？在我国目前的制度框架下，劳动保障制度要求劳动者与用人单位必须存在劳动关系，才能享有全面的劳动权益。一些企业通过劳动分包的方式不与劳动者签订劳动合同，逃避了作为真正雇主的责任。只有通过签订劳动合同确立了劳动关系，劳动者的工资支付、社会保障、劳动时间等合法权益才能得到有效保障。可见通过签订劳动合同确立稳定的劳动关系可以为农民工提供稳定的收入预期，降低医疗支出的不确定性，从而提高农民工城市定居意愿。为了进一步研究签订劳动合同对农民工选择就地过年的传导机制，本节构建了包含月均工资水平、社会保障、日均工作时间和工作稳定性（换工作计划）在内的4个中介效应检验模型，通过构建多元Logit模型检验劳动合同签订对4个中介变量的影响，将4个中介效应变量分别作为被解释变量，劳动合同签订作为核心解释变量，其余控制变量与基准模型4一致。

表7-3报告了农民工签订劳动合同的中介效应的回归结果。从平均边际效应来看，在其他条件不变的情况下，签订劳动合同的比例每提升1%，农民工的工资分布在4001元及以上的可能性将显著提升，低于4000元的可能性则降低。此外，签订劳动合同还显著提高了农民工城镇职工社会保险覆盖率，使农民工能够获得更规范的工作时间，显著提升农民工的工作稳定性，并使农民工计划在春节后换工作的可能性下降。

表7-3　农民工签订劳动合同的中介效应检验

变量/被解释变量	模型5 月均工资水平	模型6 社会保障	模型7 日均工作时间	模型8 工作稳定性
劳动合同签订	0.098***	2.072***	0.506***	-2.050***
个人特征变量	是	是	是	是
工作特征变量	是	是	是	是
其他劳动经济权益变量	是	是	是	是
阈值点1	-1.526***	0.499***	-4.495***	
阈值点2	1.248***	2.462***	-1.705***	

续表

变量/被解释变量		模型 5 月均工资水平	模型 6 社会保障	模型 7 日均工作时间	模型 8 工作稳定性
阈值点 3		3.031***		1.222***	
阈值点 4		4.447***			
阈值点 5		5.721***			
常数项					0.947***
样本数		84893	81793	84893	73552
Pseudo R^2		0.0748	0.173	0.0447	0.232

注：篇幅所限，控制变量的估计结果未给出，以"是"表示。若需要，可向笔者索取，下同。

进一步将月均工资水平、社会保障、日均工作时间、工作稳定性4个中介变量分别加入农民工就地过年的 Logit 模型中。研究发现，模型9至模型13农民工劳动合同签订的估计系数分别为0.540、0.548、0.532、0.436、0.415，均小于模型4中劳动合同签订的估计系数（见表7-4）。参照模型设定部分关于中介变量的判断标准，月均工资水平、社会保障、日均工作时间和工作稳定性都具有部分中介效应，其中工作稳定性的中介效应最为明显。这意味着劳动合同的签订有助于提升农民工的工资收入和社会保险覆盖率，保证了农民工的工作稳定性，进而提高了农民工就地过年的可能性和城市定居意愿，假设2得到验证。

表7-4 农民工劳动合同签订与就地过年的中介效应模型

变量		模型 9	模型 10	模型 11	模型 12	模型 13
劳动合同签订		0.540***	0.548***	0.532***	0.436***	0.415***
月均工资水平	2000~4000 元	0.260***				0.250***
	4001~6000 元	0.281***				0.266***
	6001~8000 元	0.242***				0.228***
	8001~10000 元	0.193***				0.161***
	10001 元及以上	-0.003				-0.014

续表

变量		模型9	模型10	模型11	模型12	模型13
社会保障	参加城乡居民社保	−0.141***				−0.178***
	参加城镇职工社保	−0.004				−0.039
日均工作时间	4~8小时			0.704***		0.659***
	8~10小时			0.761***		0.726***
	10小时以上			0.840***		0.834***
工作稳定性	换工作计划				−0.200***	−0.201***
个人特征变量		是	是	是	是	是
工作特征变量		是	是	是	是	是
其他劳动经济权益变量		是	是	是	是	是
常数项		−1.278***	−1.047***	−1.771***	−0.980***	−1.719***
样本数		84312	81245	84312	73059	70707
Pseudo R^2		0.0529	0.0517	0.0540	0.0519	0.0554

注：表中"是"表示加上了控制变量，不显示具体的系数。

模型13将4个中介变量同时放入模型中，对比回归结果可以发现，签订劳动合同对农民工就地过年的影响系数下降至0.415，说明部分中介效应比较稳健。值得关注的是，模型13中中介变量的系数表明月均工资水平、日均工作时间对农民工选择就地过年亦具有显著的直接正向影响效应。

5. 异质性讨论

签订劳动合同对农民工就地过年的选择可能存在群体内部的差异，本小节进一步从不同的行业分类考察其异质性影响。根据行业类别，将农民工分为第二产业从业者、新就业形态从业者、传统服务业从业者以及其他从业者4个类别。其中，新就业形态从业者包括外卖送餐员、骑手、网约车司机、平台主播以及其他网上兼职的农民工等。

表 7-5　农民工劳动合同签订与就地过年的异质性分析

被解释变量:就地过年		模型 14	模型 15	模型 16	模型 17
变量		第二产业从业者	新就业形态从业者	传统服务业从业者	其他从业者
劳动合同签订		0.460***	0.301***	0.349***	0.510***
月均工资水平	2000~4000 元	0.248***	0.617***	0.289***	0.187**
	4001~6000 元	0.258***	0.902***	0.266***	0.210**
	6001~8000 元	0.177***	0.882***	0.290***	0.192*
	8001~10000 元	0.056	0.804***	0.239***	0.314***
	10001 元及以上	-0.207**	0.481*	-0.019	0.377***
社会保障	参加城乡居民社保	-0.151***	-0.129	-0.211***	-0.032
	参加城镇职工社保	-0.042	-0.183	-0.062	0.244***
日均工作时间	4~8 小时	0.750***	0.363*	0.528***	0.529**
	8~10 小时	0.780***	0.587***	0.597***	0.646***
	10 小时以上	0.858***	0.665***	0.807***	0.739***
工作稳定性	换工作计划	-0.200***	-0.230**	-0.203***	-0.340***
个人特征变量		是	是	是	是
工作特征变量		是	是	是	是
其他劳动经济权益变量		是	是	是	是
常数项		-1.866***	-1.625***	-0.890***	-1.993***
样本数		38369	3795	17468	11075
Pseudo R^2		0.0583	0.0773	0.0492	0.0686

表 7-5 是农民工劳动合同签订与就地过年的异质性分析。分行业的估计结果显示，劳动合同签订对 4 类行业的农民工选择就地过年均具有显著正向影响，说明签订劳动合同对农民工就地过年意愿具有稳健、持续促进作用。相较于在传统服务业从业的农民工，签订劳动合同对在第二产业从业和其他行业从业的农民工就地过年意愿具有更大的影响。从中介变量的直接效应来看，日均工作时间和工作稳定性对农民工居留意愿和就地过年选择具有较强的直接正向作用。特别是对在新就业形态从业的农民工而言，月均工资水平的直接效应明显高于其他行业从业的农民工。这主要是由于在新就业形态中从业的农民工的工资通常按单计算，与劳动关系认定、社会保险缴费、

职业技能培训等劳动权益相比，获得更多的收入是他们工作的主要目的，能否获得更多收入也是决定他们是否会选择就地过年或居留城市的关键因素。

三 加速推动农民工融入城市的路径与举措

农民工的居留意愿和融入城市是一个动态、复杂的过程，受到农民工个体特征、就业特征和劳动经济权益特征等多种因素的影响。本章从2021年春节就地过年的现实背景出发，基于农民工的个体调查数据，通过Logit模型系统考察劳动关系状况对农民工就地过年决策的影响，并利用中介效应模型，探讨了月均工资水平、社会保障、日均工作时间和工作稳定性对农民工城镇定居意愿影响的中介作用，实证结果显示：第一，签订劳动合同对农民工的居留意愿和就地过年具有显著、稳健、持续的正向影响；第二，签订劳动合同有助于提升农民工月均工资水平、社保覆盖率，提高工作稳定性，进而提升其居留意愿和就地过年的可能性，月均工资水平、社会保障、日均工作时间和工作稳定性起到部分中介调节效应，其中工作稳定性的中介效应最为明显；第三，月均工资水平、日均工作时间和工作稳定性对农民工就地过年决策亦具有直接的正向影响；第四，从群体异质性来看，劳动合同签订对在第二产业从业的农民工融入城市的影响较大。

农民工是推进我国工业化、城镇化发展的主力军，已成为我国产业工人的主体，是实施制造强国战略的有力支撑，为经济社会发展做出了巨大贡献。习近平总书记在十九届中央政治局第八次集体学时指出，几亿农民工在城乡之间长时间、大范围有序有效转移，成为经济社会发展的重要支撑。农民工工作是解决"三农"问题的重要方面，是破解我国城乡二元结构、解决城乡发展不协调突出矛盾的重要抓手，在实施乡村振兴战略，全面建设社会主义现代化国家新征程中具有十分重要的作用。根据国家统计局的监测调查，2021年我国农民工的总量已超过2.9亿人。相关研究发现，农民工群体中真正在城市扎根且居住10年以上的，不到农民工总数的两成。基于本章的研究发现，为了有效促进农民工融入城市，提高农民工市民化水平和社会融入程度，可以从以下几个方面入手。

一是多措并举提高农民工劳动合同签订率。《劳动合同法》实施以来，农民工劳动合同签订率虽有一定提高，但总体签订率仍然较低。当前我国劳动者各项劳动权益大部分与劳动关系直接挂钩，只有成为严格意义上的劳动关系中的劳动者，才能享受社会保险等劳动保障。为了更好地推动农民工融入城市，一方面，劳动行政部门要加强监管，针对用工企业不愿与农民工签订劳动合同的情况，除了《劳动合同法》规定的双倍工资的罚金等措施，还应对违规企业处以更高额的惩罚性赔偿金，同时处以严厉的行政处罚。另一方面，工会组织应根据农民工自身特点和行业特点采取多种形式，以"源头入会""集体入会""直接入会"等方式，最大限度把广大农民工吸纳进工会组织中，通过订立集体合同的形式让用工企业将各种劳动制度固定在劳动合同中，提高农民工的书面劳动合同签订率。此外，还应充分发挥工会公职律师、职工维权律师和法律服务志愿者的作用，为农民工签订劳动合同提供法律援助和法律服务。

二是更加关注农民工的家庭流动特征。春节回家过年是中国人千百年来形成的传统风俗。对农民工而言，回家过年最主要意义在于与家人团聚。近年来农民工的迁移模式越来越向以家庭为单位转变。与独立流动的迁移模式相比，有家属随迁的农民工在做出决策时具有明显的家庭属性特征，这种迁移模式也将对农民工选择"回家过年"还是"就地过年"产生影响。因此加快构建面向家庭的农民工公共服务体系，增加面向外出农民工子女、父母等家庭成员的教育、医疗和就业等方面的公共服务供给，将成为提升农民工在就业地归属感、提高其就地过年意愿的重要途径。

三是更加有效保障农民工基本权益。调查发现，大部分选择就地过年的农民工在春节假期的主要活动是"上班或者加班"。尽管企业为了鼓励职工就地过年，发放了各种各样的新年红包、加班补贴、过节安家费等，但是这些津贴补助都属于福利，不能用于冲抵春节期间职工的加班工资。根据《劳动法》规定，安排加班的企业应依法支付加班工资或安排补休。就地过年不等于"就地加班"，如果用人单位在法定节假日期间安排非必要或不合理的加班，职工有权拒绝。因此，工会组织应积极指导企业通过集体协商，妥善制订就地过年农民工的薪酬标准、加班工资、错峰休假等计划，督促企业依法足额支付工资，切实保护好就地过年农民工的各项合法权益。

四是更加精准做好新生代农民工和高学历农民工的服务保障工作。从我国农民工的整体年龄结构看，2022年，40岁及以下农民工所占比重为47%，新生代农民工已经成为农民工主体。在调查中发现，选择就地过年的农民工中比例最高的是31~40岁年龄段农民工和大专及以上学历的农民工，他们受教育程度更高，善于接受新事物，愿意提升自己，成长经历趋同于城市里的同龄人。他们在择业时更追求体面劳动和发展机会，在消费时更时尚大方，进城的动机已从"改善生活"向"体验生活"转变，渴望实现自我价值，希望能够融入城市。因此随着农民工结构的变化，对农民工的关心和服务要从劳动者视角向新市民视角转变，尤其要重视新生代农民工的诉求，更好地满足新时代农民工在培训学习、生活娱乐和精神文化等方面的需求。

五是进一步完善相关法律制度，维护好在新就业形态从业的农民工的合法权益。尽管数字经济、平台经济发展为农民工创造了更多就业机会，但是灵活的用工形式并不构成严格意义上的劳动关系，农民工无法享有相应保障，这也导致从事快递员、外卖员、网约车司机等职业的农民工的社会保险覆盖率较低，劳动权益难以得到保障，无法真正融入城市。因此，一方面应加快规范平台企业用工形式，另一方面应通过完善《社会保险法》《国务院关于完善企业职工基本养老保险制度的决定》等法律法规和政策，对不完全符合确立劳动关系情形的灵活就业农民工参加社会保险做出更详细的规定，明确其参加社会保险的各项权利和义务，使在新就业形态从业的农民工参加城镇职工社保有法可依。加快研究制定适合新业态从业人群的工伤保险政策，适应新业态新经济组织特征，将新业态从业农民工纳入工伤保险覆盖范围。

实践篇

产业工人队伍建设改革的
实践探索与地方经验

| 第八章 |

统筹谋划：产业工人队伍建设改革的进展、挑战与突破路径

党的十九届五中全会提出，要坚持和完善社会主义基本经济制度，充分发挥市场在资源配置中的决定性作用，更好发挥政府作用，推动有效市场和有为政府更好结合。这是我们党对科学把握市场与政府关系这一重大理论和实践命题进行的深刻总结，对推动产业工人队伍建设改革同样具有十分重要的指导作用。推动产业工人队伍建设改革，一方面，需要政府加强顶层设计，统筹推进，充分发挥"指挥棒"作用。自 2017 年《新时期产业工人队伍建设改革方案》正式印发以来，中共中央、国务院及相关部委出台各类配套制度和文件 90 多个，中华全国总工会出台相关文件 20 多个，全国 31 个省（区、市）和新疆生产建设兵团均出台了推进改革的实施方案和配套政策，为细化落实改革举措提供了制度保障。另一方面，必须遵循市场规律，充分发挥企业在产业工人培养和使用中的主体作用，激发企业培养技能人才的内生动力。改革实施以来，围绕产业工人思想引领、建功立业、技能提升、地位提高、队伍壮大等重点任务，各级党委、政府、工会和企业积极推进，取得重要阶段性成效。与此同时，改革的过程中还面临一些问题与挑战，例如企业主体作用发挥不够、产业工人整体收入水平偏低、发展通道狭窄、成长环境有待完善等。本章将对产业工人队伍建设改革实施以来取得的进展以及面临的问题与挑战进行系统

梳理，并将对如何在产业工人队伍建设改革中充分发挥国有企业的示范引领作用进行探索。

一 产业工人队伍建设改革的积极进展

1. 产业工人队伍建设改革的领导机制更加健全

习近平总书记深刻指出，坚持和加强党的全面领导，关系党和国家前途命运，我们的全部事业都建立在这个基础之上，都根植于这个最本质特征和最大优势。[①] 产业工人作为工人阶级的主体力量，是先进生产力和生产关系的代表，是党最坚实、最可靠的阶级基础。在产业工人队伍建设改革中坚持党的领导，是关系党的执政基础、阶级基础和工人阶级前途命运的根本问题，事关推进改革的方向性问题。从改革推进层面来看，产业工人队伍建设改革是一项涉及政府、企业、工会、职工等不同主体的系统工程，迫切需要通过改革解决产业工人在数量结构、整体素质、制度保障、权益实现、思想认识等方面长期存在的突出问题。只有坚持党的领导，充分发挥党的总揽全局、协调各方的领导核心作用，才能把各方力量和资源聚集起来、协同起来，推动改革不适应产业工人队伍建设要求的体制机制，充分调动广大产业工人的积极性、主动性、创造性，保证改革沿着正确方向前进并取得成功。在推进产业工人队伍建设改革协调小组的领导下，各级工会党组将推进产业工人队伍建设改革作为主要负责领导的"一把手"工程。目前有23个省（区、市）的省委副书记、6个省（区、市）的省委常委担任省级推进产业工人队伍建设改革组织领导机构组长，18个省（区、市）将产业工人队伍建设改革工作纳入党委考核、督查范围，由党委统一领导，政府有关部门各司其职，工会牵头，行业协会、企业代表组织充分发挥作用的工作格局逐步形成。

2. 产业工人的政治地位不断提高

产业工人队伍建设改革实施以来，产业工人的政治地位不断提高。通过

[①] 习近平：《论坚持党对一切工作的领导》，中央文献出版社，2019。

提高产业工人在各级党的代表大会代表和委员会委员、人民代表大会代表、政协委员、群团组织代表大会代表和委员会委员中的比例，实行产业工人在群团组织挂职和兼职等，拓宽了产业工人参政议政渠道。截至2021年9月，全国31个省级地方工会配备挂职和兼职副主席132名，其中劳模和一线职工兼职副主席62名。2020年全国劳模表彰中，企业职工和其他劳动者占表彰总人数的47.8%，一线工人和企业技术人员占其中的71.1%。产业工人特别是技术工人在各级各类劳动模范和先进代表等评选中的名额比例不断提高。在微观层面，越来越多的企业将民主管理纳入其管理制度，作为公司法人治理结构的重要组成部分。经过多年实践，形成了以职代会为基本形式、多种民主形式并存的企事业单位民主管理制度体系，推行了职工董事制度、职工监事制度、集体协商制度，以及民主管理委员会、民主议事会、劳资恳谈会、民主协商会、总经理信箱、总经理接待日等方式方法，让企业职代会制度成为维护产业工人民主政治权利的重要形式。

3. 产业工人的技能培训全面加强

产业工人队伍建设改革实施以来，相关部门不断加强产业工人职业技能培训，努力构建有利于提高产业工人队伍技能水平的体制环境，为产业工人技术技能提升提供支持保障。财政部会同人社部指导各地从失业保险基金中提取资金1139亿元统筹用于实施职业技能提升行动，会同国家税务总局将企业职工教育经费支出的税前扣除限额由工资总额的2.5%提高至8%。2019年、2020年人社部先后开展补贴性培训1500万人次、2700多万人次，完成企业新型学徒制培训26.9万人次、53.8万人次。中华全国总工会分2批命名200家全国示范性劳模和工匠人才创新工作室。截至2020年底，各级创新工作室创建总数超10万家。中华全国总工会会同教育部开展农民工"求学圆梦行动"，培训各类农民工600万人次。组织143名劳动模范、技能工匠进行直播培训，通过"技能强国—全国产业工人学习社区"对产业工人开展职业技能培训，共培训1.5亿人次。

4. 产业工人的职业技能评价方式逐步完善

技能评价是产业工人技能形成体系的核心，对产业工人自我学习提高技能的意愿、企业投资技能培训的积极性甚至整个产业工人技能形成体系的效能都会产生影响。2022年3月，人社部印发《关于健全完善新时代技能人才职业技能等级制度的意见（试行）》，将原有的五级技能等级延伸为八级，形成由学徒工、初级工、中级工、高级工、技师、高级技师、特级技师、首席技师构成的"新八级工"职业技能等级序列，并建立与之相匹配的岗位绩效工资制。目前很多城市和企业开始逐步改进人才评价方式，推进人才评价机制改革，完善人才评价标准，逐步建立涵盖国家职业资格、职业技能认定和评价，企业技能人才自主评价，职业院校学生过程化评价，行业组织、社会组织技能评价，国家职业资格认证的多元化人才评价体系，落实国家技能人才评价政策，畅通技能人才发展通道，形成了良好的高技能人才培育配套机制。一些企业逐步完善职业技能等级设置，探索设立特级技师、首席技师、技能专家，拓展技能人才发展空间，优化技能认定条件要求，打破学历、资历、身份等限制，对具有绝技绝活、业绩突出、贡献较大的优秀技术工人，可直接认定为高级工、技师职业资格或相应技术等级，引导更多劳动者特别是青年一代走技能成才、技能报国之路。

5. 产业工人的职业发展通道不断拓宽

对于一线产业工人来说，职业发展通道的畅通和技能鉴定体系的建立不仅为他们提供了晋升的台阶，更重要的是为他们指明了前进的方向。只有明确了目标和路径，配合有效的激励措施，让一线产业工人感觉更加"有前途""有奔头"，产业工人队伍的整体素质才能稳步提升。例如航空工业成都飞机工业（集团）有限责任公司施行的"长家匠"职业晋升模式，"长"主要为行政管理人员提供职业发展通道，"家"主要为专业技术职称人员提供职业发展通道，"匠"则是为一线技术技能人才提供职业发展通道。"长家匠"三个通道并行不悖，为企业每一名员工的成长提供了多种可能，克服了长期以来存在的"一线技能人才只有进入管理岗位才能实现个人职业发展"的体制弊端，为高技能人才的培养、成长、晋升开辟了制度空间。国家电网青岛供电公司等企业开始实行管理人才和技能人才"双通道"发展路径，推动技能人才在工资水平、岗位待遇等各个方面对标管理人才，减少技能人才流失。青岛国风药业针对管理岗位职工，打造"雁式"管理团队，突破行政级别限制，促使普通员工脱颖而出，同时设置产业工人职业发展双轨制，实行转岗打通、薪酬打通，为企业职工提供双重发展路径。青特集团积极开展内部评聘工作，对在技术比赛中成绩优异的职工授予技术标兵、技术能手称号，将其内聘为各工种的内部工人技师，并给予现金奖励，有效激励了产业工人在技能岗位上持续发展。

6. 工匠与技能人才的评比选树氛围日渐浓厚

人才是发展之基、创新之要、竞争之本。从国家层面来看，产业工人在数量、质量和结构上与产业发展匹配与否直接影响着产业结构转型的效率，高素质的产业工人队伍是影响经济增长和产业结构升级的重要因素。从地区层面来看，一支高素质的产业工人队伍同样是提升地区或城市竞争力、推动产业升级、实施创新驱动发展战略的重要支撑和基础保障。产业工人队伍建设改革实施以来，各地积极开展以地方最高荣誉称号命名的工匠人才选树活动，努力打造高技能人才高地。例如，深圳从2016年开始就设立了"鹏城工匠"，作为技能人才的地方最高荣誉。"鹏城工匠"是从深圳市战略性新兴产业、未来产业、现代服务业、优势传统产业等领域中，选树的具有工匠精神、技艺精湛的优秀高技能人才。"鹏城工匠"每年评选一次，每次评选不超过10人，获奖者由深圳市人力资源与社会保障部门授予"鹏城工匠"荣誉称号，并给予50万元奖励。在申请设立技能大师工作室等技能培训类政府资助项目时，"鹏城工匠"获得者在同等条件下被优先考虑。成都市在2018年印发《关于实施"成都工匠"培育五年计划的意见》，提出大力培养造就"成都工匠"。首批"成都工匠"评选500人，并于2019年"五一"劳动节由成都市委、市政府进行表彰。2019年4月3日，经杭州市第十三届人民代表大会常务委员会第十八次会议审议决定，自2019年起将每年9月26日设立为"工匠日"，将其作为尊重工匠、关爱工匠、学习工匠，弘扬工匠精神的重要载体。

二 产业工人队伍建设改革的难点堵点与体制机制障碍

1. 产业工人的成长环境仍需优化

受传统观念影响，长期以来我国社会上重学历、轻技能的观念仍然比较普遍，"干部"与"工人"之间的身份差别依然存在，这导致企业职工尤其是青年技术工人社会认同感不够高，学习技能的积极性不足，不愿意走技能等级晋升的职业发展路径，更愿意选择行政管理岗位，更向往高薪工作，尤其是中小民营企业员工流动性很大，高技能人才流失现象时有发生。此外，产业工人职业发展通道比较狭窄单一，发展空间受到限制，束缚了其自我发展、自我完善的意愿，也致使很多人不愿跨入技术工人的门槛。长期以来，产业工人技能等级晋升主要是初级工、中级工、高级工、技师、高级技师五级等级体系，由于要求产业工人必须具有较长的工作年限才能晋级，且晋升条件比较苛刻，因此通过提升技术获得晋升的机会有限。据统计，一名青年技术工人从进厂到跻身技师、高级技师行列，大约需要20年的时间，而一名大学毕业生参加工作6~8年就可以获得工程师职称。因此很多青年技术工人只要一有可能，就千方百计通过各种渠道脱离一线技术技能岗位。在现实中还有很多企业技术技能认定与职位晋升不挂钩，产业工人晋升空间小，工人即使技能水平再高，也很难跻身管理层或者技术人员行列。产业工人与企业管理层、专业技术人员相比，获取和占有的资源有限，缺少相应的激励和保障机制，也缺少展现自我价值的平台，产业工人职业发展的"天花板"现象较突出。这些因素不仅阻滞了产业工人的成长通道，而且影响了产业工人的积极性、主动性、创造性，导致产业工人个体与社会双重资源浪费。

2. 企业培养产业工人的主体责任承担不够

产业工人的成长有其自身规律，技能水平的培养与提高更多依靠动手与实践。劳动者从准备就业到进入工作岗位，以及在不同的职业发展阶段提升技能的过程，都是在企业完成的。推动产业工人队伍建设改革扎实落地，必须要明确企业在培养工匠和技能人才上的主体作用,引导企业积极参与产业工人队伍建设改革,积极参与工匠与技能人才的培养。当前产业工人队伍建设改革面临的一个突出问题即企业的主体作用未得到充分发挥。一些非公企业由于存在短期的急功近利行为,认为职业技能培训耗时长、成本高,担心企业自主培养的技能人才被其他企业挖走,导致人才流失,因此在实践中不愿在职业技能培训和技能人才培养上投入大量资源,其产业工人职业技能培训的主体作用未得到很好发挥。但是,一些企业中劳务(外包)工的比例远远高于劳动合同制产业工人,由于担心职业技能培训后劳务(外包)工流失,因此不愿意在这类身份的产业工人身上投入资源进行职业技能培训,在企业中"重使用、轻培训"的现象比较突出。

3.工会在产业工人队伍建设改革中难以有效调动整合资源

我国各级工会组织作为产业工人利益的代表者和维护者,具有广泛联系职工、组织体系健全等独特优势,在推进产业工人队伍建设改革进程中肩负着义不容辞的重要使命。从中央推进产业工人队伍建设改革的顶层设计来看,中华全国总工会在产业工人队伍建设改革协调机制中承担了"牵头抓总"的重任,整合国家发改委、人社部、教育部等政府部门,协同推进此项工作。但是在推动产业工人队伍建设改革的实践中,不同程度地面临部门之间职责不明晰、沟通协调不顺畅、调动整合资源能力有限等约束,从而影响了此项工作的整体推进。在企业层面,技能型人才的管理培训、评价使用、待遇保障、激励机制制定等主要由企业行政部门来实施。企业工会在一定程度上受制于企业行政部门,企业工会干部的配备普遍不足,而且兼职居多,受职权、资源、干部数量和质量等方面的制约,企业工会在产业工人队伍建设改革中无法有效发挥作用。

4.非公企业产业工人思想引领有待进一步加强

面对社会环境和执政条件的深刻变化,如何加强和改进产业工人队伍思想政治建设,关系到党的执政地位是否稳固,关系到全面建成小康社会的目标能否实现,关系到中华民族复兴伟业的兴衰成败。在产业工人队伍建设改革过程中,加强产业工人思想政治引领在国有企业和非公企业中面

临的困难和问题也不尽相同。当前，国有企业拥有 4000 多万名在岗职工、80 多万个党组织、1000 多万名党员，非公有制企业职工达到 5.15 亿人。国有企业应充分发挥党组织体系健全、党员比例高的组织优势，全面加强对产业工人的思想政治引领，使国有企业始终作为党和国家事业发展的重要依靠力量。外资企业、混合所有制企业、中小微企业等非公企业，普遍面临职工党员人数少，流动性大，缺少专项经费、专业党务人员、办公场地等实际困难，在一定程度上制约了非公企业产业工人队伍建设改革的推进。

5. 企业自主技能评价难以与政府职业技能评价有效对接

职业技能评价是对产业工人掌握专业技能状况的综合考察，是对产业工人技能培训结果的综合评价，直接关系着产业工人的职业技能等级、工作岗位和收入水平，影响着产业工人学习专业技能的动力、企业开展职业技能培训的积极性，是构建我国产业工人技能形成体系的核心。长期以来，产业工人的技能水平主要依据职业资格鉴定制度来评定，即通过政府授权的技能鉴定机构，依据统一的职业标准，对产业工人的职业技能素质进行评价鉴定，并颁发相应的国家职业资格证书。国家调整职业资格目录的出发点是放松管制、优化服务，激发市场主体创新创业的动力和活力。但是在调研中部分企业反映，国家职业资格目录大幅压缩后，部分细分工种未被包含在其中，导致一些工种的产业工人无法参加相应的技能培训、劳动竞赛及技能评价，由于企业自主开展的职业技能评价属于"地方粮票"，产业工人一旦离职就会遇到"地方粮票"难以与"国家粮票"有效对接的难题，使得产业工人无法享受相应的人才待遇保障政策，难以形成有效的技能人才激励机制，限制了产业工人整体技能水平的提升。

6. 职业教育的社会认可度有待提高

职业教育是国民教育体系和人力资源开发的重要组成部分，肩负着培养多样化人才、传承技术技能、促进就业创业的重要职责。2021 年 10 月，中共中央办公厅、国务院办公厅印发《关于推动现代职业教育高质量发展的意见》。2022 年 5 月 1 日，新修订的《中华人民共和国职业教育法》颁布实施，为加强职业教育、提高技术工人培养水平提供法律保障。党的二十大报告指出，要统筹职业教育、高等教育、继续教育协同创新，推进职普融通、产教融合、科教融汇，优化职业教育类型定位。当前，我国职业教育在人才培养布局、人才培养规格、职业技能培训等方面，与适应产业升级带来的产业工人需求变化依旧存在一定的差距。由于传统的教育理念根深蒂固，相对于普教和高教，政府对职业教育资金投入较少，且在职业教育投入中又更偏向于公办职业院校，民办职业院校获得的投入更少，不同类型的职业院校发展水平参差不齐。此外，职业教育还存在多头管理、政府职能交叉、各方对职业教育的管理职责不协调的状况。例如教育部门和一些行业系统管理普通中专、成人中专、职业学校、民办职业学校等；人社部门管理技工学校，负责职业技能鉴定和城乡劳动力就业培训工作。条块分割式的管理体制，给职业教育统筹协调工作带来困难，容易出现管理分散、政出多头、无序竞争、资源浪费等问题，造成不同部门之间在发展职业教育方面的职责不清，既不利于区域职业教育统筹安排和规划，也不利于职业教育资源的综合利用。

三 深化产业工人队伍建设改革需处理好的几对关系

1.产业结构与产业工人的关系

产业结构的调整决定了产业工人培养和发展的目标和方向，而产业工人的素质和技能水平高低在很大程度上将决定产业结构调整的成败。科学技术的重大突破和创新，催生了以新一代信息技术、生物、高端装备制造、新能源、新材料等为代表的战略性新兴产业迅猛发展，产业结构调整和升级换代的步伐不断加快，对产业工人的素质和技能水平也提出了新的要求。因此，无论是从国家层面、地方层面还是企业层面，推动产业工人队伍建设改革必须立足于产业发展实际，通过产业工人队伍建设改革提升产业工人素质，优化产业工人的专业结构和技能结构，使其适应和满足构建现代产业体系的功能需求，进而推动经济社会高质量发展。

2. 政府与市场的关系

推进产业工人队伍建设改革，是以习近平同志为核心的党中央着眼于巩固党的执政基础、实施制造强国战略、全面提高产业工人素质做出的重大决策部署。一方面，推动产业工人队伍建设改革离不开党委、政府的重视和支持，需要政府加强顶层设计，统筹推进，充分发挥投入、引导和激励的作用，并建立由与此项工作相关的宣传、群团、发改、国资、金融、人社、教育、公安、卫生等部门人员组成的专项工作小组。另一方面，推动产业工人队伍建设改革必须遵循市场规律，充分发挥企业在产业工人培养和使用中的主体作用。产业工人的技能提升是一个在生产、工作实践中反复训练、逐渐提升的过程。职业院校肩负着培养高素质技术技能人才的重要使命，但是受到教学组织形式的特点、教师技能水平的限制以及实训条件无法赶上企业生产设备更新换代的影响，职业院校在技术技能人才的培养中只能发挥基础性作用。真正实现技术工人从新手向专家的转变，必须充分发挥企业的重要作用。2022年5月1日修订实施的《中华人民共和国职业教育法》明确了企业的办学主体地位。2022年10月7日，中共中央办公厅、国务院办公厅印发的《关于加强新时代高技能人才队伍建设的意见》中，进一步提出要"构建以行业企业为主体、职业学校为基础、政府推动与社会支持相结合的高技能人才培养体系"，更加明确凸显了企业在高技能人才队伍建设中的主体地位。因此，在产业工人队伍建设改革中，既要政府充分发挥"指挥棒"作用，探索一些行之有效的制度和举措，同时还要企业发挥主体作用，激发企业培养技术技能人才的内生动力，积极参与产业工人培养。

3. 数量与质量的关系

推进产业工人队伍建设改革，不仅需要有一大批数量充足、规模庞大的技术工人作为"高原"，形成一支年龄结构、技能结构合理的高素质产业工人大军；而且需要有一大批站在"高峰"的大国工匠发挥示范引领作用，展示工匠的时代风采，增强工匠的感召力，让广大产业工人学有榜样、赶有目标，培养和造就更多的工匠人才。没有数量的深厚根基，上乘的质量就无法保证；没有广阔的高原作为基础，就没有高峰耸立。推动产业工人队伍建设改革必须加强顶层设计，聚焦重点、难点和痛点问题，建立和完善工匠与技能人才的培养机制与评价体系，提高工匠与技能人才的待遇保障，营造尊重工匠与技能人才的社会氛围，实现工匠与技能人才培养数量与质量的辩证统一，打造一支既有"高峰"又有"高原"的高素质产业工人大军。

4. 物质与精神的关系

深入推进产业工人队伍建设改革，让广大产业工人更有获得感，既要完善技能导向的物质激励机制，还要通过营造尊重劳动、崇尚技能、鼓励创造的社会氛围，为产业工人的成长和发展提供良好的社会环境。在现有的产业工人评优选优体系中，每一项荣誉都对应着相应的物质奖励，荣誉有高有低，奖励有多有少。从实际效果来看，荣誉越高、奖励越多，该项荣誉获得者的获得感就越强，荣誉称号的社会引领价值就越大。就目前的各类工匠与技能人才荣誉而言，还缺乏有吸引力的系统制度设计，大部分荣誉所带来的自豪感和获得感是在获得奖章、奖状、奖杯的一刹那产生的，之后边际效应迅速递减，而且物质待遇也往往因为"跟不上、难落地、不持久"而让荣誉获得者缺乏获得感。鉴于此，在提高产业工人的待遇水平时，需要从精神激励和物质激励两个维度设计出一整套强刺激的待遇保障制度，让产业工人无论是在企业内还是企业外，无论是在公共服务还是社会礼遇方面，无论是在技术晋级还是工资增长方面都享受优待，进而切实提升产业工人现实获得感。

5. 国有企业与民营企业的关系

新中国成立70多年来，国有企业的改革发展始终同社会主义建设紧密相连、高度契合，既承担经济责任，也承担相应的政治责任、社会责任，在我国完整工业体系建立、科技进步、民生改善、国防建设等方面做出了历史性贡献。国有企业的规模实力、创新能力、国际竞争力不断提升，涌现出越来越多国际知名企业，在高速铁路、载人航天工程、深海勘探、高新武器装备研制等方面实现重要突破。在此过程中国有企业也培育了一批具有高超技艺和精湛技能的大国工匠。央视《大国工匠》纪录片中拍摄的工匠与技能人才，90%以上来自国有企业。国有企业已成为孵化和培育大国工匠的摇篮，彰显了培养高技能人才的制度优势。国有企业在推进产业工人队伍建设改革中应积极发挥示范和引领作用，在加强产业工人的思想政治引领，大力弘扬劳模精神、劳动精神、工匠精神，提升产业工人主人翁地位，完善产业工人技能评价方式，拓宽产业工人发展通道等方面进行积极探索。特别是国有企业工会要协同各个方面为产业工人技能提升搭建平台、提供舞台，培养造就更多劳动模范、大国工匠。充分发挥大型国有企业培育工匠与技能人才的优势，在重点企业、行业建设高技能人才培养基地，带动民营企业和中小企业开展职业培训。

四 充分发挥国有企业培育高素质产业工人的制度优势

国有企业是中国特色社会主义的重要物质基础和政治基础，是党执政兴国的重要支柱和依靠力量，不仅在贯彻新发展理念、实施制造强国战略、"一带一路"建设等国家发展战略中发挥着"排头兵""主力军"的重要作用，同时也肩负着培养知识型、技能型、创新型高素质产业工人队伍的时代使命。作为先进生产力的代表，国有企业既要在产品研发、新技术应用这些"物"的层面走在前列，同时也要在全面提升劳动者素质和技能水平这些"人"的层面承担义不容辞的责任。在产业工人队伍建设改革中，国有企业应主动承担政治责任，充分发挥示范引领作用，积极探索产业工人技能形成的中国模式，为推动经济高质量发展提供人才保障和技能支撑。

1. 充分发挥党的领导的政治优势，全面加强产业工人思想政治引领

习近平总书记在全国国有企业党的建设工作会议上指出，坚持党的领导、加强党的建设，是我国国有企业的光荣传统，是国有企业的"根"和"魂"，是我国国有企业的独特优势。坚持党的领导确保了国有企业的发展始终保持正确方向，是国有企业发展壮大的关键所在。中国特色现代国有企业制度的最大特点就是把党的领导融入企业治理各环节，这是我国国有企业的独特优势，也是中国特色现代国有企业制度区别于西方现代企业制度的最本质特征。在党领导人民的百年奋斗历程中，中国共产党作为工人阶级的先锋队，始终同工人阶级血肉相连、休戚与共，创造了民族独立、国家富强、人民富裕、迈向复兴等彪炳史册的辉煌业绩。在这一历程中，国有企业积极担当、勇于作为，发挥了"中流砥柱"的重要作用。

进入新发展阶段，在全面建设社会主义现代化国家新征程中，必须坚持和加强党对国有企业的领导，充分发挥国有企业党组织体系健全、党员比例高的组织优势，全面加强对产业工人的思想引领，使国有企业始终成为党和国家事业发展的重要依靠力量。一是通过坚持和完善职工代表大会、职工董事、职工监事、厂务公开等企业民主管理制度，让更多一线技术工人和技能人才能够参与到国有企业的生产经营各方面、管理决策全过程，充分保障劳动者的主人翁地位。二是针对职工队伍结构的新特点和经营环境新变化，强化国资国企正面宣传和舆论引导，深入做好释疑解惑、排忧解难、稳定人心的工作，引领广大职工群众坚定"听党话、感党恩、跟党走"。三是积极宣传党的十八大以来国有企业积淀形成的新时代北斗精神、探月精神、载人深潜精神等先进精神，讲好国有企业改革创新"做大做优做强"的故事，更要彰显国有企业在重大险情和公共危机中担当作为的风貌，引导国企产业工人自觉增强"四个意识"和爱国主义意识、社会共同体意识、责任担当意识，激励更多一线工人走技能成才、技能报国之路。

2. 充分发挥国有企业文化优势，大力弘扬劳模精神、劳动精神、工匠精神

"民族的精英""人民的楷模""共和国的功臣"，习近平总书记多次这样称赞褒奖劳动模范和先进工作者。在中国共产党百年发展历程中，我们党始终坚持全心全意依靠工人阶级方针，"铁人"王进喜、"当代雷锋"郭明义、"铁路小巨人"巨晓林、"金牌焊工"高凤林、"桥吊状元"竺士杰、"金牌焊工"高凤林、"深海钳工第一人"管延安……一大批从国有企业走出来的，忘我奉献、鲜活灵动的产业工人的形象浮现在我们眼前。他们在自己平凡的岗位上做出了不平凡的业绩，用自己勤劳的双手和不懈的奋斗绘就了精彩人生，铸就了民族伟业。他们的精神激励着一代又一代劳动者与祖国同成长、与时代齐奋进。进入新时代，劳模精神、劳动精神、工匠精神成为

中国共产党人精神谱系的重要内容，是以爱国主义为核心的民族精神和以改革创新精神为核心的时代精神的生动体现，是鼓舞全党全国各族人民风雨无阻、勇敢前进的强大精神动力。国有企业不仅在勤而不辍的奋斗实践中孕育了"三个精神"，更是"三个精神"的积极传承者和大力弘扬者。

国有企业在产业工人队伍建设改革中应充分发挥独特文化优势，突出社会主义劳动者在国家经济社会发展中的主导作用，凸显国企职工在企业发展中的主体作用，在企业中营造劳动光荣、技能宝贵、创造伟大的浓厚文化氛围。一是通过选树"时代楷模""央企楷模"，大力宣传劳模和工匠的精神品质及在生产经营中的重要作用及突出贡献，深入传承尊重劳模和工匠、厚待劳模和工匠的优良传统。二是充分发挥劳模和工匠人才创新工作室的示范引领作用，既要打造技能人才队伍的"高峰"，更要打造技能人才队伍的"高原"，培育多层次、大规模的劳模和工匠，让职工在工作和生活中能够近距离感受劳模和工匠的风采，从而在企业中形成弘扬劳模精神和工匠精神、加强技艺传承的长效机制，不断提升产业工人的荣誉感、自豪感和归属感。三是将弘扬劳模精神、劳动精神、工匠精神与完成国有企业时代使命任务紧密结合，在新型基础设施建设、新型城镇化建设和交通、水利等重大工程建设的"两新一重"建设中扎实推进产业工人队伍建设改革，围绕国家重大战略、重大工程、重大项目、重点产业开展各种形式的劳动和技能竞赛，在重点行业、企业建设高素质产业工人培养基地，激励更多产业工人在全面建设社会主义现代化国家新征程中建功立业。

3. 充分发挥国有企业人才培养优势，加快构建有利于产业工人技能提升的制度环境

国有企业作为社会主义生产关系的载体，生产资料归全民所有，在企业内部消除了生产资料和劳动力的对立关系，产业工人以生产资料所有者的身份与生产资料相结合。这种所有制形式打破了私有企业在技术工人技能形成中的外部性问题和低技能均衡困境。计划经济时期，国有（营）企业通过学徒制培训、厂办技校和"八级工资制"等制度安排，构建了完整的产业工人技能形成体系和待遇保障体系，不仅为国有（营）企业培养了大批高素质产业工人，也为我国工业体系的形成与发展提供了重要的技能人才支撑。改革开放以来，尽管劳动用工制度经过了市场化改革，但国有（营）企业仍然根据自身经营特点，在提升产业工人素质方面进行了有益探索和实践，通过开展劳动与技能竞赛、推出形式多样的培训项目、推进产教融合和工匠基地建设等措施，建立了企业知识传授和技能传承的良好机制，为产业工人成长成才和技能人才队伍培育创造了良好条件。

在产业工人队伍建设改革中，国有企业应充分发挥其在工匠与技能人才培养上的制度优势，进一步完善产业工人技能形成体系和技能传承机制。一是全面推行新型学徒制度，通过校企合作，深度参与开发培训课程、制定培训标准、提供岗位实践等各个环节，推动培训内容与生产过程有效对接，让企业参与技能人才培养的全过程，实现企业作为重要职工培训办学主体的回归。二是根据企业自身特点积极开展技能人才自主评价，推动企业内部职业技能等级认定与国家职业资格相衔接，逐步形成以企业和行业协会为主体、各主体公平竞争的社会化技能人才评价方式。三是畅通技能人才发展通道，建立职业技能等级与专业技术职务、管理岗位职级等多种通道相互衔接、相互转换的管理机制，破除产业工人岗位转换、职位晋级、职业发展的诸多限制，打破产业工人发展的"天花板效应"，不断拓展技术工人的成长成才空间。

4. 充分发挥国有企业收入分配改革导向作用，有效提高一线产业工人收入与待遇水平

党的十九届四中全会明确提出，在分配制度方面要增加劳动者特别是一线劳动者劳动报酬，提高劳动报酬在初次分配中的比重。党的十九届五中全会把促进全体人民共同富裕摆在更加重要的位置，强调扎实推动共同富裕，不断增强人民群众获得感、幸福感、安全感，促进人的全面发展和社会全面进步。党的二十大报告指出，分配制度是促进共同富裕的基础性制度。坚持按劳分配为主体、多种分配方式并存，构建初次分配、再分配、第三次分配协调配套的制度体系。努力提高居民收入在国民收入分配中的比重，提高劳动报酬在初次分配中的比重。国企职工是公有制经济的直接创造者，理应在

"做大蛋糕"的同时，能在"分好蛋糕"中共享发展改革的成果。实际上，目前在国有企业中，职工收入水平在行业之间、地域之间、岗位之间存在较大差异。在企业内部，一线技术工人的收入与专业技术人员、管理人员的收入仍有较大差距；在激励机制上，向生产操作一线技能劳动者倾斜的收入分配机制还有待建立。

国有企业属于全民所有，是推进国家现代化、保障人民共同利益的重要力量。国有企业不仅要在生产力层面成为先进科学技术和科技创新能力的"领头羊"，也要在生产关系层面坚持社会主义本质属性，坚持以人民为中心的发展理念，保持"国企为民"的价值追求和人民属性。一是要深化国有企业工资分配制度改革，通过完善向技术工人和技能人才倾斜的企业收入分配制度，使技术工人和技能人才的收入达到与专业技术人员、管理人员相当的水平，让企业改革发展成果更多地惠及广大员工，确保劳动者的主体地位。二是建立按照技术技能要素参与分配的机制，采取技术创新成果入股、岗位分红等方式创新技能导向激励机制，真正实现多劳者多得、技高者多得。三是全面改善产业工人待遇，确保技能人才在员工招录、岗位待遇、职务升迁等方面与专业技术人员享受同等政策，让更多的产业工人在经济上获得实惠、在待遇上得到保障，真正共享改革发展成果。

5. 充分发挥国有企业工会作用，为产业工人提升技能、创新创造搭建平台

工会是职工群众自愿结合形成的群众性组织，是职工合法权益的表达者和维护者。在国有企业中生产资料归全民所有，不再存在劳资对立的雇用劳动关系，劳动者与企业之间形成一种平等互利的联合劳动关系。所以，国有企业的工会组织一方面在党的领导下，充分履行维护、参与的基本职责，保障劳动者合法权益，推动构建中国特色和谐劳动关系；另一方面利用自身扎根群众的组织优势，积极发挥工会的教育职能，通过各种形式把职业教育和技能培训引入企业生产实践活动，在产业工人技能形成中更好地体现工会的作用和价值。

国有企业工会应充分发挥组织优势、资源优势和阵地优势，通过开展形式多样的活动提高产业工人技术技能水平。一是以国企改革三年行动为契机，发挥企业工会作用，创新国企竞赛方式载体，示范带动不同所有制企业将竞赛和工作交流融合，使劳动与技能竞赛成为培育工匠与技能人才的重要通道和平台。二是积极开展以"五小"为载体的各类群众性技术创新活动，把职工技术创新嵌入企业研发链条，为产业工人开展技术攻关、技术创新提供更多资源支持，打破企业创新活动的固有边界，激发产业工人的创造活力和创新动力，在打好关键核心技术攻坚战、提高创新链整体效能中发挥广大产业工人的主力军作用。三是扎实开展职工技术技能素质提升活动，组织开展常态化、实战化的岗位练兵、技能培训、师徒帮教等活动，发挥职工学校、技能实训基地的作用，用好"技能强国—全国产业工人技能学习平台"，整合不同行业的工艺技术场景和职业教育培训资源，为产业工人提供实操案例、模拟实训、工匠讲坛等各类职业技能培训课程，培养造就更多高素质技术技能人才、能工巧匠、大国工匠。

| 第九章 |

榜样引领：充分发挥工匠人才示范引领作用

时代发展，需要大国工匠；迈向新征程，需要弘扬工匠精神。近年来，从"嫦娥"奔月到"祝融"探火，从"北斗"组网到"奋斗者"深潜，从高铁飞速发展到港珠澳大桥横跨三地，这些大国重器、超级工程都离不开大国工匠执着专注、精益求精的实干，刻印着能工巧匠一丝不苟、追求卓越的身影。推进产业工人队伍建设改革，不仅要有一支数量充足且年龄结构、技能结构合理的技术工人队伍作为"高原"，同时还需要有一大批站在"高峰"的大国工匠发挥示范引领作用，展示工匠的时代风采，弘扬工匠精神，培养和造就更多工匠，形成一支既有"高峰"又有"高原"的高素质产业工人大军。通过表彰奖励、评选命名肯定技能人才价值，既是产业工人自我实现的现实需求，也是城市增强人才竞争力的有力抓手。但在基层实践中，存在对技能人才的表彰奖励、评选命名主体分散、政出多门、衔接不够、称谓繁多、激励单一等问题，无法有效凝聚培养高技能人才整体合力。为了充分发挥产业工人在成都构建现代产业体系中的支撑作用，积极探索高素质产业工人的培育模式，成都市总工会于2017年提出了培育与评选"成都工匠"的制度设想。2018年9月成都市委办公厅、市政府办公厅正式印发《关于实施"成都工匠"培育五年计划的意见》。自2019年启动首批"成都工匠"评选活动以来，围绕成都市重点发展产业，评选和培育了一大批扎根成都大地、具有高超技艺、做出突出业绩、传承工匠精神、热心培养团

―― 第九章　榜样引领：充分发挥工匠人才示范引领作用

队、勇于变革创新的高技能领军人才，在高素质产业工人的培养中充分发挥了示范引领作用，为成都市加快构建现代产业体系提供了人才支撑和技能保障。本章将对"成都工匠"评选和培育的理论探索和实践创新进行系统梳理，以期为完善高素质产业工人选树机制和推动产业工人队伍建设改革提供有益借鉴。

一　评选和培育"成都工匠"的积极意义

1. 加快构建现代产业体系的重要保障

成都市第十四次党代会报告提出，成都将坚定不移推进产业建圈强链，加快构建竞争优势突出的现代产业体系。《成都市"十四五"制造业高质量发展规划》中明确提出，要以智能制造为主攻方向，大力实施产业建圈强链，推动成渝地区产业协同，打造具有国际竞争力的先进制造业集群，加快构建支柱产业、新兴产业、未来产业梯度发展，生产性服务业融合赋能的现代制造业体系，打好产业基础高级化、产业链现代化攻坚战，坚定不移地建设制造强市，持续提升面向未来制造、服务国家战略、参与全球循环的成都制造业核心竞争力。在推动制造业转型升级的过程中，随着生产自动化和智能化水平的不断提高，重复性的熟练体力和脑力工作者将会不断被智能机器所替代，人机交互以及机器之间的对话将会越来越普遍，智能制造生产过程中的产业工人不再是机械活动的简单操作者，而是能够与机器互通的复合型劳动者。他们不仅需要掌握基本的技术技能，还需要具备对智能化系统的分析和管理能力以及解决问题的能力。通过开展"成都工匠"的评选和培育工作，培养一支门类齐全、数量充足、结构合理、技艺精湛、素质优良的高技能人才队伍，将为成都市推动制造业高质量发展和加快构建现代产业体系提供有力的支撑和保障。

2. 推动产业工人队伍建设改革的积极实践

2017年，《新时期产业工人队伍建设改革方案》正式发布后，成都市认真落实新时期产业工人队伍建设改革要求，提出培养造就一批"成都工匠"

目标。成都市总工会贯彻落实中华全国总工会、中共成都市委关于工匠人才工作的部署安排，着眼填补市级层面技能人才政策空白，对标上海、重庆、杭州、武汉等地工匠人才培育工作经验，联合中国劳动关系学院开展专题调研并形成调研报告。在此基础上，成都市总工会会同市委组织部（市人才办）研究形成《关于实施"成都工匠"培育五年计划的意见》，以座谈会、书面形式征求了劳模、工匠和各区（市）县、市级各部门意见，通过市委办公厅、市政府法制办合法性审查，经过市委常委会、市政府常务会审议，于2018年8月30日以成委办〔2018〕32号文件正式印发，明确提出要紧扣加快构建现代化开放型产业体系、推动高质量发展大局，聚焦成都重点发展的五大先进制造业和五大新兴服务业，在具有工艺专长、掌握高超技能，技术精湛、精益求精，严谨细致、专业敬业，长期坚守在生产服务一线岗位的产业工人特别是制造业产业工人中，评选和培育一批在本领域、本行业内具有较高公认度和示范引领作用的产业工人代表。

3. 构建工匠人才培育发展体系的创新探索

开展各级各类工匠评比选树活动是充分发挥工匠与技能人才示范引领作用、形成有利于产业工人队伍技能提升的体制环境的重要举措。从各地的实践经验情况来看，存在表彰奖励、评选命名主体分散、称谓繁多，政出多门，衔接不够，激励单一、缺乏长远规划等问题。成都市通过评选和培育"成都工匠"，着力构建工匠人才培育发展体系，不断加大工匠人才培育、评价、使用、激励、引进和保障力度。评选和培育"成都工匠"是对工匠人才评选机制和技能评价方式的创新探索。一是在制度设计上，将"成都工匠"纳入成都市人才体系"总盘子"和成都市高质量现代产业体系建设改革攻坚计划，形成了关于工匠人才培育、评价、使用、激励、引进和保障的一整套政策体系。二是在培育导向上，突破年龄、学历、身份等限制，聚焦重点发展的产业一线，不拘一格评选和培育工匠人才。三是在正向激励上，健全物质与精神并重的激励机制。"成都工匠"由市委、市政府颁发荣誉证书，并给予一次性奖励2万元，除可以享受成都市政府关于技能人才有关优惠政策，还可以享受大病医疗专家服务、机场高铁VIP通道、省内外疗休养、国内外技能提升交流、工匠健康定制保险、国情研修考察、节日走访慰问等礼遇服务。市委、市政府还引导、鼓励企业给"成都工匠"发放一定数额的岗位津贴、带徒津贴等。四是在发展路径上，着力构建工匠人才梯次评选和培育体系，打通"成都工匠"成长为"四川工匠""大国工匠"的通道。

二　评选和培育"成都工匠"的顶层设计

高技能人才是产业工人大军中熟练掌握精湛专业技能的"佼佼者"，是技术技能的重要传承者，是产业转型升级的重要推动者。"成都工匠"作为高技能人才队伍中的"拔尖者"，是引领行业发展的技术标兵，是推动技术革新和技术攻关的领军人才。换言之，高技能人才是"成都工匠"的"后备军"，没有一支高技能人才队伍作为支撑，"成都工匠"的评选就会成为无源之水、无本之木。选树"成都工匠"的目的在于以"选"促"树"，通过树立先进典型，健全其待遇保障，有效激发广大产业工人钻研技术的热情和创造力，从源头上培养更多的高技能人才，为"成都工匠"的评选提供更坚实的人才支撑。为了让"成都工匠"充分发挥示范引领作用，需要进一步完善以政府奖励为导向、以企业奖励为主体、辅以必要的社会奖励的高技能人才奖励体系，不断提升工匠与技能人才的经济待遇和社会地位，让踏实肯干、技术精湛的"成都工匠"在政治上有待遇、在社会上有地位、在经济上有实惠、在职业上有保障。

1. "成都工匠"的功能地位

一是思想引领。工匠精神是工业文化的一种重要表现形式，成都构建现代产业体系、培育先进制造业的新优势，离不开工匠精神的支撑。"成都工匠"不仅仅是娴熟技能和先进技术的引领者，还要用正确的世界观、人生观、价值观引领产业工人。"成都工匠"的评选和培育有助于大力弘扬执着专注、精益求精、一丝不苟、追求卓越的工匠精神，树立辛勤劳动、诚实劳动、创造性劳动的理念，营造尊重劳动、尊重技术、尊重创新的氛围，凸显高技能产业工人在成都经济社会发展中的主体作用，形成劳动光荣、技能宝贵、创造伟大的主流价值观。评选和培育"成都工匠"还要与成都的文化传承体系构建、世界文化名城建设有机结合起来，真正把工匠精神融入城市文化。

二是率先垂范。培育和评选"成都工匠"，培育是基础，评选是手段，核心在使用。"成都工匠"作为高技能人才中的领军人物和带头人，应该充分发挥好其在技能岗位的引领和示范作用。通过建立"成都工匠"高技能人才协会，开展同业交流，打通高技能人才的服务通道，让"成都工匠"不仅在其所属企业发挥作用，同时也服务于整个行业和成都市。当企业进行重大生产决策、组织重大技术革新和技术攻关项目时，组织相同领域的"成都工匠"通过技术服务、技术攻关、项目引进等多种方式发挥作用。此外还可以借助信息技术更好地发挥"成都工匠"的示范作用，通过构建结构清晰、数据准确、动态管理的"成都工匠"数据库和技能传递与推广的网络平台，建立完善的高技能人才技术技能创新成果和绝技绝活价值实现及代际传承推广机制。

三是培养人才。当前我国的职业技能培训和技术人才的培养主要有职业培训和职业教育两个途径。职业培训是各主题、各层次、各类型技能培训的总称，培训对象是就业后的劳动者；职业学校教育专指以学校方式提供的职业教育，主要教育对象是在校学生。"成都工匠"发挥人才培养的职能也需要在职业培训和职业教育两方面平行并举。首先，"成都工匠"可以对企业在职员工进行技能传授和经验传递，以"传帮带""师带徒"等方式辐射带动一线产业工人迅速成长和培养高技能人才，为提升企业技术水平和增强产业竞争力提供持续有利的技能人才支撑。其次，让更多的"成都工匠"到职业（技工）院校担任指导教师，不受学历、教师资格证等条件限制，简化人事审核手续。最后，在全市各职业（技工）院校中设立"成都工匠"工作室，让工匠精神延伸至校园，让"成都工匠"与企业共同开发培训课程，实现技能培训课程设置与劳动者就业岗位要求的有效对接。

四是创新引领。人才是创新发展的源头活水，是技术创新不竭的智慧源泉，培养造就一支知识型、技能型、创新型的高素质产业工人队伍，"成都工匠"应充分发挥其技术创新的示范引领作用，激发产业工人的学习动力，加强技术协作、技术培训、技术攻关、技术创新，用创新精神带领广大产业工人解决产品研发和生产技术中的难点问题、热点问题。通过创新工作室建设，为"成都工匠"开展技术创新、技术传承搭建有效的平台，使其成为企业发展的"智力源"和"成果库"、凝聚创新力量的新载体、弘扬工匠精神的大平台、培育高技能人才的孵化器。

2."成都工匠"的选树原则

一是贴近产业，服务发展。适应把握引领经济发展新常态，以深化供给侧结构性改革为主线，紧扣成都市支柱产业、优势产业和未来产业的发展需求，促进工匠与技能人才队伍规模、质量、结构与产业发展相适应，提高全要素生产率，推动人力资源优势转化为人才优势和发展优势。

二是深化改革，创新机制。坚持充分发挥市场在人力资源配置中的决定性作用，同时更好地发挥政府作用，着力破除制约高技能人才发展的体制机制障碍和政策壁垒，加快构建产教融合、校企合作、工学一体的培养模式，充分调动行业、企业、职业教育培训机构的积极性，促进职业教育和继续教育协调发展，充分激发产业工人的创造力。

三是高端引领，整体提升。突出"高精尖缺"导向，以高技能人才队伍建设为重点，加快培养一批重点产业、重点行业、重点领域的"成都工匠"，充分发挥其在技术创新、攻坚克难、技艺传承等方面的作用，引领带动产业工人队伍素质的整体提升。

四是技能导向，面向基层。坚持技能导向，注重业绩贡献，着重评选技艺精湛、擅长攻坚克难、为企业和社会创新创造做出贡献的技术工人；坚持面向基层，着重评选职工身边看得见、摸得着、信得过、学得到的先进人物，使评选"成都工匠"成为广大产业工人自我教育、自我提高的载体。

3."成都工匠"的待遇保障

为了更好地发挥"成都工匠"的作用，在"成都工匠"的待遇保障上，主要从精神激励和物质激励两个维度设计出一整套强刺激的待遇保障制度，让"成都工匠"无论是在企业内还是企业外，无论是在公共服务还是社会礼遇方面，无论是在技术晋级还是工资增长方面都享受优待，真正提升工匠与技能人才的经济待遇和社会地位，营造"尊重技能、崇尚技能、学习技能"的社会氛围。

（1）政治待遇。

各级党委、政府和工会组织每年对工匠人才开展走访慰问活动，设立工匠等高技能领军人才服务窗口。注重在各类工匠人才中发展党员、评选劳动模范及推选党代表、人大代表和政协委员，积极推行工匠人才在工会等群团组织中挂职和兼职制度。

（2）经济待遇。

"成都工匠"由成都市委、市政府颁发荣誉证书，并给予一次性奖励2万元。海外高层次工匠领军人才，按规定享受相关专家待遇；"成都工匠"享受市政府关于技能人才的优惠政策；符合条件的"成都工匠"在蓉可不受学历限制申请政府配套租赁住房；对职业年收入50万元以上的"成都工匠"，按其贡献给予不超过其年度个人收入5%的奖励。

（3）公共服务。

为了大力营造尊崇工匠精神的社会氛围，进一步完善人才激励机制，增强对技能人才的吸引力，成都市在全国推出首个针对产业工人的人才礼遇政策《成都市礼遇"成都工匠"十条政策措施》，从鼓励在蓉落户、子女入园入学、发放"成都工匠卡"、便捷就医服务、方便交通出行、丰富文体生活、关注身心健康、增强保险保障、促进学习交流、建设成都工匠公园10个方面对"成都工匠"给予公共服务和社会礼遇。

三 评选和培育"成都工匠"的长效机制

"成都工匠"是成都市产业工人中的佼佼者，其产生的"土壤"也是成都市的产业工人队伍。如果把"成都工匠"比作参天大树，那么广大的一线工人就是为大树输送养分的肥沃土壤。从某种意义上讲，成都市产业工人队伍的整体素质决定了"成都工匠"的整体水平和产生基础。只有通过构建"成都工匠"评选和培育的长效机制，推动形成以"成都工匠"为引领、区（市）县和企业打造区域和企业工匠的多层次工匠评选体系，形成企业技术能手、企业首席技师、企业工匠、区域工匠和"成都工匠"的工匠人才梯次结构，全面提升产业工人队伍的整体技能水平，才能造就成千上万的"成都工匠""四川工匠"乃至"大国工匠"，加快推动"成都制造"向"成都智造""成都创造"转变。

1. 加强统筹协调，理顺工匠与技能人才培养体制

坚持党委统一领导，把工匠与技能人才培养纳入地方经济社会发展规划。将工匠与技能人才培养纳入成都人才培养体系，建立由成都市委组织部、市委宣传部、市经信委、市教育局、市科技局、市财政局、市人社局、市文广新局、市工商局、市总工会等部门组成的全市工匠培育工作领导小组。在市委的统一领导下，明确各部门、各主体的职责分工，形成分工明确、沟通顺畅、合力攻坚的领导体制，为"成都工匠"的评选和培育工作提供坚强的组织保障。强化监督考核，将各区（市）县、各部门推进工匠与技能人才培养工作的情况纳入评价考核体系，充分激发各主体合力推进产业工人队伍建设改革和工匠人才培养的积极性、主动性。

2. 整合职业教育培训资源，实现工匠与技能人才的规模化、制度化生产

围绕加快构建现代化开放型产业体系，以厚植工匠精神、培育工匠人才为导向，深化职业教育体制机制改革，加快构建现代化、专业化职业教育体系。大力发展现代职业教育，加强中等、高等职业（技工）院校建设，引导职业（技工）院校根据企业岗位需求，动态调整专业、课程设置，打造一批工匠示范职业（技工）院校。优化职业培训机构发展的制度环境，实现公办培训机构与民办培训机构公平竞争、良性发展。公办培训机构应主动适应市场需求，及时调整人才培养目标、完善课程设置，充分发挥实训设备先进、师资队伍强大的优势，积极承办大规模、成建制的高技能人才培训活动；民办培训机构应发挥机制灵活、市场化程度高的优势，主动承接企业个性化的培训任务。推动教育链和产业链深度融合，引导职业（技工）院校与企业、行业共建高技能人才培养和技术创新平台，大力推广工匠与技能人才订单式培养，实现职业（技工）院校人才供给与企业用人需求的有效匹配。建立成都工匠进修学院，搭建集公共实训、技师研修、技能评价、终身学习等服务于一体的开放平台。

3. 优化劳动技能竞赛体系，为工匠与技能人才成长搭建平台

聚焦先进制造业、新兴服务业和新经济，打造成都技能大赛品牌，力争每年赛事的职业工种超过100个，年均带动引导五大先进制造业、五大新兴服务业企业开展技术比武、岗位练兵100万人次以上。开展寻找和发现身边的工匠活动，加强职业技能竞赛选手梯队建设，培养高层次职业技能大赛种子选手。推动"成都工匠"选拔与成都百万职工技能大赛、青年技能竞赛、职业院校技能大赛等成都市职业技能竞赛深度融合。建立将市级及以上竞赛获奖选手直接认定为"成都工匠"的评定机制，探索构建工匠人才身份与国家职业技能资格转换认定机制。

4. 拓宽工匠与技能人才晋升通道，突破产业工人职业发展瓶颈

建立工匠人才向管理职位和专业职级晋升的双向选择通道，鼓励企业对在聘工匠等高技能人才在学习进修、岗位聘任、职务职级晋升等方面，比照相应层级工程技术人员提供同等待遇。

5. 完善产业工人技能评价机制，形成"不拘一格定人才"的新局面

完善职业技能等级认定政策，引导和支持企业自主开展产业工人技能评价并落实待遇。在政府指导下，赋予行业协会和骨干企业在开发职业标准和评价规范中的自主权，充分发挥其了解市场需求和引领行业标准的优势，支持企业结合岗位需求，自主开展产业工人技能评价，逐步形成以企业和行业协会为主体、各主体公平竞争的社会化技能评价方式，解除束缚技术工人成长成才的"紧箍咒"。改革完善产业工人的考核内容，重点考察产业工人的创新能力、实际操作能力、现场解决问题能力和业绩贡献，引导一线工人学技术、练技能、比贡献，营造"尊重技术、尊重创造"的社会氛围。建立高技能人才越级申报、破格提拔、技能等级直接认定等

激励机制。对于支撑成都市产业发展的紧缺高技能人才或为企业、社会发展做出突出贡献的技术工人，不受户籍、地域、职业、工作年限、文化程度的限制，允许其越级申报，经相关机构鉴定审核后，颁发职业资格证书，并享受相关待遇。

6. 充分发挥企业主体作用，实现工匠与技能人才可持续培养

充分发挥企业在高技能人才培训中的主体作用，引导企业结合生产经营和技术创新需要，制定高技能人才培养规划和培训制度，建立健全工匠培养选拔机制。指导企业深化工资分配制度改革，鼓励企业在工资结构中设置体现技术技能价值的工资单元，发放一定数额的岗位津贴、带徒津贴等。鼓励企业以工匠的名字命名创新工作室，并为其开展技术攻关、技术创新、破解创新难题提供更多资源支持。建立"成都工匠"创新成果孵化机制，通过举办技术推广、经验交流等活动，推进新技术成果、新工艺向现实生产力有效转化，推进创新项目孵化，提升企业生产力水平。对制定个性化职业发展规划、足额提取职工教育培训经费等深度参与高技能人才培养的企业，将其相关信息纳入成都市公共信用信息系统，在税收服务、人才引进等方面给予政策支持。

7. 持续提升农民工学历和职业技能水平，为其融入城市创造有利条件

一是借助职业教育资源对农民工进行分类别、针对性的培训。对进入城市的新生代农民工，开展订单、定向和定岗式就业技能培训；对已经从业的农民工，依托职业教育资源和企业实际需求，开展岗位技能培训；对因节能减排、产能过剩而面临失业风险的农民工，开展转岗培训、技能提升培训和技能储备培训；对具备较高职业技能和发展潜力且具有较强职业发展需求和自主创新创业意愿的农民工，开展创新创业培训。二是加大对农民工学历和职业技能水平提升的资源投入。整合政府部门、工会系统、行业协会及企业等相关主体，共同加大对农民工继续教育的投入；健全以政府和企业为主的成本分担机制；鼓励在农民工集中的代表性行业和企业，建设"农民工继续教育学习与实训中心"；工会持续做好农民工学历提升和职业技能水平提升培训服务工作，提升其在劳动力市场的竞争力。

8.充分发挥成都市产业优势，打造"互联网+工匠与技能人才培养"新模式

一是建立数据准确、动态管理的产业工人队伍基础数据库。及时准确掌握成都市产业工人队伍的整体状况，了解一线职工的技能水平、培训需求及劳动力市场的供需状况，有针对性地进行分析判断，努力做到"用数据说话、用数据决策、用数据管理、用数据创新"。二是打造集师资队伍、教育内容、传播渠道和受众群体于一体的网络公共学习平台。利用信息技术构建3D动画模拟工艺实操的课程体系，提供工匠讲坛、实操案例、模拟实训等特色课程，满足产业工人在线学习的需求。三是探索"互联网+技能比武"新模式。引导企业积极开展网上"练兵比武"活动，开发包括闯关练兵、在线培训、在线考试、网上创新等模块的网上练兵平台，为职工提供技能提升的新渠道。通过"指尖上的互动"，实现职工切磋技艺的便利化，实现职工业余学习的"全天候"。四是建立"互联网+培训交流"新模式。借助微信、微博等新媒体平台，为高技能人才提供交流经验、展示技能、提升素质、培训锻炼和研修深造的平台，探索跨单位、跨行业、跨系统的经验交流机制，让"成都工匠"拥有更高的境界、更宽的视野、更广的胸怀。

四 评选和培育"成都工匠"的创新探索

开展"成都工匠"培育五年计划是成都市委、市政府深入贯彻党中央、四川省委关于产业工人队伍建设改革工作的部署要求，以建设高技能领军人才队伍为导向，努力建设具有国际竞争力和区域带动力的现代产业工匠人才支撑体系的积极实践，以"成都工匠"评选活动为牵引，从工匠培育顶层设计入手，做出了工匠人才培育、引进、竞赛、评价、使用、激励、保障等一整套制度安排，为地方开展工匠人才选树活动和深入推动产业工人队伍建设改革提供了有益探索。

一是立足产业实际，推动工匠培育与产业发展精准匹配。人是生产力中最具活力的因素，人力资源是第一资源。成都市产业发展战略的实现归根结

底要靠人才，从制造业的生产规律来看，无论是支柱产业，还是优势产业，也包括未来产业的发展，既需要一批理论功底扎实、掌握核心技术、善于创新创造的研发人员，也需要一大批实践技能突出、具有娴熟技术、善于解决实际问题的高技能人才，更需要一大批精益求精、追求卓越的"成都工匠"。"成都工匠"评选为成都市产业结构转型升级和经济高质量发展提供高素质的人力资源支撑。

二是破立结合，着力克服传统激励的制度缺陷。"成都工匠"的评选着力在"立"和"破"上有所创新。"立"，主要是立足成都市产业发展实际，立足成都市产业工人队伍建设现状，以"成都工匠"为抓手，为产业发展战略的实现提供强有力的技能人才支撑。"破"，即克服既有评优体系中存在的"重精神、轻物质""重个人、轻团队""重资历、轻创新""重配额、轻公平"的制度缺陷，建构一整套符合实际、着眼长远、公平合理、含金量较高的高技能人才评优制度，并用"成都工匠"统领现有的一些技能类荣誉称号。

三是既面向基层，又注重高端引领。"成都工匠"的评选坚持面向基层，使评选"成都工匠"的过程成为广大职工发现典型、学习典型的过程；同时"成都工匠"的评选还突出"高精尖缺"导向，引领带动产业工人队伍素质的整体提升。

四是"面子""里子"并重，让"成都工匠"更具含金量和品牌性。"成都工匠"的奖励采取物质与精神并重的激励机制，着重围绕荣誉称号授予、一次性奖励、工匠津贴、技术晋级、政策扶持、礼遇服务等方面建立一整套系统的奖励体系，持续提升这一荣誉的含金量，让"成都工匠"的荣誉获得者不仅感到有足够"面子"，还要有许多"里子"，进而产生强烈的、持续的、可传播的社会获得感。

五是数量与质量并重，彰显制造强市战略部署与决心。"成都工匠"的评选和培育计划利用5年时间评选和培育成都市级工匠3000名、区（市）县级工匠7000名，基本构建起一支能够支撑和引领成都现代产业发展，结构优化、素质优良、具有强大竞争力和影响力的工匠人才队伍，传承发扬工匠精神，创响"成都工匠"品牌。同时为了避免降低"成都工匠"的含金量，更好地发挥高技能人才的示范引领作用，在"成都工匠"的评选目标中设定3000名"成都工匠"和7000名"准成都工匠"。3000名"成都工匠"作为荣誉的获得者，是全市高技能人才的"拔尖者"和领军人物，而7000名"准成都工匠"是重点培育的对象，通过高技能人才队伍的梯次发展，逐步形成与成都市经济社会发展相适应的且高、中、初级技能劳动者比例结构合理的格局。

| 第十章 |

整体推进：以打造"工匠之城"系统化推进产业工人队伍建设改革

制造业是青岛市的立市之本、强市之基、兴市之源。青岛市制造业根基深厚，一直在全国处于重要地位。经过改革开放40余年的发展，青岛市产业结构不断升级，从初期的"上青天"（上海、青岛、天津）轻纺名城发展为东部沿海地区工业门类齐全的高端制造业基地之一。以海尔集团、海信集团、双星集团、澳柯玛、中车青岛、青特集团等企业为代表的"青岛制造"更是成为青岛市的一张靓丽的城市名片。产业工人作为推动产业结构转型升级的重要因素，在提高产业竞争力、推动技术创新和科技成果转化等方面具有不可替代的作用。当前青岛市明确了筑牢实体经济根基、构建具有国际竞争力的现代产业体系，建设"现代产业先行城市"的总体思路，加快实施制造强市战略，努力创建国家制造业高质量发展示范区。这一发展目标对产业工人的数量、质量和结构都提出了更高的要求，产业工人在数量、质量和结构上与产业发展匹配与否直接影响产业转型发展的效率高低，高素质的产业工人队伍是影响经济增长和产业结构升级的重要因素，也是青岛市构建现代产业体系、建设制造强市的重要支撑力量。2020年，青岛市政府印发《关于弘扬工匠精神打造工匠之城的意见》，将打造"工匠之城"上升为城市战略，从加强顶层制度设计、构建奖励激励体系、搭建工作支撑平台、推进收入分配改革、优化服务保障体系五个方面不断完善工匠人才的引进、培养、评价、使用、激励和保障，希望通过打造新时代"工匠之城"系统化推进产业工人队伍建设改革，在全社会营造尊重工匠、崇尚工匠的氛围，培育一支门类齐全、数量充足、结构合理、技艺精湛、素质优良的工匠与技能人才队伍，为青岛市构建现代产业体系、建设制造强市提供支撑保障，使青岛市成为全国工匠与技能人才培养的典范之城。

一 青岛市打造"工匠之城"的优势与特点

所谓"工匠之城"，是指以一支门类齐全、梯次合理、技艺精湛、素质优良且能够支撑青岛市产业发展的工匠与技能人才队伍为依托，以制度化培育工匠人才的体制机制为保障，通过提高工匠人才的待遇保障，优化工匠人才的发展环境，营造崇尚劳动、尊重工匠人才的社会氛围，让工匠人才更有获得感、幸福感和成就感，打造全国工匠与技能人才培养的典范之城。

传统意义上，工匠专指从事手工制造和劳作的匠人，如木匠、鞋匠、铁匠等。随着机器大生产取代手工操作成为人类主要的生产方式，传统的工匠逐渐退出历史舞台，但工匠这个概念却在发展和延伸。美国学者理查德·桑内特在《匠人》一书中说，木匠、实验室技术员和指挥家全都是匠人，因为他们努力把事情做好，匠人代表着一种特殊的人的境况，那就是专注。因此，随着经济社会的发展，工匠也被赋予了更多的时代内涵。广义上讲，工匠已经超出了职业本身，更多地体现为一种价值取向和行为追求，代表的是一种执着专注、精益求精、一丝不苟、追求卓越的精神。打造"工匠之城"中的工匠不仅包括直接从事操作、提供生产性劳动或服务的"制造工匠""生产工匠"，还包括在各行各业为不同单位和部门的研发、经营和管理等工作做出突出贡献的"科研工匠""管理工匠"和"营销工匠"等，他们是产业工人和高技能人才的优秀代表和核心骨干，是工匠精神的践行者与示范者，也是打造"工匠之城"的动力源泉和支撑保障。

1. 打造"工匠之城"的产业基础雄厚

青岛市是中国最早启动工业化的城市之一。在百余年的城市发展历史

第十章 整体推进：以打造"工匠之城"系统化推进产业工人队伍建设改革

中，工业制造始终是青岛市发展的主旋律。从20世纪80年代突破体制藩篱大力发展家电、制鞋、服装、食品等产业，到20世纪90年代聚力打造出临港重化、汽车制造等优势产业，让青岛市具备了雄厚的制造业基础，构建了完备雄厚的工业体系，涵盖全部41个工业门类中的36个。近年来随着以互联网为代表的信息技术的快速发展，青岛市也不断推动制造业转型升级，努力将互联网创新成果与工业特别是制造业各领域深度融合，形成经济发展新业态。从生产新中国第一辆蒸汽机车到复兴号列车跑出中国速度，从建设新中国第一座机械化煤炭专用码头到青岛港全自动化码头全球领先，从青岛市电器元件厂成功试制原子弹试验用电源到海丽雅集团成功生产"蛟龙号"、"天问一号"使用的特种缆绳，它们绘制了青岛市"制造业名城"最闪耀的底色。雄厚的制造业基础为青岛市培养工匠与技能人才提供了良好环境，形成了培养高技能人才和大国工匠的传统优势和光荣历史。自1950年国家首次表彰劳动模范以来，青岛市先后有2万余人次获得全国、省部级以及市级劳模称号，相继涌现出一大批像郝建秀、许振超、宁允展一样的大国工匠，在这些优秀产业工人的引领下，青岛市各行各业不断出现新一代高技能人才，他们不仅是"青岛制造"的缔造者，同时也成为青岛市这座城市的靓丽名片。

2. 工匠与技能人才培养体系逐步完善

青岛市具有基础雄厚、门类齐全、结构完备的工业体系，产业工人队伍庞大，有着培养工匠与技能人才的传统优势和光荣历史。近年来，青岛市不断扩大政府补贴性培训职业工种范围，加大现代海洋、轨道交通、新能源汽车、人工智能等主导产业政策支持力度，推进企业职工培训政策有效实施，优化企业新录用岗位技能培训、新型学徒制培训、金蓝领培训等企业职工培训系列政策，促进培训对接重点产业和企业技能需求，提供技能人才培训政策支撑。采取政府购买服务的方式，定期调查发布重点产业职业培训需求、紧缺职业（工种）目录及技能人才市场供需信息，引导职业（技工）院校和社会培训机构与产业发展、企业岗位需求有效对接。制定多项奖励、补贴、保障等激励措施，推动职业教育扩容提质，支持企业职工技能提升，发挥民办职业培训作用，逐步建立了涵盖职业教育、企业内部培训、外部民办职业培训等的工匠与技能人才培养体系，形成人才发展与产业发展良性互动的局面。

3. 工匠与技能人才引进力度不断加大

近年来青岛市制定了一系列工匠与技能人才引进计划，逐步构建引进高层次技能领军人才奖励、安家补贴、薪酬补贴的政策体系，吸引更多高技能人才赴青岛市工作。第一，在高层次技能领军人才引进方面，实施"技能人才引进安居"计划。对引进的国家级和省级技能领军人才，分别给予30万元和20万元安家补贴。对全职引进的世界技能大赛金牌获得者、中华技能大奖获得者、国家级技能大师工作室领办人、全国技术能手，分别给予一次性奖励。对经确认符合市高层次创新创业人才引进规定的高技能人才，提供与高层次人才同等待遇的资助。第二，在高学历技能人才引进方面，制定高层次产业人才提升工程。计划着力发展现代海洋、智能家电、新一代信息技术、轨道交通装备、汽车制造、生物医药、航空航天、现代物流、现代金融、现代旅游、文化创意、医疗健康等领域产业集群，引进培养9万名左右硕士及以上高学历和高职称、高技能人才。着眼改造升级商贸服务、机械设备、橡胶化工等传统支柱产业，引进培养3万名左右硕士及以上高学历和高职称、高技能人才。第三，在海外高技能人才引进方面，将海外高技能人才纳入"蓝洽会"引才范围。进一步畅通技能人才引进对接渠道，搭建全市技能人才引进网上平台，及时收集紧缺急需技能人才信息和发布人才引进政策。依托人力资源产业园，成立技能人才引进"E联盟"，对引进紧缺急需技能人才的中介机构和人员按规定给予奖励。依托跨国企业集团、国外知名职业院校和行业协会，计划成立10个海外技能人才引进工作站，着重引进具有世界500强企业工作经历或获得国际认证体系认证的技能领军人才。

4. 职业教育为打造"工匠之城"提供人才储备

职业教育作为青岛市工匠与技能人才培养的重要载体，为青岛市经济社会发展储备了大量高素质劳动者和技能人才，这些人才已成为支撑青岛市产业结构转型升级和经济发展的重要力量。近年来为了更好地发挥职业教育在工匠与技能人才培养中的重要作用，青岛市提出依托大型骨干企业（集团）、重点职业（技工）院校和培训机构，建设一批高技能人才培养研修示范基地，加强高技能人才培养载体建设。深入推进技工教育集团化改革，实施职业（技工）院校基础提升计划，打造一批集高技能人才培养、评价、研修、竞赛等功能于一体的综合平台。当前青岛市各类职业（技工）院校面向全国多省（区、市）招生，通过强化校企合作、设立对口输送班、加强"双师型"教师队伍建设等措施，突出实践教学，充分利用不断完善的校内各类实验实训室、校内校外实习基地，提高技能人才培养效果，职业（技工）院校成为青岛市工匠与技能人才的主要输送来源。

二 青岛市打造"工匠之城"的实施路径

青岛市打造"工匠之城"是一项涉及政府、企业、工会、职工等相关利益主体的系统工程，需要用"一盘棋"思维统筹此项工作，充分调动相关各方力量，把资源和力量整合起来，立足于当前青岛市产业发展的现实情况，从青岛市产业结构演变、产业转移、产业布局和产业融合的实际需求出发，使工匠与技能人才的培养数量、培养质量、培养主体和社会环境与青岛市产业结构的发展方向相适应，构建以企业为主体、以职业（技工）院校为基础、学校教育与企业培养紧密联系、政府推动与社会支持相互结合的工匠与技能人才培养体系，形成制度化培养工匠与技能人才的机制体制，通过营造尊重劳动、崇尚技能、鼓励创造的社会氛围，为工匠与技能人才的成长和发展提供良好的社会环境，造就成千上万的企业工匠、区市工匠，培育更多的青岛工匠、齐鲁工匠乃至大国工匠，将青岛市真正打造成"工匠之城"（见图10-1）。

1. 加强顶层设计，充分发挥政府的投入、引导和激励作用

为了能够有序推进"工匠之城"建设，需要政府加强顶层设计，统筹推进，充分发挥投入、引导和激励的作用。一是坚持党委统一领导，把工匠与技能人才培养纳入地方经济社会发展规划。在市委、市政府层面成立青岛

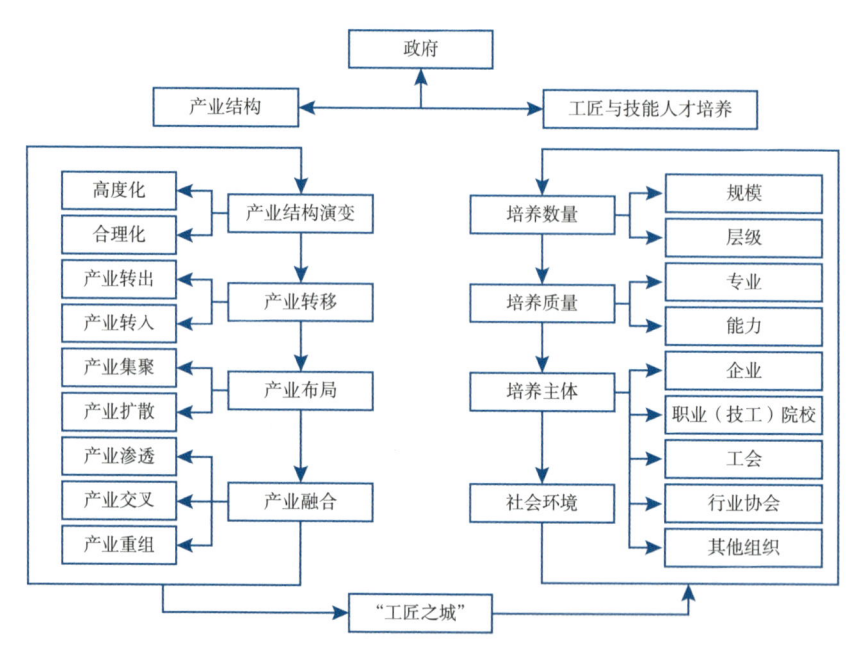

图 10-1　青岛市打造"工匠之城"的实施路径

市打造"工匠之城"领导小组，负责"工匠之城"的顶层设计和整体安排。二是在市委统一领导下，明确各部门、各主体的职责分工，形成党委领导、政府负责、工会推动、其他组织参与的工作格局，为青岛市打造"工匠之城"提供坚强的组织保障。三是加大政府投入力度，将工匠与技能人才培养经费纳入政府人才工作经费预算，加大各类专项资金对职业教育和培训的支持力度，优化职业培训补贴、高技能人才补贴和高技能人才培养基地资助等政策。四是制定扶持产业目录，对符合青岛市产业发展需求的重点产业、紧缺产业或新兴产业，加大政府支持力度，为青岛市构建现代产业体系培养更多的工匠与技能人才。五是发挥政府财政资金对职业教育和培训的杠杆作用，引导社会资本进入，形成政府统筹，部门协同，行业、企业、院校、社会力量共同参与的职业教育培训体系。

2. 提高收入水平，探索工匠与技能人才长效激励机制

从整体来看，当前青岛市产业工人的工资收入水平普遍较低，远远落后于北京市、上海市、深圳市等城市。企业中一线技术工人的收入与企业中的专业技术人员、管理人员的收入仍有较大差距，高级技师工资待遇也仅相当于中层副职管理人员水平，在激励机制上尚未真正建立向生产操作一线技能劳动者倾斜的收入分配机制。在打造"工匠之城"过程中，只有让更多的工匠与技能人才在经济上获得实惠，才会有更多的产业工人愿意当工匠、努力当工匠。具体而言，一是建立各级技能人才最低工资标准。借鉴德国制定技能人才最低工资标准的先进经验，在城市层面率先建立各级技能人才最低工资标准，以劳动技能、责任、强度等基本要素评价为基础，加大技术工人工资水平与技能等级挂钩的力度。在此基础上推动企业建立反映劳动力市场供求关系和企业经济效益的工资决定及正常增长机制，引导企业科学确定技术工人工资水平并实现合理增长。二是完善符合技术工人特点的企业工资分配制度。建立基于岗位价值、能力素质、业绩贡献的工资分配机制，强化工资收入分配的技能价值激励导向，高技能人才人均工资不应低于管理人员工资水平。三是探索技术工人长效激励机制。建立按照技术工人技能要素和创新成果的贡献大小参与分配的机制，鼓励企业对高技能人才实行技术创新成果入股、岗位分红等激励方式，促进长期稳定提高技术工人收入水平。

3.发挥企业主体作用，完善职业培训、技能认定、评价体系

工匠与技能人才的成长有其自身规律，技能水平的培养与提高更多依靠动手与实践。劳动者进入工作岗位后在不同的职业发展阶段提升技能的过程都是在企业完成的。在实践过程中，国有企业、私营企业和外资企业等不同所有制类型的企业在工匠与技能人才培养中面临的问题与困难也不尽相同。因此应针对不同区域、不同行业、不同规模和不同所有制企业的不同性质和特点，因地制宜、因企施策，既要发挥国有企业的示范引领作用，也要补齐非公企业存在的短板，避免"木桶效应"的出现。一是落实企业职工培训制度，足额提取教育培训经费，确保教育培训经费的60%以上用于一线技术工人。二是引导企业参与举办职业教育及开发培训课程、制定培训标准、组织专业教学、提供岗位实践等各个环节，让企业参与到工匠与技能人才培养的全过程中。三是发挥国有企业、骨干企业的示范引领作用，在重点企

业、行业建设高技能人才培养基地。充分发挥海尔集团、海信集团、双星集团、澳柯玛、中车青岛等龙头企业培育工匠与技能人才的优势，发挥好示范引领作用，带动中小企业和上下游企业开展职业培训。四是改进企业技能人才评价方式，拓宽技能人才发展通道。完善职业技能等级认定与国家职业资格认定相衔接的制度办法，扩大企业、行业组织和社会组织对从业人员技能评价的自主权。鼓励企业建立工匠与技能人才职业发展的"多通道"机制，促进职业技能通道、管理通道、专业技术通道之间的衔接，不断拓展技术工人的成长成才空间。

4. 充分发挥工会组织作用，培养和造就更多工匠与技能人才

青岛打造"工匠之城"，应该充分发挥工会组织体系健全、熟悉产业工人情况、与产业工人联系紧密的群众特点和组织优势，在打造"工匠之城"中更好地体现工会的作用和价值。一是继续实施职工素质提升工程，加强职工技能培训，全面提高青岛市产业工人整体素质。二是广泛开展劳动竞赛和技能比赛，使其成为培养工匠与技能人才的重要平台。组织开展"四大竞赛"，动员百万产业工人开展"建功立业"活动，打造一批在山东省乃至全国叫得响的品牌性技能大赛项目，为广大产业工人展示才能、实现价值、成就梦想提供更好的舞台。三是广泛开展企业工匠、区市工匠和"青岛工匠"等技能带头人的培养和选树活动，充分发挥技师工作室、技能大师工作室、劳模创新工作室以及"青岛工匠"选树计划等项目的引导作用，形成导向效应。四是鼓励积极开展劳模和工匠人才创新工作室创建工作，让其成为传承劳模精神、劳动精神和工匠精神的重要平台，促进产业工人队伍素质不断提升。推进与职业（技工）院校合作创建劳模职校联盟创新工作室工作，让更多劳模与工匠走入校园，建立职业（技工）院校师生与劳模和工匠面对面交流学习的常态化、长效化工作机制，使职业（技工）院校真正成为培养工匠与技能人才的沃土。五是保障工匠与技能人才劳动经济权益。充分发挥工会作为职工合法权益代表者、维护者的作用，健全完善工会法律援助、劳动法律监督、集体协商、民主管理"四位一体"的维权机制。六是充分利用工会实训基地、工会文化宫、职工学校、社区培训场所等阵地和资源，开展产业工人技能和素质提升活动。创造条件组织优秀产业工人走出国门参加技能培训，如赴德国等装备制造业发达国家学习考察，帮助他们开阔视野，汲取精华，激发灵感，释放潜能。

5. 激发内生动力，调动广大产业工人提高技能素质的积极性

青岛市各行各业的广大产业工人既是打造"工匠之城"的主体，又是打造"工匠之城"的客体。将"工匠之城"叫响做实，离不开广大产业工人的积极参与。目前一些产业工人通过学习提高技能素质水平的积极性还不是很高，一些产业工人还有"技能够用就行了"的思想，主动提高技能的意愿不足。因此青岛市打造"工匠之城"要激发广大产业工人提高技能素质的内生动力，让更多产业工人感觉"有出路、有前途、有荣誉、有地位"。一是引导广大产业工人培养和树立终身学习的理念，根据产业工人不同就业阶段的特点，加强职业素质培养，开展就业技能培训、岗位技能提升培训、创新创业培训，让广大产业工人通过积极主动的理论学习和实践活动提高自身的技能素质水平。二是鼓励支持职业教育和培训机构根据企业和职工实际需要，开展教学服务进园区、进企业活动，灵活定制教学内容，灵活安排教学时间，为产业工人提升技能素质水平提供便利条件。三是将劳动教育融入青岛市育人实践过程。注重中小学教育教学中劳动意识和习惯的养成，强调职业教育中职业精神和职业素养的融入，加强培育爱岗敬业、精益求精精神，倡导树立正确的就业观和劳动观。

6. 营造尊重劳动的社会氛围，提高工匠与技能人才社会地位和待遇

"工匠之城"一定是工匠与技能人才备受重视和尊重的城市，因此需要通过宣传和引导，营造尊崇劳模精神、劳动精神、工匠精神的社会氛围。在青岛市范围内推崇"劳动光荣、技能宝贵、创造伟大"的价值取向，鼓励"崇尚一技之长，不唯学历唯能力"的用人风尚，让劳模精神、劳动精神、工匠精神成为广大产业工人的主流意识和精神坐标。一是以劳模与工匠人才为宣传重点，大力宣传产业工人在青岛市经济社会发展中的重要地位和突出贡献。通过主流宣传媒体广泛、深入地宣传各级工匠的生动事迹，让越来越多的青岛市各级工匠从"幕后"走到"台前"，成为社会知晓的"名人"、令人称道的"能人"和让人羡慕的"红人",增强工匠与技能人才的荣誉感、自豪感和归属感。二是拓宽宣传渠道,充分运用微博、微信、移动客户端等新媒体平台及公共场所和户外公益广告栏位,开展分众化、互动式宣传,扩大工匠与技能人才的影响力。三是鼓励文艺工作者创作更多反映产业工人的精品力作,把更多创作资源向反映当代工人阶级风采、讲述产业工人故事的作品倾斜。四是提高对工匠与技能人才的公共服务水平。努力扩大教育、文化、卫生、医疗、住房、交通等城市公共服务对工匠与技能人才的覆盖面,使其在创业扶持、住房、医疗、子女入学、配偶就业等公共服务上享受一系列优惠政策待遇,形成更具人性化的"引育用留"政策体系。

三 在打造"工匠之城"中充分发挥企业主体作用

一座城市的经济社会发展离不开企业,打造"工匠之城"同样也必须发挥企业的主体作用。企业既是工匠与技能人才的用人主体,也是工匠与技能人才技能养成的培育主体。工匠与技能人才作为推动企业转型升级的重要力量,在提高企业竞争力、推动企业创新方面具有不可替代的作用。近年来以海尔集团、海信集团、双星轮胎、澳柯玛、中车青岛、青特集团等为代表的青岛市企业积极探索工匠与技能人才培养的办法举措,构建企业内部工匠与技能人才培养体系,形成了一批针对性、可操作性强,可复制、可推广的经验做法,为在产业工人队伍建设改革中充分发挥企业的作用提供了示范样板。

1. 完善工匠与技能人才培养体系

加强职业技能培训是产业工人提高技能水平、就业创业能力和职业发展能力的主要途径,是企业提高自主创新能力和核心竞争力的必由之路。通过调研发现,青岛市很多企业在积极探索建立适合企业自身发展的技能人才培养体系。例如,中车青岛四方公司围绕企业经营需要,制定了《员工培训管理制度》《高技能人才管理办法》《中车青岛四方机车车辆股份有限公司核心人才管理实施细则》等技能人才培养办法与制度,通过建立完善核心人才、高级技师、技师的评聘使用激励机制，为产业工人提升技能、施展技艺提供平台。双星集团通过胜任能力、提升能力和创新能力的"三力"培训，结合"新时代双星工匠"评选、市级一类、二类技能比武大赛，企业技能人才自主评价，集团一岗多能人才培养等多种方式，以赛代练，以评提技，构建工匠与技能人才培养体系，提高技能人才综合素质和技能水平。青岛市国风药业则通过打造职工素质培育工程，提供多层次、多角度员工培训，加强职工思想引领等方式提升职工职业道德与职业技能。针对一线技能员工，通过岗位技能考试、劳动技能竞赛等多种方式提炼高效工作方法，有效提升职工工作技能。针对一线专业员工，开展"三创"带头人训练营，缩短一线员工成长年限；通过设置"七色光"青年骨干训练营，加强年轻员工管理培训；通过企业实训、设置冠名班、举办夏令营等，推进校企合作"雏雁培训"计划，采取一系列措施努力提升一线员工的技能素质水平。

2. 构建工匠与技能人才评价机制

近年来，青岛市企业不断创新企业内部技能人才评价机制，逐步形成了有利于技能人才成长和发挥作用的制度环境。例如，中车青岛四方公司于2019年11月获得备案同意，根据《中国中车职业技能等级认定试点工作实施方案》，开展职业技能等级认定试点工作，坚持职业技能标准与生产岗位实际相衔接、职业能力考核与工作业绩评价相联系，打造符合企业高质量发展要求的技能人才队伍。双星集团于2020年7月顺利通过青岛市人社局、山东省人社厅及国家人社部审核备案，成为青岛市首家获批开展技能人才自主评价工作的轮胎企业。双星集团企业内部技能评价工种涉及橡胶制品生产工、质检员等6大职业9个工种，基本涵盖了生产一线的主要岗位。青岛港集团也于2019年11月顺利申请成为山东省首批技能人才自主评价试点单位。已组织1517名职工完成集团2020年自主评价技能等级考试，首批船舶机工和船舶水手2个工种职业技能等级自主认定试点工作已完成，59名技能人才取得技师证书，进一步健全完善了企业技能人才自主培养、评价、使用、激励机制。

青岛市不仅有大量国有企业积极推动技能人才自主评价试点工作，很多民营企业也积极探索和建立符合企业内部需要的职业技能等级设置和职业技能鉴定制度，拓展工匠与技能人才发展空间。例如，海尔集团作为山东省首批技能人才自主评价试点单位，积极开展技能人才自主评价工作。当前自主评价工种，共涵盖7大工种（包括电冰箱装配工、空调器装配工、洗衣机装配工、小型家用电器制造工、电器接插件制造工、电切削工、模具工），覆盖7个产业链42家工厂。为了更好地满足智能制造背景下技能人才需要，海尔集团正在开发其他工种职业技能等级标准。

3. 拓展工匠与技能人才发展通道

对于一线产业工人来说，职业发展通道的畅通和技能鉴定体系的建立不仅为他们提供了晋升的台阶，更重要的是为他们指明了前进的方向。只有明确了目标和路径，配合有效的激励措施，让一线产业工人感觉更加"有前途""有奔头"，产业工人队伍的整体素质才能稳步提升。当前青岛市不少企业在技能人才的晋升通道上做出积极探索。

在国有企业中，青岛港集团按照"全员覆盖、分类施策"的思路，设置了管理、专业技术、技术工人、操作工4个职业序列，每个序列分为6个层级，分别对应领导干部职务的6个职级。企业通过聘任各职业序列的员工，执行对应职级干部的薪酬福利待遇，并根据聘任年限实行对应职级的岗位工资，按照对应职级提供企业年金、取暖补助等待遇，为企业每名员工构建了与自身综合管理素质、专业技术水平、技能创新水平、业务操作能力相适应的全方位、全开放的职业发展新通道。

在非公企业中，海尔集团在智能制造的背景下，围绕"精准、高效、满负荷"的战略目标，为助力员工转型，搭建了一套完整的"知识型员工职业发展'4+2'通道"。其中"4"代表岗位技能通道、多技能通道、专业技能通道和首席技师发展通道，是在一线操作技术领域内，由简单操作工成为技艺精湛、经验丰富的高技能人才发展通道；"2"代表经营型通道和专业技术型通道，是由操作类产业工人到专业技术专家及核心管理层的发展通道。海尔集团通过构建技能人才发展、使用、储备的人才培育机制，为工匠与技能人才发展开辟了新路径。

4. 发挥工匠与技能人才在企业创新中的重要作用

青岛市一些企业充分发挥工会组织优势，通过开展群众性技术创新活动、设立创新工作室等方式为创新活动创造良好条件，有效激发了产业工人的创造活力和创新动力，不断推动企业创新能力提升。例如，青岛港集团紧贴省市新旧动能转换、转型升级、创新服务等重点工作，在职工中常态化开展"五小"等群众性革新以及创新创效活动，基层工会每季度进行一次评比表彰，充分尊重职工的首创精神，营造人人创新、岗岗创新的浓厚氛围。2016年以来，全港共完成革新成果3000余项。获得国家知识产权局受理专利560余项，其中发明专利98项；获得国际专利合作条约（PCT）认证7项，国际专利授权3项；获得市级以上科技成果奖42项，其中2018年"全自动化集装箱码头关键技术研究与应用"项目获得青岛市科技进步奖一等奖。

双星集团近年来组织产业工人开展"五小"活动，加强职工创新成果评选、展示、推广、合作，共开展先进操作法总结、命名和推广成果179项。此外通过加大创新创效扶持力度，在集团内建了7个创新工作室、劳模创新工作室，完成了裁刀托板导向改造、半钢提升机改造、生活垃圾连续化多层热解反应釜、挤出联动线纠偏及测宽系统改进优化、新型旋风式电炉吸烟罩等77项创新项目。公司还将职工技术创新成果纳入市级科技创新成果评选范围，充分调动和激发职工创新创造的积极性，同步探索建立技术工人创新成果按要素参与分配的制度，实现多劳者多得、技高者多得、创新者多得。

5. 搭建企业内部劳动和技能竞赛平台

劳动和技能竞赛是提高产业工人素质、推动企业进步、促进经济发展的重要途径。为了提高企业中技术工人的技能水平，青岛市一些企业积极开展企业内部劳动和技能竞赛，努力为工匠与技能人才成长和发挥作用创造条件和搭建平台。例如，中车青岛四方公司通过开展公司内部技能竞赛工作，营造"比学赶帮超"的"练兵"氛围，积极参加集团、省市技能大赛，承办了青岛市第十二届、第十四届职业技能大赛车辆钳工、车辆电工工种竞赛，通过举办和参加竞赛有效带动"练兵比武"活动深入开展，不断提升技术工人技能水平。青岛港集团通过开展"岗位大练兵、技术大比武"活动，为职工打造成长成才的平台。每年从8月至10月，基层公司和集团层层举办年度技术安全"大比武"，对取得规定名次的优秀选手发放一次性奖金，授予青年岗位能手、巾帼标兵、工人先锋等称号，并对获得第一名的选手授予"比武状元"的称号。

6.厚植尊重工匠、崇尚劳动的企业文化

企业文化是企业核心竞争力的重要体现。在企业中打造劳模与工匠文化，不仅可以提升工匠与技能人才的荣誉感、自豪感和归属感，而且有利于发挥工匠与技能人才在企业发展中的主体作用。青岛市具有较为浓厚的劳模与工匠文化，涌现出一大批像郝建秀、许振超、宁允展这样的优秀劳动模范和大国工匠。当前青岛市一些企业也在通过评选各级工匠、劳模，设立劳模和工匠人才创新工作室等方式积极营造企业内部的劳模与工匠文化。双星集团通过在生产一线上培育创新型高技能的"制造工匠"，在研发岗位上培育创造需求、创新用户资源的"科研工匠"，在市场竞争中培育创造市场、创造差异化品牌、创造品牌和产品溢价能力的"营销工匠"，在企业管理中培育不断发现问题和解决问题，不断自优化、自提高的高级"管理工匠"，大力弘扬企业的工匠文化。

上药国风开展国风工匠的培育和选树工作，召开国风工匠答辩评审会，让国风工匠候选人分别从匠艺、匠技、匠心三个角度，分享他们精益求精、持之以恒的工匠精神，以及在工艺专长、技术实践与创新能力各方面的实践成果和收获体会，并拍摄国风工匠宣传片，把工匠精神视为企业发展的基石和前进的动力，把工匠精神变为一种群体人格、职业规范，打造出一支追求极致的国风精锐团队，引领推动上药国风持续高质量发展。

青岛港集团则通过编发《海港先锋》书籍，讲好劳模故事，弘扬劳模精神；组建先进人物报告团，到基层、进班组、入现场，大力弘扬劳模精神，让诚实劳动、勤勉工作在港内蔚然成风，培养出一批"又红又专"的劳模群、工匠群。此外还通过加强劳模和工匠创新工作室规范化建设，以许振超技能大师工作室、皮进军劳模创新工作室、郭磊工匠人才创新工作室等一批创新工作室为依托，强化团队培养，完善制度建设，使创新工作室成为传承劳模与工匠精神、发挥劳模与工匠示范带动作用的新平台，解决生产技术难题的攻坚站，培养技能人才的"练兵场"。

7. 探索向工匠与技能人才倾斜的企业工资分配制度

党的二十大报告中明确提出，要增加劳动者特别是一线劳动者劳动报酬，提高劳动报酬在初次分配中的比重。青岛市一些企业正在积极探索构建技能人才薪酬体系，让更多的技术工人在经济上获得实惠、在待遇上得到保障，从而激发更多的一线劳动者走技能成才之路。例如，中车青岛四方公司在内部薪酬分配中对聘用的高技能人才、核心技能人才发放专项津贴，高技能人才、核心技能人才津贴就高、按月核发。青岛港集团立足企业实际，坚持提高技术工人待遇，不断完善向技术工人和技能人才倾斜的企业分配制度。一是坚持"突出对技术工人的激励"条款，月月兑现技能津贴。二是提高收入特别倾斜。在发放"双过半""满堂红"激励奖时向一线技术岗位特别倾斜，且发放标准高于二、三线岗位人员；在提高岗位工资标准时，对实行计件工资的一线技术岗位，将提高工资部分纳入一线计件工资单价，计件取酬，体现多劳多得。三是坚持聘任集团首席技师、集团突出贡献技师。集团每年11月开展技能评聘工作，从具备技师、高级技师资格的人员中选拔集团首席技师和集团突出贡献技师。四是坚持企业年金倾斜性缴费。认真落实集团企业年金方案，坚持做好对高级技师、技师资格人员的倾斜性缴费和基本缴费，确保高技能人才的年金收入高于普通职工。五是坚持取暖补贴就高发放。在发放年度取暖补贴时，对于获得高级技师和技师资格的人员，坚持对照高级职称和中级职称人员标准发放，确保其补贴高于普通职工，发挥激励作用。

在非公企业中，海尔集团也在积极探索建立针对不同技能人才的多种激励模式。一是增加技能补贴。对公司内部的高技能人才，根据技能等级不同可在其岗位薪酬的基础上增加技能激励补贴，补贴比例按技能等级逐级增加。二是创新增值激励。对高技能人才根据月度、季度、年度发布的创新成果、课题攻关等创新项目进行评选排序，排序前 30% 的高技能人才将获得每人 600 元至 2 万元不等的年度现金奖励，以提升员工的创新积极性与参与度。三是实行项目分享激励。高技能人才可参与链群小微内工艺、质量、IE 等各个不同项目组，为项目组提供具体的课题攻关解决方案，项目完成后可获得链群小微的增值分享激励。

| 第十一章 |

涓流成海：非公企业产业工人队伍建设改革的探索与实践

习近平总书记在党的二十大报告中指出，要优化民营企业发展环境，依法保护民营企业产权和企业家权益，促进民营经济发展壮大。"十四五"规划纲要中也指出，要促进民营企业高质量发展，鼓励民营企业改革创新，提升经营能力和管理水平。改革开放40多年，我国民营企业不断发展壮大，已成为经济发展的主力军、转型升级的排头兵、创新创业的主阵地。在2018年11月1日召开的民营企业座谈会上，习近平总书记用"五六七八九"的特征形象地概括民营经济的重要地位和作用，即贡献了50%以上的税收，60%以上的国内生产总值，70%以上的技术创新成果，80%以上的城镇劳动就业，90%以上的企业数量。2012~2021年，我国民营企业数量从1085.7万家增长到4457.5万家，10年间翻了两番，民营企业在企业总量中的占比由79.4%提高到92.1%，在稳定增长、促进创新、增加就业、改善民生等方面发挥了重要作用，成为推动经济社会发展的重要力量。在产业工人队伍建设改革中充分发挥企业主体作用，既要发挥国有企业的示范引领作用，更要汇聚广大民营企业的磅礴力量。当前有七成多产业工人在非公企业就业，非公企业产业工人的技术技能水平直接影响我国产业工人的整体素质。近年来，宁波市江北区积极推进产业工人队伍建设改革走深走实，通过强化思想政治引领、构建产业工人队伍技能提升体系、优化产业工人队伍建设改革支撑保障机制等举措在非公企业产业工人队伍建设改革方面积极探索，2019年被列为浙江省推进新时代产业工人队伍建设改革试点区。本章将从宁波市江北区推动制造业企业智能化改造和数字化转型的现实背景出发，梳理总结江北区非公企业产业工人队伍建设改革的经验做法，并对"互联网+"产业工人队伍建设改革的实践路径进行探索。

一 从中国制造到中国智造：重塑产业发展新格局

互联网与制造业的深度融合，将颠覆传统制造方式，推动制造业向智能化转型，产品个性化、定制批量化、流程虚拟化、工厂智能化、物流智慧化等都将成为新的热点和趋势。《中国制造2025》提出要推进信息化和工业化深度融合，把智能制造作为"两化"深度融合的主攻方向。智能制造、工业大数据、服务型制造、云制造等代表了未来制造业的发展趋势。江北区结合区域实际特点，积极抢抓宁波市"中国制造2025"试点示范城市建设的重大机遇，以新一代信息技术与制造业深度融合为主线，深入实施智能发展工程，重点培育高端汽车零部件、智能装备、工业物联网、时尚创新和生产性服务业五大特色产业集群，通过智能改造投入、行业骨干龙头培育、上市企业梯队建设，以智能制造引领制造业转型升级。

1. 智能制造引领制造业生产方式

智能制造的本质是虚拟网络与实体生产的相互渗透融合，通过将专家的知识和经验融入感知、决策、执行等制造活动中，赋予产品制造在线学习和知识进化的能力，使制造体系中的各个企业、各个生产单元高效协同，在减少对传统劳动力需求的同时，极大地提高生产效率。智能制造不仅是对单一技术和装备的突破与应用，而且依靠装备智能化、设计数字化、生产自动化、管理现代化、营销服务网格化等制造技术与信息技术的深度融合与集成，创造新的附加值。借助传感器、物联网、大数据、云计算等的运用，智能制造能够实现设备与设备、设备与工厂、各工厂之间以及供应链上下游企业之间、企业与用户之间的无缝对接，企业可以更加精准地预测用户需求，根据用户多样化、个性化的需求进行柔性生产，并实时监控整个生产过程，实现低成本的定制化服务。

宁波市江北工业区近年来不断以汽车制造高端化、产品研发智能化为重点，以重点企业和优势企业为主，引导企业加大创新投资、智能投入，推进关键生产环节的"机器换人"、无人车间建设、工艺流程智能化改造等，推动传统产业升级换代，建设一批智能化改造试点示范项目。例如，建新汽车底盘智能工厂试点示范项目入选工信部智能制造试点示范项目和宁波市级第一批数字化、智能工厂示范项目。

2. 工业物联网成为特色产业

物联网、传感器等技术和智能装备被广泛应用于制造业企业的生产过程，将会带来无所不在的感知和无所不在的连接，所有的生产装备、感知设备、联网终端，包括生产者本身都在源源不断地产生数据，这些数据将会渗透到企业运营、价值链乃至产品的整个生命周期。工业物联网将为企业带来基于计算机分析的大数据力量。信息收集设备使得数据可视化，利用大数据分析工具可以进行数据分析。一方面，基于大数据分析，可以更好地理解机器与大型系统的运作方式，不断优化生产流程，在制造过程中实现更高层次的沟通、协作与控制，改善生产质量，提升生产效率；另一方面，通过对设计、采购、生产、库存、运输、销售、交易、售后服务等数据的挖掘和分析，可以提高生产灵活性，优化产业价值链，增强企业产品开发的针对性、有效性，实现按需生产、定制化生产。

2017年宁波市工业物联网产业园落户江北工业园，以柯力传感科技股份有限公司（简称柯力公司）为代表，已成功开发W1501、W1601等物联网集成产品，组建了7家子公司及衡器、工业物联网两大事业部，获得了2000多万元的销售收入。目前该公司正在建造4万多平方米的检测及智能制造中心，计划投入3亿多元打造的物联网研发园区已初具规模，未来将继续推进工业物联网大数据平台、检测平台、软件服务平台和工业物联网学院四大平台建设。以工业物联网产业园为依托，江北工业区将进一步推动工业物联网、工业大数据两大支撑产业的发展，培育工业物联网产业集群，将工业物联网打造成江北工业区特色产业。

3. 从生产型制造向服务型制造转变成为转型升级新方向

新一代信息技术在生产过程中的应用也不断推动制造业与服务业的融合。物联网的使用可以实现对产品状态的实时监测，帮助企业挖掘消费者在产品使用过程中的衍生需求并有针对性地提供相应服务，通过产品与服务的创新性结合跨越"微笑曲线底部"，实现产业价值链攀升，表现为"硬件+软件+服务"的新型制造模式。企业的核心价值不再是组装、生产、制造，而是体现在产品价值的产生和实现的全过程。传统行业界限将消失，制造企业得以由传统生产、制造，向距离消费者更近的交易、消费等环节延伸，也可以跳出原有行业限制，提供金融、物流、供应链管理等服务。企业的经营模式、利润来源将发生变化。企业基于数据分析，能够从传统的生产制造转向深度服务应用。一是利用大数据开展数据分析预测，提前规划产品生产、库存等；二是将制造行业经验数据知识化、模式化，开发用户需求而非开发产品；三是价值创造的链条化、网络化，价值向行业所需的金融服务、物流、仓储、配送等领域延伸。

当前江北工业区内的一些代表企业已经开始从单一制造业向制造服务业转型。例如柯力公司正在从过去单纯的产品生产延伸至提供服务平台和整体解决方案，从单纯的设备生产和销售发展至设备租赁、老设备改建以及信息化服务、新设备标配物联网产品、第三方检测服务等。宁波水表股份有限公司正在努力由传统的"水表产品提供商"向"水计量产品及解决方案提供商"转变。未来更多传统制造企业将依托大数据、物联网等手段，深化工业化与信息化的融合程度，实现从单纯的生产型制造企业向服务型制造企业转变。

4. 云制造成为数字经济时代制造业发展的新业态

工业互联网可为制造业转型升级提供众多解决方案，其创新产业应用主要有智能制造、协同制造和云制造三种模式。其中，智能制造是对传统制造企业进行智能化改造，实现设备级、产线级、车间级的智能化，仍然属于"企业有组织，资源有边界"模式，是协同制造和云制造的基础。协同制造是对智能制造企业进行网络化改造，使其具备企业间线上与线下相结合的相互协作能力，可以上升为"企业有组织，能力可协同"模式。云制造是对协同制造企业进行"云化"改造，使其成为云端企业，实现行业间相互开放资源、分享资源，可进一步上升为"企业有组织，资源无边界"模式。

云制造将制造资源进行虚拟化、优化调度并协同互联。这些制造资源包括生产制造全生命周期中的各类制造设备（如机床、加工中心、计算设备等）及制造过程中的各种模型、数据、软件、领域知识等。云计算对制造业的影响主要体现在以下几个方面。一是提升制造业企业的核心竞争力。在企业层面，采用云制造模式的企业能够通过购买服务的方式，降低设计与制造成本，大幅缩短企业产品升级换代周期，提高产品性能，提升企业信息化能力，大幅提升制造业企业的自主创新效率，并推动增强企业核心竞争优势。二是帮助中小企业向专业化生产转型。云制造模式尤其适合专业化的中小企业的发展。基于互联网的云制造服务平台支持制造外包，可实现制造资源和制造能力的网上交易，帮助专业化的加工制造企业赢得更多商业机会，促进中小型制造业企业优胜劣汰，实现企业的合理分工与高效协作。三是促进产业链整合，提升社会生产力。在产业整合层面，云制造能将个性化的工厂、小设备公司结合起来，形成一个制造个性化产品的产业链条，完成只有大公司才能完成的制造实践，充分利用分工提升社会生产力。四是推动个性化定制生产，符合消费者需求。云制造将促进企业生产种类更加丰富、更符合消费者需求的制造品，提升消费者消费体验，促进制造业实现质的飞跃，实现社会化制造资源高度共享、制造能力高度协同、全产业链高度分工和开放协作，进而形成一个全新的云制造生态体系。

二 宁波市江北区非公企业产业工人队伍建设改革的实践探索

2019年12月，江北区先后被列为浙江省推进新时代产业工人队伍建设改革试点区和浙江省新时期建筑产业工人队伍培育试点区。区内企业爱柯迪股份有限公司、赛克思液压科技股份有限公司先后被列为省级、市级非公企业产业工人队伍建设改革工作试点单位。近年来，江北区作为产业工人队伍建设改革试点区，充分发挥了改革试点先行先试、示范引领的"模范生"作用，在工作中加强统筹协调，完善工作机制，积极探索产业工人队伍建设改革的办法举措，形成一批针对性、可操作性强，可复制、可推广的经验做法，产业工人队伍建设改革各项改革举措不断落地见效。

1. 统筹协调、合力联动，形成产改推进落实"一盘棋"

推进产业工人队伍建设改革是一项综合性、全局性的系统工程，涉及经济建设、政治建设、文化建设、社会建设等领域，政策性强、影响力大，需要社会各方主体共同参与、协同发力。江北区坚持区委统筹推进产业工人队伍建设改革各项工作，树立"一盘棋"思维，形成"一盘棋"格局，建立"一盘棋"机制，形成了党委领导、工会牵头、部门联动、各方参与的工作机制和工作格局。

一是以建立贯彻落实协调机制为核心，形成细化政策、推进落实的整体合力。2019年11月，江北区委、区政府制定出台了《新时代江北产业工人队伍建设改革实施方案》，明确了到2025年全区技能劳动者总数超过20万人，其中高技能人才超过5万人的产业工人队伍建设改革工作总目标，并将重点工作分解为53点任务，每项任务明确了牵头单位和参与单位，做到分工明确。当前江北区产业工人队伍建设改革工作在区委人才领导小组领导下，由区劳动竞赛委员会具体组织实施，同时建立了由区总工会牵头，区委组织部（区委人才办）、区委宣传部、区教育局、区人力资源和社会保障局、区卫生健康局、区住建局和区财政局共同参与的工作协调小组，加强对江北区产业工人队伍建设的政策协调和改革推进，推动产业工人队伍建设改革工作走深走实。2020年初，区委常委会研究明确将区产业工人队伍建设改革工作纳入《2020年江北区重点改革项目清单》，区委领导多次主持召开全区产改工作部署会和推进会，就全区产改工作做出重要指示。

二是以打造两大基地为抓手，在重点区域、行业有序开展产业工人队伍建设改革综合试点。江北区结合自身实际，突出工作重点，将产业工人队伍建设纳入本区国民经济和社会发展相关规划,在产业工人集聚的区域和行业率先开展产改综合试点,不断扩大成效。一方面,以江北工业区为核心,以"智工之家"为平台,以持续服务3.5万名制造业产业工人为目标,打造集劳模工匠精神宣传、创业创新成果展示、职工合法权益维护、产业工人素质提升等功能于一体的江北区域化产业工人队伍建设改革示范基地,同时与中国劳动关系学院、宁波市五一学校、江北区人社局等单位合作挂牌"大国工匠与劳动模范研修交流基地""江北区高技能人才培养基地"等五大平台,为传统制造业产业工人免费提供各类实训服务。另一方面,以宁波建筑服务产业园为依托,以"建才之家"为平台,建立以服务全市15万名建筑工人为主体的江北行业化产业工人队伍建设改革示范基地。2020年6月江北区总工会与住建局、区人社局、甬江街道联合印发《联合推进江北区建筑产业工人培育试点方案》,成立以分管副区长为组长的江北区建筑产业工人培育试点工作领导小组,加强对试点工作的组织领导,制订具体工作计划,明确"三年目标"和"四方职责",加快构建"德能一体、校企一体、工学一体"的"三位一体"全方位标准化建筑人才培训基地。

三是以构建考核评价体系为手段,充分发挥企业在江北区产业工人培养中的主体作用。为了推动产业工人队伍建设改革扎实落地,明确企业在培养工匠与技能人才上的主体作用,江北区将产业工人队伍建设改革相关指标纳入江北区工业三十强企业评选体系。2020年江北区经信局对《江北区工业三十强企业评选实施办法》进行修订,拟定《江北区工业五十强企业评选实施办法》,新政策对产业工人队伍建设改革相关指标及评分标准做了进一步完善。江北区发改局在2020年度服务业百强企业评选中,将"首席工人"等产业工人荣誉与职业技能提升纳入评选体系,予以加分。同时将提高企业职工教育投入纳入"人才集聚度"指标,进一步提高人才在江北区重点骨干企业考核评价体系中的地位,加快推动企业成为培育高素质产业工人的孵化器。

2. 党建工建、一体推进,握牢职工思想政治"方向盘"

以加强党的领导为核心的思想政治建设,是做好新时期产业工人队伍建设改革工作的基础，是夯实党执政的阶级基础和群众基础的有力抓手。江北区在推进产业工人队伍建设改革过程中持续推进"党建带工建"工作，不断推动"党工专员"提质扩面，从强化和创新产业工人队伍党建工作、突出产业工人思想政治引领、健全保障产业工人主人翁地位的制度安排、创新面向产业工人的工会工作等方面，开展了一系列创新举措。

一是开展产业工人队伍党建工作，不断增大培养发展党员的力度。江北区以抓基层、强规范、优结构、提素质为目标，建立发展党员信息库，把具有入党意向且表现良好的先进分子进行统一管理，建立"1+2+3"培养模式，即指定 1 名优秀党员干部为联系人，2 名入党培养人，"点对点"帮带 3 名先进分子，通过了解他们的入党愿望，积极帮助他们向党组织靠拢，做大做深产业工人积极分子"蓄水池"。全面实行"传帮带"制度，党员班组长帮带产业工人、红色导师帮带产业工人积极分子、优秀产业工人（青年专家）帮带党员职工，重点把产业工人中技术和管理骨干培养成为党员，把党员培养成为优秀产业工人，不断优化党员结构。例如宁波瑞易电器科技发展有限公司党支部通过打造工匠工作室，让红色工匠导师向青年党员职工传承产品制作技艺，将技术骨干发展成党员，实现了红色导师"传帮带"，近两年已将 20 余名技术骨干和管理骨干培养成入党积极分子。2019 年，江北区发展党员中产业工人共有 109 人，占比 54.8%；2020 年上半年，江北区发展党员中产业工人共有 75 人，占比 50.7%。

二是突出产业工人思想政治引领，积极探索思想政治工作开展新方法、新途径。江北区依托宁波两新红领学院，将党员教育和职工培训有机结合，加强党员职工思想政治培训、安全生产培训，组织学习习近平新时代中国特色社会主义思想、《工会法》、《安全生产法》等，既增强了党组织和工会组织的吸引力和凝聚力，又加强了企业的安全生产意识。

三是创新面向产业工人的工会工作，持续扩大"党建带工建"品牌影响力。江北区严格按照《中共中央关于加强和改进党的群团工作的意见》要求，不断健全和完善"党建带工建"工作机制，充分发挥两新工委综合协调作用，统筹各成员单位和工团妇各方面力量，大力推行"管业务管党建"工作，进一步明确行业主管部门具体主抓党建工作，同步抓好工会的组建覆盖工作。优先在"双强"两新党组织中配备党工专员，鼓励符合条件的党组织书记，经法定程序兼任工会负责人，努力把"双强"两新党组织打造成"党建带工建"示范点，加大对"党工专员"的教育培训力度，着力打造一支既懂党务工作，又熟悉工会工作的"党工专员"队伍。建立津补贴激励制度和差异化管理机制，根据考核情况、工作量等，对"党建带工建"直管示范点的"党工专员"给予每人每月300~600元的专项工作补贴。围绕"为企业需要、为经营者认同、受党员欢迎、为职工拥护"的工作原则，党工组织积极开展争先创优和"让员工发声"等活动，在活动开展过程中注重党工的有机结合，把创建先进党组织和创建先进"职工之家"相结合，把党组织建立的"党员先锋岗"、开展的党员义工活动分别与工会开展的"工人先锋号"、职工技能比赛相结合，把争当优秀党员与争当文明职工相结合，取得了"党工工作同推进，党员职工同进步"的良好效果。

3. 工会搭台、各方"唱戏"，破解职工技能评价"老难题"

近年来，江北区不断创新企业技能人才评价机制，加强面向非公有制企业和小微企业的职业技能鉴定，逐步形成了有利于技能人才成长和发挥作用的制度环境。

一是搭建平台，开展区域化职工技能自主评价试点。长期以来，我国产业工人的技能水平主要依靠职业技能鉴定制度来评价。该制度规定由政府认可的技能鉴定机构依据统一的职业标准，对职工的职业技能素质进行评价鉴定，并颁发相应的国家职业资格证书。这种职业技能鉴定制度存在鉴定主体单一、职业标准开发滞后等问题，导致职业技能鉴定与企业需求脱节，无法满足新设备、新技术的使用要求。江北区坚持立足于区域经济发展需要和企业内部现实需求，依托"智工之家"和"建才之家"两个平台，积极开展区域化职工技能自主评价试点工作。2019年宁波市首个区域性职业技能自主鉴定试点在"智工之家"成功开展，首批27名电工参加了为期4个月的电工（中级）培训班，完成理论与实操考试并顺利取得电工（中级）资格

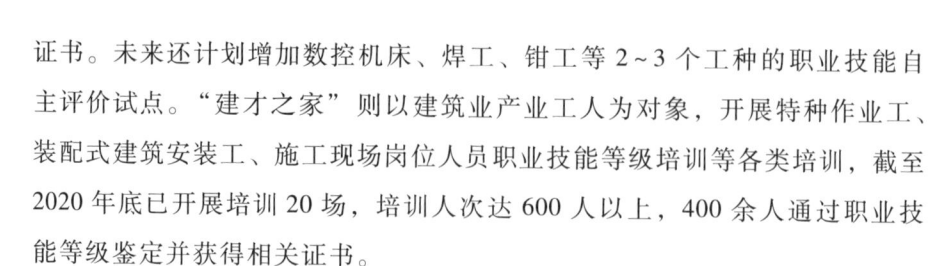

证书。未来还计划增加数控机床、焊工、钳工等 2~3 个工种的职业技能自主评价试点。"建才之家"则以建筑业产业工人为对象，开展特种作业工、装配式建筑安装工、施工现场岗位人员职业技能等级培训等各类培训，截至 2020 年底已开展培训 20 场，培训人次达 600 人以上，400 余人通过职业技能等级鉴定并获得相关证书。

二是下放权力，加快推进企业技能人才自主评价。江北区坚持落实国家技能人才评价政策，畅通技能人才发展通道，将技能评价"自主权"下放至企业，加快培养贴合企业实际的产业工人队伍。区内一些企业积极探索和建立符合企业内部需要的职业技能等级设置和职业技能鉴定制度，拓展了技能人才发展空间。如宁波铭匠扎啤设备有限公司对产业工人实行色卡分级管理制度和军事化管理，制定初级、中级、高级三级评价制度。截至 2020 年底，全区已有自主评价示范企业 21 家，其中 2 家被评为市级优秀示范企业，5 家被评为市级引领企业，有近百名产业工人通过自主评价获得职业资格证书。

三是以赛代评，深入开展各级各类劳动与技能竞赛。劳动与技能竞赛是提高产业工人素质、推动企业进步、促进经济发展的重要途径。江北区通过多部门联动，广泛开展劳动与技能竞赛，形成了"区—街道—企业"三级联动的劳动竞赛模式，并通过"以赛代评"，拓宽技能人才评价通道，推动竞赛成绩与技能评价有机结合，使劳动与技能竞赛成为产业工人职业技能鉴定和成长成才的"绿色通道"。近年来，通过"技能比武"，江北区已有 45 人先后获得各级"首席工人"称号，135 人先后获得"技能能手"称号，500 余人获得相应的职业资格证书。

4. 技能传承、制度激励，做实技能提升"师徒制"

"师徒制"作为产业工人技能形成的重要手段，是企业内部促进技能传承、培养技能人才的重要方法。江北区企业加快适应现代企业发展和产业转型升级要求，改革传统的学徒培养方式，积极探索开展企业新型学徒制试点，不断创新企业技能人才培养模式。

一是建立企校双师联合培养制度，积极开展新型学徒制培训。企业新型

第十一章 涓流成海：非公企业产业工人队伍建设改革的探索与实践

学徒制是职业培训工作主动适应经济高质量发展和供给侧结构性改革的重大举措，是我国技能人才培养模式的重大创新，是支持企业发挥主体作用、提高培训针对性和有效性的培训制度重大变革。江北区坚持按照政府引导、企业为主、院校参与的原则，深化校企合作，采取"企校双师带徒、工学一体培养"模式，联合浙江工商职业技术学院、金亚职业培训学校，为宁波金田铜业（集团）股份有限公司、宁波市甬城电梯工程安装有限公司等4家企业，提供维修电工、电梯安装维修等中高级技能培训、实训和自主评价等项目，目前已培养新型学徒制工人88名。未来江北区将继续通过联合交通技工学校等学校和培训机构，在"智工之家"打造高技能人才培养基地，为工业区更多的产业工人开展新型学徒制培训。

二是探索"两室一坊"联评联创模式，为产业工人成长成才搭建平台。江北区根据老牌制造业和传统手工艺的产业特色，积极挖掘全区各行各业善于研发和攻关的高技能人才。充分发挥高技能领军人才在带徒传技、技术攻关、技能传承等方面的示范引领作用，在技能含量较高、技能人才较为集中的行业和大中型企业中建立技能大师工作室。截至2020年底，全区共有省级技能大师工作室3家、市级技能大师工作室11家、区级技能大师工作室14家，并以区级每年2~3家、市级每年1~2家的速度递增，形成了较为合理的梯队建设。未来江北区将通过更新修订区级技能大师工作室相关政策，适当放宽评选对象标准，鼓励区级生产技术类劳模创新工作室、工匠创新坊参评区级技能大师工作室，进而实现"两室（坊）联创"，打通联评渠道，全面打造共建共享、复合型、融合型的创新工作室（坊），建立职业学院师生与劳模、工匠面对面交流学习的常态化、长效化工作机制，充分发挥劳动模范、工匠和技能大师的示范引领和带动作用。

三是组织开展企业内部师徒帮教活动，充分发挥企业的培训主体作用。产业工人职业技能水平的培养与提高主要是在企业的生产与实践过程中完成的。企业既是产业工人的用人主体，也是产业工人技能培养和提升主体，在培养技能人才中应充分发挥企业的主体作用。江北区企业通过创新师带徒的技能培养和技能考核方式，以现实获得感为激励，不断完善企业内部技能人才培养的制度体系。如赛克思液压科技股份有限公司建立了师带徒三级科目考核制度。其中科目一是理论考试,合格后每月增加工资200元;科目二是现场操作考试,合格后每月增加工资300元;科目三是上机床考试,合格后每月工资增加300元。带徒弟的师傅每月也会获得200~1000元的带徒费作为奖励。在"精品工匠精神"企业文化的影响下,产业工人提升技能的积极性不断提高,企业崇技尚能氛围浓厚。

5. 劳模引领、工匠示范,打造产业工人队伍"新高地"

江北区在推进产业工人队伍建设改革中,既注重提升区内产业工人队伍的整体技能水平,又通过开展劳模和"江北工匠"选树工作,充分发挥劳模和工匠的示范引领作用。

一是通过选树劳模与工匠人才全力打造"工匠之区"。江北区在宁波市范围内率先开展"江北工匠"评选工作,从品行高尚、技艺精湛、贡献卓著的产业工人中选树各级工匠人才,共培育"江北工匠"35名,"港城工匠"16名,"浙江工匠"1名。2019年重启区级劳模评选工作,成立区级劳模工匠服务队,举办3场工匠沙龙,全区13名职工入选市级劳模工匠技术服务队。通过组织劳模、工匠进企业、进班组,不断扩大先进典型影响力,营造劳动光荣的社会风尚和精益求精的敬业风气。

二是通过表彰奖励在企业中弘扬劳模精神、劳动精神和工匠精神。深入推进产业工人队伍建设改革,让广大产业工人更有获得感,既要完善技能导向的物质激励机制,还要通过营造尊重劳动、崇尚技能、鼓励创造的社会氛围,为工匠人才、技能人才的成长和发展提供良好的社会环境。江北区鼓励和引导企业把弘扬劳模精神、劳动精神和工匠精神与企业的评优评先联系起来。江北工业区规上企业通过健全表彰奖励制度,大力弘扬劳模精神、劳动精神和工匠精神。例如定期开展劳动与技能竞赛,制定每周、每月生产车间评优表彰机制,依据生产率选出年度之星、季度之星、月度之星等,表彰优秀员工、优秀班组长、优秀主管、优秀团队,在企业中营造"劳动光荣、技能宝贵、创造伟大"的文化氛围和"崇尚一技之长,不唯学历唯能力"的用人风尚。

三是通过打造立体服务体系加强对劳模与工匠人才的服务保障。江北区通过完善工业区内"五一劳动奖章"获得者、宁波市劳动模范获得者、宁波市首席工人、江北区劳动模范、首批江北工匠、第二届江北工匠、江北区女职工爱岗敬业先进标兵（共16人）等劳模档案信息管理，实现了劳模数据库的动态更新，建立了劳模协会微信交流群，加强了劳模与工匠人才之间的日常往来以及与工业区总工会之间的联系。2020年将区劳模协会更名为区劳模（工匠）协会，修订完善《江北区劳模工匠特殊困难帮扶办法》，将各级工匠纳入劳模日常服务保障范围。

6. 维护权益、强化保障，有效提升产业工人获得感

江北区在深入推进产业工人队伍建设改革中，一方面通过完善产业工人劳动经济权益保障机制，加强产业工人队伍建设改革的法治保障、财政保障。另一方面通过健全技能导向的物质激励机制，加强产业工人公共服务工作，不断提升产业工人获得感，为造就一支有理想守信念、懂技术会创新、敢担当讲奉献的高素质产业工人队伍保好驾、护好航。

一是依法规范企业用工行为，切实保障产业工人劳动经济权益。江北区通过成立"丁师傅调解工作室"，指导企业依法用工，坚持"四稳""三急"原则，实行矛盾纠纷首问责任制，创新采用"问、查、议、调、办"五步法化解各类劳动纠纷，构建企业和谐劳动关系，打通维护职工权益、服务企业发展的"最后一公里"。调解工作室成立以来，共为企业职工提供法律咨询320多次，受理并调解各类矛盾500多件，调解成功率、调解协议履行率均达到99%以上。此外，江北区通过创建"无欠薪江北"，有效保障农民工合法权益。强化建设工程领域无欠薪"六项制度"落实情况，加大实名制管理推行力度，提高实名制管理信息化水平，加强对企业执行"六项制度"情况检查，实行季度通报制度，对获表彰施工单位在项目信用分方面予以倾斜，对被批评的施工单位进行约谈、项目信用扣分，将情节严重的企业列入重点监管范围。

二是加强企业民主管理，充分发挥工会作为职工合法权益代表者、维护者的作用。江北区总工会深入落实《劳动法》《企业民主管理规定》等法律法规政策，以发展和完善基层民主管理制度为方向，以促进企业发展、维护职工权益为原则，以非公有制企业为重点，在江北区企业内推广"职工说事"制度，打造10家职工有效参与企业管理、切实维护职工合法权益、民主管理制度规范的示范企业。此外，江北区总工会还联合江北区司法局、人社局、安监局等相关部门共开展法制宣传活动12场（次），参加职工1865人次。

三是健全产业工人社会保险制度，维护产业工人安全健康权益。江北区实施阶段性医保减免优惠政策，已惠及全区企业近7.1万家次、参保职工70万余人次，减免职工基本医疗保险费逾1.3亿元；全面开展普惠服务，2019年出资21.5万元，为1.07万名职工赠送特种重病互助保障；发动企业和各级工会筹资46万元开设68个工会"爱心托管班"，惠及2000多户产业工人家庭，为产业工人"乐业"解决后顾之忧。江北区还围绕重点区域、重点行业、重点企业，开展监督执法工作，做好摸底排查工作、尘毒危害专项执法工作，严厉查处违法行为。

四是多措并举，全面加强产业工人公共服务工作。江北区不断扩大优质教育公共服务覆盖面，由属地街道、工业区管委会等汇总区域内骨干企业产业工人子女入学需求，优先安排至就近的公办学校就读，在实现符合条件的产业工人子女能100%入学、入园的基础上，力争向更多优秀产业工人尤其是劳模、工匠子女提供优质教育服务。持续扩大卫生计生、文化体育等服务对产业工人的覆盖面。江北区积极开展"健康企业"服务工作，率先实行"企业医管家"服务，组建专家指导团队入企开展健康建设指导，为每家企业建立健康档案，鼓励引导有条件的企业建设"健康小屋"，提升职工自我健康监测能力。

三 构建"互联网+产业工人队伍建设改革"的新体系

智能制造意味着传统生产方式的革新和智能装备广泛应用于制造流程，

这种转变必然对生产过程中的产业工人提出更高的要求，对高素质产业工人的需求将不断上升。将互联网与产业工人队伍建设改革相结合，不仅是顺应产业转型升级的必然举措，也是提高劳动者素质、打造高素质产业工人队伍的重要手段。江北区在推动产业工人队伍建设改革中，以"智工之家"为平台，以互联网为基础，以大数据、云计算和泛在网络为技术支撑，融合思想引领、技能水平提升、职工文化建设、普惠服务、校企合作等服务功能，实现了企业、政府、工会和职业院校信息与资源的互联互通，构建起全方位服务于产业工人队伍建设改革的一体化管理平台，形成了多主体协同参与的产业工人队伍建设改革新模式。

1. "互联网+产业工人队伍建设改革"的基本思路

随着生产自动化和智能化水平的不断提高，越来越多的重复性的熟练工作岗位将被智能机器所替代，人工智能的快速发展将使劳动者的工作环境和工作方式发生巨大变化，对劳动者素质和技能水平的要求不断提高，产业工人将从过去的机器操作者转变为生产过程中的规划者、协调者、评估者和决策者，产业工人的人机交互能力、灵活处理各种实际问题的能力以及创新能力变得越来越重要。[1] 深化互联网在制造领域的运用，不仅仅要将互联网技术运用于生产过程自动化、智能化和提升产品质量这些"物"的方面，而且要将互联网技术更好地运用到提升和改善产业工人技能水平这些"人"的方面。"互联网+产业工人队伍建设改革"不是简单地将互联网作为信息传递工具的"产业工人队伍建设改革+互联网"模式，而是要以互联网的思维逻辑、价值理念及运营方法为主导，将以云计算、大数据为代表的新一代信息技术与产业工人队伍建设改革融合创新，将互联网的创新成果和创新理念广泛应用于产业工人队伍建设改革的全过程中。在互联网背景下推进产业工人队伍建设改革，本质内涵是"创新驱动"，价值导向是"以人为本"，实现途径是"开放协作"。

---

[1] 朱巧玲、李敏：《人工智能的发展与未来劳动力结构变化趋势——理论、证据与策略》，《改革与战略》2017年第12期。

（1）本质内涵是"创新驱动"。

创新既是企业持续发展的核心动力，也是互联网思维的重要内容，互联网正在成为驱动创新发展的重要力量。大数据、云计算、物联网、移动互联等信息技术的快速发展，使传统产业获得了进行自我变革和转型升级的前所未有的机遇，加速了不同领域的信息互联互通，将生产过程中的生产、流通、交换等环节打通，让供求信息得到更为有效的对接，让资源和要素得到更为有效的配置。"互联网+"不仅可以促进产品创新和技术创新，还可以推动产业组织模式创新、服务模式创新、运营模式创新、盈利模式创新、体制机制创新和文化创新，最重要的是观念创新。[①] 因此，在互联网背景下推进产业工人队伍建设改革，就要不断创新产业工人队伍建设改革网络载体，将互联网的创新成果和创新理念深度融合于产业工人队伍建设改革的全过程，形成以产业工人为中心、以互联网为基础设施和驱动要素、各个利益主体协同参与的新局面，推动产业工人队伍建设改革落地生根。

（2）价值导向是"以人为本"。

互联网、云计算、大数据等正在从简单的工具快速发展成为社会基础设施，带动了生产和消费由供给导向到需求导向转变，促进了个人价值的凸显与中心地位的回归。互联网的发展提高了人们的生产效率、沟通效率和生产生活中的各方面体验，提高了资源配置的效率，提升了人们的生活质量，体现了人们对美好生活的向往和追求，因此互联网代表着以人为中心、以人为本的普惠经济。《新时期产业工人队伍建设改革方案》明确提出产业工人队伍建设改革的一个基本原则，即"坚持以人为本"推动改革往有利于维护社会公平正义的方向前进，往有利于促进产业工人实现体面劳动、全面发展的方向前进，通过改革给产业工人带来更多满足感和获得感。[②] 由此可见，互联网思维中的"用户至上"理念与产业工人队伍建设改革的"以人为本"

[①] 李海舰、田跃新、李文杰：《互联网思维与传统企业再造》，《中国工业经济》2014年第10期。

[②] 李玉赋主编《新的使命和担当——〈新时期产业工人队伍建设改革方案〉解读》，中国工人出版社，2017。

的基本原则高度一致。在互联网背景下推进产业工人队伍建设改革，就是要将先进的互联网技术和理念运用到产业工人思想引领、技能提升、作用发挥、支撑保障等全过程中，通过推动"互联网+"普惠性服务，将改革落到实处，让更多的产业工人在政治上有待遇、社会上有地位、经济上有实惠、职业上有保障。

（3）实现途径是"开放协作"。

以互联网思维为指导，在互联网背景下推进产业工人队伍建设改革，其实现途径为"开放协作"。开放就是"互联互通"。就企业而言，不仅需要拆除企业内部之间的"墙"，更要拆除企业与外部之间的"墙"，面向社会、面向全球，充分利用外部资源实现企业从有边界发展到无边界发展的突破。[1] 以强大的存储性和交互技术为支撑，互联网可以通过吸纳大量的知识和信息形成一个巨大的"信息库"。随着在互联网不同终端连接起来的人们继续上传、发布新的信息，这一"信息库"的容量也在不断扩大。互联网使各类教育资源的平等共享成为可能，世界各地的优质教育资源可能跨越不同的校园、地区和国家覆盖地球每个角落。因此应该充分发挥云计算技术的分布式存储优势，整合各类数字教育培训资源向全社会服务，形成职业院校与企业合作、多元参与、共建共享优质资源的开放模式，加强产业工人的职业技能培训和提升产业工人技能水平。[2] 协作就是要博采众长、资源共享、互通有无，形成多元主体参与配合的合作模式。《新时期产业工人队伍建设改革方案》提出，要"构建合力推进产业工人队伍建设改革的工作格局"，建立贯彻落实协调机制，由中华全国总工会牵头、各相关部门参与，加强对产业工人队伍建设改革的宏观指导、政策协调和组织推进，实现产业工人队伍建设与宏观政策、产业政策、就业政策、社会政策联动，打破部门界限，形成整体合力。"互联网+产业工人队伍建设改革"就是要以"万物互联"

---

[1] 杨蕙馨、李峰、吴炜峰：《互联网条件下企业边界及其战略选择》，《中国工业经济》2008年第11期。

[2] 闫广芬、张栋科：《"互联网+职业教育"体系架构与创新应用》，《中国电化教育》2016年第8期。

为特性，构建政府、企业、职工、工会多元主体积极参与的协同推进模式。

2. "互联网+产业工人队伍建设改革"的体系构建

江北区"互联网+产业工人队伍建设改革"的体系构建以江北区的"智工之家"为依托，以互联网为基础设施和创新要素，以云计算、大数据和泛在网络为支撑技术。通过参与主体间的互联互通，共享产业工人队伍建设改革的相关数据与信息，消除"信息孤岛"；通过共享技能提升与培训资源，消除"资源孤岛"；通过发挥思想引领、技能提升、普惠服务、校企合作四种服务职能，形成多主体协同参与的产业工人队伍建设改革新模式。

（1）构建产业工人队伍信息平台。

"互联网+"的一个重要特征就是平台经济或平台模式，移动互联网的快速发展和智能手机的普及极大地推动了互联网平台经济的发展。与传统经济模式不同的是，互联网平台经济使厂商从过去生产的规模经济转变为当前用户的规模经济，从边际成本递减转变为边际收益递增，通过打造一个多主体共赢互利的生态圈，提升企业的生产经营效率，降低信息不对称程度，促进资源和要素的跨界整合与合理配置，从而提高经济效率。"互联网+产业工人队伍建设改革"的基础就是要构建一个产业工人队伍信息平台，以互联网为基础，以大数据、云计算和泛在网络为技术支撑，融合思想政治建设、技能水平提升、职工文化建设、普惠服务、校企合作等服务功能，实现企业、政府、工会和职业院校信息与资源的互联互通，构建全方面服务于产业工人队伍建设改革的一体化管理平台。

（2）建立产业工人基础数据库和学习资源数据库。

产业工人基础数据库是产业工人队伍信息平台运行的重要载体。建立产业工人基础数据库不仅要进行产业工人基本信息的采集和登记，而且要运用云计算的资源分布式存储技术与大数据分布式数据库技术，统一数据采集项目和采集标准，及时准确掌握产业工人的生产生活、技术技能和思想状况，推动各地区、各部门、各有关企事业单位及工会组织的相关信息互通互联、数据共享，加强顶层设计和统筹规划，明确各部门数据共享的范围边界和使

第十一章 涓流成海：非公企业产业工人队伍建设改革的探索与实践

用方式，打通数据壁垒，对产业工人队伍的基本状态进行常态化跟踪，对产业工人技能水平进行评估和测试，形成基于大数据、全过程、全方位的综合素质评价系统。互联网同时也改变了产业工人的传统学习模式，移动学习、双向实时互动学习、网上社区等多种学习形式的出现，丰富了产业工人学习的内容和形式。因此，构建产业工人学习资源数据库需要整合职业院校的在线教育培训资源，通过构建校企合作的优质教育资源建设联盟，为产业工人提供专业齐全的实操案例、模拟实训、工匠讲坛等在线学习资源，以满足产业工人在线学习的需求，形成线上线下有机结合的网络化泛在学习新模式，全面提升产业工人队伍的技能水平。

(3) 发挥思想引领、技能提升、普惠服务、校企合作等功能。

第一，发挥思想引领功能。随着科技进步和互联网技术的创新，思想理论的传播载体和传播方式正在发生重要变化。在互联网背景下推进产业工人队伍建设改革，就要加强对产业工人思想引领，把社会主义核心价值观、职业道德、社会公德、家庭美德、个人品德等思想观念及时、形象地传播到产业工人中。运用网络平台，采取产业工人喜闻乐见的载体和方式，大力弘扬劳模精神、劳动精神、工匠精神，不断提升网络文化产品的供给与服务能力。开展"劳模展示微视频""画面故事"等网络文化创意活动，讲述劳模和工匠故事，展示劳模和工匠风采。通过互联网宣传，让劳动创造财富、劳动创造价值的理念深入人心，突出辛勤劳动、诚实劳动、创造性劳动在国家经济社会发展中的主导作用，形成劳动光荣、技能宝贵、创造伟大的主流价值观。

第二，发挥技能提升功能。素质是立身之基，技能是立业之本。产业工人队伍建设改革的重要内容即提升产业工人的技能水平。因此"互联网+产业工人队伍建设改革"体系的核心服务功能就是基于互联网技术，依托产业工人队伍信息平台、产业工人基础数据库、产业工人学习资源数据库，加强产业工人的技能培训，提升产业工人的技能水平。例如，开展网上技能竞赛和"比武"活动，引导企业积极开展网上"练兵比武"活动，开发包括闯关练兵、在线培训、在线考试、网上创新等模块的网上练兵平台，为产业工人提供技能提升的便捷渠道；开发内容丰富、学习便捷的网络培训课程，利用数字化手段构建 3D 动画模拟工艺实操模块，利用信息化工具互通互联优势，整合不同行业的工艺技术场景和职业教育培训资源，为产业工人提供各类职业技能培训的网络课程；通过建设职工电子书屋，创建网上图书馆，建立网络读书交流平台，满足产业工人多样化的学习需求。

第三，发挥普惠服务功能。推进"互联网+"普惠性服务，以产业工人队伍信息平台为基础，运用大数据、云计算等技术对产业工人基础数据库和学习资源数据库中的数据信息进行分析处理，可以更加迅速地动态掌握产业工人的多样化需求。各项服务可记录、可追溯，便于打造方便快捷、务实高效的服务职工新通道，提高工会服务产业工人的精准化水平，更好地满足产业工人的个性化需求，进一步密切工会与产业工人的联系，使工会服务更加直接、更加深入、更加贴近职工群众。

第四，发挥校企合作功能。产业工人的技能形成始于职业教育。职业教育是指劳动者入职前的各层次、各类型职业（技工）院校提供的技能教育，或是指对未来产业工人的培养。现代职业教育是构建产业工人技能形成体系的基础，对于推进产业工人队伍建设改革具有重要意义。在互联网背景下加强和推动产业工人队伍建设改革，可以借助互联网有效解决产业工人供需矛盾，实现技能人才供需的有效衔接。从需求侧来看，企业可以依托产业工人队伍信息平台，基于产业工人基础数据库中的信息，明确企业所需要的技能人才数量和类型，向有关职业（技工）院校发布企业的人才需求信息，消除人才招聘过程中的信息不对称，提高信息传递效率，构建职业（技工）院校与企业间高效联系沟通的机制。从供给侧来看，产业工人队伍信息平台可以有效地整合企业培训资源和职业（技工）院校的教育资源，使企业利用设备与技术优势与职业（技工）院校共同开发产业工人技能提升和培养的优质教学资源，在实践教学、实习实训、课题研究等方面与职业院校开展积极合作，形成深度融合的校企合作模式。

| 第十二章 |

久久为功：科学构建产业工人队伍建设改革的评价考核体系

习近平总书记在中央全面深化改革领导小组第三十一次会议上强调，全面深化改革要统筹协调各方面改革工作，增强改革定力，加强改革协同，完善抓落实的工作机制和办法，把责任压实、要求提实、考核抓实，推动改革落地见效。从实践维度看，随着产业工人队伍建设改革不断向纵深发展，对政策的针对性与有效性也提出了更精准的要求。要加快推动产业工人队伍建设改革评价考核工作，对重点任务、专项工作落实情况开展专项督查，从重过程向重结果转变，引领和驱动产业工人队伍建设改革各项举措落实落地落细。本章将从劳动经济学、计量经济学和公共政策评价学的跨学科视角出发，通过构建产业工人队伍建设改革评价考核指标体系，提出开展产业工人队伍建设改革评价考核的实施方案与路径，不仅有助于发现改革推进中存在的困难，也有利于通过量化评价，发现好经验、好做法，考量当前政策效果，为现行政策调整和未来政策制定提供依据，为产业工人队伍建设改革政策体系的完善提供理论指导。

一 产业工人队伍建设改革评价考核的指标体系构建

政策评价是通过构建科学、全面的评价指标体系，对政策文件及其实施过程和效果进行系统化、全方位的考察和分析，之后得出合理的评价结论。为调整政策措施、提高政策执行效率，应根据政策评价识别出问题并提出相关优化建议，进而为判断未来政策走势等提供决策参考和依据。产业工人队伍建设改革实施以来，各级党委、政府、工会围绕改革重点任务积极开展工作，31个省（区、市）和新疆生产建设兵团分别从省级层面出台了实施方案，不同地区也出台了更为细化的市、区层面实施方案。2021年3月，宁波市江北区甬江街道还出台了《关于新时代甬江街道产业工人队伍建设改革实施方案》，加快推动产业工人队伍建设改革的各项举措在基层落地。考虑到不同所有制、不同规模企业在产业工人队伍建设改革中的异质性，本章从区域层面出发，探索构建适合区域特征、可量化、易操作的产业工人队伍建设改革评价考核指标体系。

1. 评价指标设计原则

（1）综合性与专业性原则。

产业工人队伍建设改革涉及领域广、涉及职能部门多，不同地区、不同部门在工作侧重、承担任务等方面存在较大差异，改革开展情况绩效评估和综合评价的影响因素较为复杂。构建评价指标体系时，既要综合考虑改革各项重点任务的落实情况，使评价指标体系具有很好的综合性、代表性，又要注重不同业务领域评价指标的专业性、个性化，能够准确评价产业工人队伍建设改革各项工作开展情况。

（2）系统性与针对性原则。

产业工人队伍建设改革评价考核指标体系构建应注重使指标的覆盖范围、层次划分、内涵定义等内容协调统一、相辅相成，切实反映产业工人队伍建设改革的实际情况。同时，为避免评价指标体系构建陷入"泛而全"的误区，应根据评价目标，有针对性地设置、筛选评价指标，突出指标体系"少而精"的优势，重点关注产业工人思想引领、建功立业、素质提升、地位提高、队伍壮大等改革重点任务在不同地区的开展情况。

(3) 科学性与可操作性原则。

在甄选产业工人队伍建设改革评价考核指标时应采用科学有效的方式方法，确保指标选取质量。对于定量、定性评价指标，在选取时需明确指标的内涵、计算方法和数据来源，使得评价数据统计工作简便易行，指标计算操作可行。

(4) 适应性与前瞻性原则。

产业工人队伍建设改革评价考核指标体系构建应与时俱进，紧密结合新时期、新形势，适应当前国内经济社会环境，围绕产业工人的多样化需求，评价指标体系应兼顾长期性和短期性评价指标，具有良好的可拓展性与前瞻性，不断把产业工人队伍建设改革引向深入，切实有效提升广大产业工人的获得感、幸福感、安全感。

2. 评价指标体系框架

为了解决当前我国产业工人在数量结构、整体素质、制度保障、权益实现、思想认识等方面存在的突出问题，中共中央、国务院印发的《新时期产业工人队伍建设改革方案》围绕加强和改进产业工人队伍思想政治建设、构建产业工人技能形成体系、运用互联网促进产业工人队伍建设、创新产业工人发展制度、强化产业工人建设支撑保障5个方面，提出了25条改革举措。依据《新时期产业工人队伍建设改革方案》中提出的主要举措和产业工人队伍建设改革工作的重点任务，本书从思想引领、建功立业、素质提升、队伍壮大、权益保障5个维度出发，构建产业工人队伍建设改革政策效果评价指标体系框架，包括14个一级指标、43个二级指标（见表12-1）。

3. 评价数据采集处理

综合考虑各项评价指标的统计数据采集需求，可以根据数据采集方法将产业工人队伍建设改革评价考核指标分为统计性指标、调查性指标和专家评价性指标。

统计性指标包括产业工人党员比例、职工合理化建议实施率、中等职业教育在校生数、技能人才数等可以通过统计数据直接获取的评价指标。

表 12-1　产业工人队伍建设改革政策效果评价指标体系

评价维度	一级指标	二级指标
思想引领	产业工人队伍党建工作	产业工人党员比例(%)
		非公企业党员比例(%)
		农民工党员比例(%)
	产业工人思想政治引领	职工思想政治宣传教育活动(场)
		职工教育基地(个)
	产业工人主人翁地位	产业工人在党委、人大、政协、群团组织的代表大会代表、委员会委员中的比例(%)
		产业工人在群团组织挂职和兼职人数(人)
		国有企业职代会、厂务公开制度建制率(%)
		百人以上非公企业职代会、厂务公开制度建制率(%)
建功立业	劳动和技能竞赛	劳动和技能竞赛数量(场)
		劳动和技能竞赛参与职工数(人次)
	产业工人创新能力	劳模和工匠人才创新工作室(个)
		职工合理化建议实施率(%)
		职工创新创效成果数(项)
		全员创新企业(个)
素质提升	职业培训	开展补贴性职业技能培训(人次)
		参加企业新型学徒培训(人次)
		开展网络培训(人次)
		新增取得职业资格证书或职业技能等级证书(人次)
	职业教育	中等职业教育在校生数(万人)
		专科层次职业教育在校生数(万人)
		实训基地骨干专业覆盖率(%)
	技能形成	自主开展技能评价企业数(个)
		产业工人职业发展通道合理性
		技术工人薪酬待遇合理性
队伍壮大	产业工人规模	产业工人数量、年度增长率(万人,%)
		制造业产业工人数量、年度增长率(万人,%)
		技术工人主动离职率(%)
	工匠与技能人才	区县级以上工匠人才数(人)
		技能人才数(万人)
		高技能人才数(万人)
		高技能人才培训基地(个)

续表

评价维度	一级指标	二级指标
队伍壮大	农民工融入城市	农民工产业工人数量、年度增长率(万人,%)
		农民工融入城市配套政策
		农民工公共就业服务体系建设情况
权益保障	劳动权益	健全向一线产业工人倾斜的分配制度情况
		推行"互联网+"普惠性服务情况
		产业工人职业安全健康情况
	法治保障	为职工提供工会法律援助服务(件)
		建会企业集体协商建制率(%)
		劳动保障监察举报投诉案件结案率(%)
	暖心服务	户外劳动者驿站(个)
		职工服务中心服务职工数(人次)

调查性指标包括职工思想政治宣传教育活动数、自主开展技能评价企业数、产业工人在群团组织挂职和兼职人数、开展补贴性职业技能培训、为职工提供工会法律援助服务等需要通过问卷调查、与有关部门座谈交流获取资料等调查方式获得指标值的指标，这类指标通常是需要采取一定的量化分析后才能得出的间接指标。

专家评价性指标是指难以通过统计和调查获得指标值，需要行业专家通过查阅资料、统计数据、对比标准、现场调查、结果分析等多种方式，借助专家经验获得指标值的评价指标，包括产业工人职业发展通道合理性、技术工人薪酬待遇合理性等评价指标。

在完成数据采集后，产业工人队伍建设改革评价考核结果测算需要综合应用专家评价法和层次分析法，基于评价指标体系中各项指标的指标值，结合层次分析法获得的不同指标权重，采用加权平均法得到最终的评价结果，并根据评价专家组意见，对评价结果进行校核优化。

二 产业工人队伍建设改革评价考核的实施步骤

加强对产业工人队伍建设改革的综合评价考核，开展改革情况绩效评估，探索实行第三方评估,对重点任务、专项工作落实情况开展专项督查,从重过程向重结果转变,是推动产业工人队伍建设改革落实落地落细的重要举措。借鉴回应性监管理论的基本理念,本部分提出基于第三方评价机构的产业工人队伍建设改革评价考核实施步骤,主要包括以下四个阶段(见图12-1)。

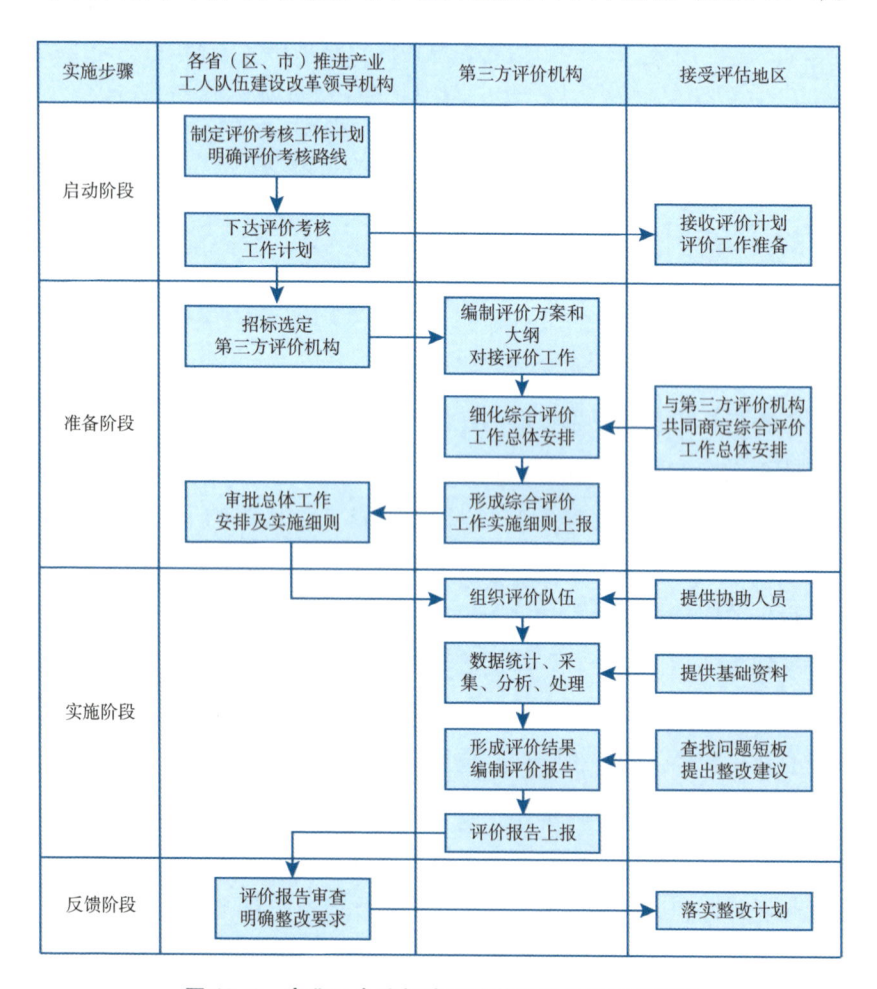

实施步骤	各省(区、市)推进产业工人队伍建设改革领导机构	第三方评价机构	接受评估地区
启动阶段	制定评价考核工作计划 明确评价考核路线 → 下达评价考核工作计划		接收评价计划 评价工作准备
准备阶段	招标选定第三方评价机构 → 审批总体工作安排及实施细则	编制评价方案和大纲 对接评价工作 → 细化综合评价工作总体安排 → 形成综合评价工作实施细则上报	与第三方评价机构共同商定综合评价工作总体安排
实施阶段		组织评价队伍 → 数据统计、采集、分析、处理 → 形成评价结果 编制评价报告 → 评价报告上报	提供协助人员 提供基础资料 查找问题短板 提出整改建议
反馈阶段	评价报告审查 明确整改要求		落实整改计划

图 12-1　产业工人队伍建设改革评价考核实施步骤

1. 启动阶段

由各省(区、市)推进产业工人队伍建设改革领导机构制定并发布产业工人队伍建设改革评价考核工作计划,明确指定地区作为评价对象,将评价考核工作计划下达至指定地区推进产业工人队伍建设改革领导机构。

2. 准备阶段

按照规定的招标程序选取第三方评价机构，由确定的第三方评价机构根据产业工人队伍建设改革评价考核工作计划，编制评价方案和大纲。各省（区、市）推进产业工人队伍建设改革领导机构组织有关单位人员，协助第三方评价机构开展评价工作。第三方评价机构会同各省（区、市）推进产业工人队伍建设改革领导机构，协商确定产业工人队伍建设改革情况绩效评价工作总体安排，制定评价工作实施细则。

3. 实施阶段

在评价工作总体安排审批通过后，第三方评价机构组织收集相关基础资料，有关部门协助第三方评价机构提供基础资料。基础资料收集完成后，由第三方评价机构对基础数据进行分析、处理，测算关键定量和定性指标，根据选取的评价指标、评价方法给出评价结果。接受评估地区对照评价结果，发现好经验、好做法，查找问题与短板，提出整改建议，形成评价报告，按照产业工人队伍建设改革评价考核工作计划确定的时间节点上报推进产业工人队伍建设改革情况绩效评估报告。

4. 反馈阶段

各省（区、市）推进产业工人队伍建设改革领导机构组织审查评价报告，帮助查找分析改革推进中存在的困难，重点针对评价梳理的问题及整改建议，对领导机构设置、方案制定、试点选取、改革推进等环节进行逐一指导，加快推进改革进程。

三　产业工人队伍建设改革评价考核的推进路径

1. 将产业工人队伍建设改革评价考核作为开展改革情况绩效评估的重要依据

自 2017 年产业工人队伍建设改革启动以来，各级党委、政府、工会和相关部门扎实开展工作，推动改革取得阶段性进展。为了进一步推动产业工

人队伍建设改革各项举措落地见效,加强对产业工人队伍建设改革的综合评价考核,开展改革情况绩效评估,对重点任务、专项工作落实情况开展专项督查尤为重要。按照共通性与特殊性、定性与定量评价相结合的原则,将产业工人队伍建设评价考核作为改革情况绩效评估中定量评价的依据。通过开展政策效果评价工作,一方面发现好经验、好做法,推动经验分享和成果转化,另一方面发现问题、找出短板,明确工作重点,探索解决问题的对策举措,进而把各项改革举措落实落地落细。

2. 分类建立政策评价指标库和案例库

政策绩效评价指标包括通用指标和分类指标两类。通用指标是各类政策评价均适用的共性指标框架。在共性指标框架的基础上,有必要按照地方经济社会发展的实际情况,搭建思想引领、建功立业、素质提升、队伍壮大、权益保障等不同维度的分类指标框架,丰富一、二级共性指标下的三、四级个性指标。同时在实践中不断进行总结提炼,逐步形成分类的产业工人队伍建设改革绩效评价案例库。

3. 建立产业工人队伍建设改革政策评价与其他相关政策评价的协调机制

推进产业工人队伍建设改革是系统工程,需要充分调动各相关方力量,把资源和力量整合起来,把各方积极性调动起来,形成推进改革的合力。研究者常常存在一种误区,即通过形成尽可能完善、系统的政策体系,使政策效果得到改观。在政策执行的实践中,政策的完备性替代不了政策所起的全部作用,政策的作用还必须通过整个政策系统的有效运行才能充分表达。因此在实践中为了达到产业工人队伍建设改革的预期效果,需要强化产业工人队伍建设与宏观政策、产业政策、就业政策、社会政策联动,强化不同政策制定单位之间的工作协同。政策协同是政策过程及政策绩效的关键影响因素,也是确保产业工人队伍建设改革取得"1+1>2"成效的重要保障。

4. 分行业推动开展产业工人统计调查工作

尽管产业工人的行业分类中包括第三产业的生产性服务业,但当前我国产业工人的主体依然是在第二产业中的制造业、建筑业从业的工人。在第三产业开展生产性服务活动的产业工人与在第二产业中开展生产制造活动的产业工人的工作性质和工作岗位存在较大差别，不同行业的产业工人在实践中存在的问题与面临的挑战也不尽相同。例如制造业中从事生产制造工作的一线产业工人普遍存在工资水平较低的问题。据统计，2021年制造业中在生产制造岗位工作的产业工人年平均工资仅为68024元，远远低于信息传输、软件和信息技术服务业中就业人员的工资水平。在进一步深化产业工人队伍建设改革中，为了更加精准地了解不同行业产业工人面临的新形势、新问题，建议分行业开展产业工人统计调查工作，有针对性地开展第二产业从业产业工人和第三产业生产性服务业从业产业工人的调查工作。

5. 推动建立产业工人动态监测数据库

当前我国产业工人状况主要是依据产业工人的行业类别，利用国家统计局的宏观数据进行统计和分析，这种统计方式过于笼统，容易忽略不同工作岗位、不同行业类别产业工人的差异性。还有一些调查使用发放问卷的方式对产业工人状况进行分析，调查的抽样性和规范性还有待提升，导致调查结果主观性较强。建议在进一步深化产业工人队伍建设改革中，结合传统抽样调查方法和大数据方法的优点，借助各级工会已经设立的大数据监测系统，加强不同部门之间的数据共享，逐步建成产业工人动态监测数据库，及时预警热点、敏感问题，提前预测发展趋势，实现对产业工人队伍的动态监测。

参考文献

[1] 〔德〕奥利弗·索姆、伊娃·柯娜尔主编《德国制造业创新之谜：传统企业如何以非研发创新塑造持续竞争力》，工业4.0研究院译，人民邮电出版社，2016。

[2] 蔡昉：《刘易斯转折点与公共政策方向的转变——关于中国社会保护的若干特征性事实》，《中国社会科学》2010年第6期。

[3] 蔡昉：《中国面临的就业挑战：从短期看长期》，《国际经济评论》2022年第5期。

[4] 陈祎、刘阳阳：《劳动合同对于进城务工人员收入影响的有效性分析》，《经济学（季刊）》2010年第9卷第2期。

[5] 邓睿、冉光和：《子女随迁与农民工父母的就业质量——来自流动人口动态监测的经验证据》，《浙江社会科学》2018年第1期。

[6] 邓睿：《多维就业质量视角下农民工社会资本的就业效应评估——来自中国劳动力动态调查的证据》，《浙江社会科学》2019年第12期。

[7] 邓睿：《工会会员身份提高了农民工的就业质量吗？——来自流动人口专题调查的证据》，《当代经济科学》2020年第3期。

[8] 邓悦、郑汉林、王泽宇：《家属随迁何以影响农民工城镇化融合？》，《南京农业大学学报》（社会科学版）2019年第1期。

[9] 都阳：《制造业企业对劳动力市场变化的反应：基于微观数据的观察》，《经济研究》2013年第1期。

[10] 官华平：《流动人口就业稳定性与劳动权益保护制度激励研究》，《西北人口》2016年第1期。

[11] 韩通、郄海霞：《面向2035：我国技能型社会建设的内涵实质、现实逻辑与机制路径》，《职业技术教育》2022年第19期。

[12] 何小钢、罗奇、陈锦玲：《高质量人力资本与中国城市产业结构升级——来自"高校扩招"的证据》，《经济评论》2020年第4期。

[13] 蒋梦诗、沈勤：《我国高技能人才供给与区域产业发展的耦合协调关系研究——基于2008-2019年28个省域面板数据》，《职业技术教育》2022年第13期。

[14] 靳卫东：《人力资本与产业结构转化的动态匹配效应——就业、增长和收入分配问题的评述》，《经济评论》2010年第6期。

[15] 〔美〕凯瑟琳·西伦：《制度是如何演化的：德国、英国、美国和日本的技能政治经济学》，王星译，上海人民出版社，2010。

[16] 〔英〕克里斯·弗里曼、罗克·苏特：《工业创新经济学》，华宏勋等译，北京大学出版社，2004。

[17] 赖德胜：《高质量就业的逻辑》，《劳动经济研究》2017年第6期。

[18] 冷晨昕、陈丹青、祝仲坤：《加入工会能缓解农民工的过度劳动吗——来自中国流动人口监测调查的经验证据》，《财经科学》2021年第1期。

[19] 李海波、仇保兴：《城市级别对农民工市民化倾向的影响》，《城市问题》2019年第11期。

[20] 李明、徐建炜：《谁从中国工会会员身份中获益?》，《经济研究》2014年第5期。

[21] 李玉赋：《工会基础理论概论》，中国工人出版社，2018。

[22] 李玉赋主编《新的使命和担当——〈新时期产业工人队伍建设改革方案解读〉》，中国工人出版社，2017。

[23] 李中建、袁璐璐：《务工距离对农民工就业质量的影响分析》，《中国农村经济》2017年第6期。

[24] 林伟、李龙、宋月萍：《劳动合同形式对农民工工资率的影响》，《经济与管理研究》2015年第11期。

[25] 刘传江、龙颖桢、付明辉：《非认知能力对农民工市民化能力的影响研究》，《西北人口》2020年第2期。

[26] 刘达、韦吉飞、李晓阳：《人力资本异质性、代际差异与农民工市民化》，《西南大学学报》（社会科学版）2018年第2期。

[27] 刘凤义：《社会主义市场经济中劳动力商品理论再认识》，《经济学动态》2017年第10期。

[28] 刘莹莹、梁栩凌、张一名：《新生代农民工人力资本对其就业质量的影响》，《调研世界》2018年第12期。

[29] 罗峰、顾楚丹：《日常生活感受对农业转移人口市民化意愿的影响——基于全国范围内3721份调研数据》，《调研世界》2020年第6期。

[30] 明娟、曾湘泉：《工作转换与受雇农民工就业质量：影响效应及传导机制》，《经济学动态》2015年第12期。

[31] 莫旋、刘杰：《中国是否存在工会"工资溢价"效应？——基于工业企业微观数据的分析》，《商业研究》2016年第6期。

[32] 莫旋、唐成千：《工会提高了职工收入吗？》，《财经论丛》2017年第1期。

[33] 秦立建、王震、葛玉好：《城乡分割、区域分割与流动人口社会保障缺失》，《经济理论与经济管理》2015年第3期。

[34] 任义科、王林、杜海峰：《人力资本、社会资本对农民工就业质量的影响——基于性别视角的分析》，《经济经纬》2015年第3期。

[35] 单红梅、胡恩华、黄凰：《工会实践对企业绩效影响的实证研究》，《管理科学》2014年第4期。

[36] 沈诗杰：《东北地区新生代农民工"就业质量"影响因素探析——以"人力资本"和"社会资本"为中心》，《江海学刊》2018年第2期。

[37] 石丹淅、赖德胜、李宏兵：《新生代农民工就业质量及其影响因素研

究》,《经济经纬》2014 年第 3 期。

[38] 苏群、李潇:《农民工市民化能力对定居意愿的影响及群体差异——基于中国劳动力动态调查数据的分析》,《湖南农业大学学报》(社会科学版)2019 年第 5 期。

[39] 孙中伟、贺霞旭:《工会建设与外来工劳动权益保护——兼论一种"稻草人机制"》,《管理世界》2012 年第 12 期。

[40] 谭啸:《深刻认识国有企业的制度优势》,《红旗文稿》2018 年第 4 期。

[41] 檀学文:《稳定城市化——一个人口迁移角度的城市化质量概念》,《中国农村观察》2012 年第 1 期。

[42] 王鸣、李永杰:《中国工会是否改善员工工资福利?——来自 2013 年广东佛山南海企业—员工匹配数据的证据》,《华南师范大学学报》(社会科学版)2014 年第 6 期。

[43] 王星、徐佳虹:《中国产业工人技能形成的现实境遇与路径选择》,《学术研究》2020 年第 8 期。

[44] 王星:《技能形成、技能形成体制及其经济社会学的研究展望》,《学术月刊》2021 年第 7 期。

[45] 魏下海、董志强、黄玖立:《工会是否改善劳动收入份额?——理论分析与来自中国民营企业的经验证据》,《经济研究》2013 年第 8 期。

[46] 魏下海、董志强、金钊:《工会改善了企业雇用期限结构吗?——来自全国民营企业抽样调查的经验证据》,《管理世界》2015 年第 5 期。

[47] 肖小勇、黄静、郭慧颖:《教育能够提高农民工就业质量吗?——基于 CHIP 外来务工住户调查数据的实证分析》,《华中农业大学学报》(社会科学版)2019 年第 2 期。

[48] 徐雷、屈沙、杜素珍:《劳动合同、工会身份与劳动者权益保障——基于 CGSS 2013 数据的验证》,《财经论丛》2017 年第 1 期。

[49] 〔英〕亚当·斯密:《国富论(上卷)》,郭大力、王亚南译,商务印书馆,2019。

[50] 杨凡、林鹏东:《流动人口非正规就业对其居留意愿的影响》,《人口学刊》2018年第6期。

[51] 杨菊华:《城乡差分与内外之别:流动人口社会保障研究》,《人口研究》2011年第5期。

[52] 杨志明、吴帅:《农民工就地过年"百企万人"快速调查》,《中国人力资源社会保障》2021年第3期。

[53] 姚先国、周礼、来君:《技术进步、技能需求与就业结构——基于制造业微观数据的技能偏态假说检验》,《中国人口科学》2005年第5期。

[54] 姚洋、钟宁桦:《工会是否提高了工人的福利?——来自12个城市的证据》,《世界经济文汇》2008年第5期。

[55] 于潇、孙悦:《城镇与农村流动人口的收入差异——基于2015年全国流动人口动态监测数据的分位数回归分析》,《人口研究》2017年第1期。

[56] 俞林、印建兵、孙明贵:《新生代农民工市民转化能力结构模型构建与测度》,《经济体制改革》2019年第1期。

[57] 俞林、印建兵:《职业资本积累对新生代农民工市民转化意愿的驱动机理》,《职业技术教育》2021年第18期。

[58] 张敏、郑晓敏、卢海阳:《迁移模式对农民工市民化意愿的影响研究——基于福建省2635名农民工的实证分析》,《调研世界》2020年第9期。

[59] 张世伟、张娟:《劳动合同对农民工劳动报酬的影响》,《吉林大学社会科学学报》2017年第1期。

[60] 张世伟、张娟:《签订和未签订劳动合同农民工的劳动报酬差异》,《人口学刊》2017年第2期。

[61] 赵杨、刘延平:《我国产业结构与就业结构的关联性分析》,《经济学动态》2010年第12期。

[62] 周春芳、苏群:《我国农民工与城镇职工就业质量差异及其分解——

基于 RIF 无条件分位数回归的分解法》，《农业技术经济》2018 年第 6 期。

[63] 邹一南：《农民工落户悖论与市民化政策转型》，《中国农村经济》2021 年第 6 期。

[64] D. Acemoglu, P. Aghion, L. Bursztyn and D. Hemous. "The Environment and Directed Technical Change". *American Economic Review*, 2012a, 102 (1): 131-166.

[65] D. Acemoglu. "Patterns of Skill Premia". *Review of Economic Studies*, 2003a, 70 (2): 199-230.

[66] D. Acemoglu. "Labor-and Capital-Augmenting Technical Change". *Journal of the European Economic Association*, 2003b, 1 (1): 1-37.

[67] D. Autor and D. Dorn. "The Growth of Low-Skill Service Jobs and the Polarization of the US Labor Market". *American Economic Review*, 2013, 103 (5): 1553-1597.

[68] D. G. Blanchflower and A. Bryson. "The Wage Impact of Trade Unions in the UK Public and Private Sectors". *Economica*, 2010, 77 (305): 92-109.

[69] C. Brown and James L. Medoff. "Trade Unions in the Production Process". *Journal of Political Economy*, 1978, 86 (7): 355-378.

[70] D. Card. "The Effect of Unions on the Structure of Wages: A Longitudinal Analysis". *Econometrica*, 1996, 64 (4): 957-979.

[71] D. Checchi and C. García-Pealosa. "Labour Market Institutions and the Personal Distribution of Income in the OECD". *Economica*, 2010, 77 (307): 413-450.

[72] M. Chen and A. Chan. "Employee and Union Inputs into Occupational Health and Safety Measures in Chinese Factories". *Social Science & Medicine*, 2004 (58): 1231-1245.

[73] Clark, B. Kim. "The Impact of Unionization on Productivity: A Case Study". *Industrialand Labour Relations Review*, 1980, 33 (7): 451-469.

[74] C. Erhel and M. Guergoatlariviere. "Trends in Job Quality during the Great Recession and the Debt Crisis (2007-2012): A Comparative Approach for the EU". *Psychopharmacology*, 2015, 232 (19): 3563-3572.

[75] P. Findlay, A. L Kalleberg, C. Warhurst. "The Challenge of Job Quality". *Human Relations*, 2013, 66 (4): 441-451.

[76] R. B. Freeman and J. L. Medoff. *What Do Unions Do?* New York: Basic Books, 1984.

[77] Y. Ge. "Do Chinese Unions Have 'Real' Effects on Employee Compensation?" *Contemporary Economic Policy*, 2014, 32 (1): 187-202.

[78] M. Heidenreich. "Innovation Patterns and Location of Europeanlow-and medium-technology Industries". *Research Policy*, 2009, 38: 483-494.

[79] J. Hervas-Oliver, A. J. Garrigos, and I. Gil-Pechuan. "Makingsense of Innovation by R&D and Non-R&D Innovators in Low Technology Context: A Forgotten Lesson for Policymakers". *Technovation*, 2011, 31: 427-446.

[80] ILO. *Report of the Director-general: Decent Work*. International Labor Conference, 87th session, Geneva, 1999.

[81] R. Koenker and G. Bassett. "Regression Quantiles". *Economitrica*, 1978 (1): 33-50.

[82] P. Laroche and H. Wechtler. "The Effects of Labor Unionson Workplace Performance: New Evidence from France". *Journal of Labor Research*, 2011, 32 (2): 157-180.

[83] J. Leschke and A. Watt. "Challenges in Constructing a Multi-dimensional European Job Quality Index". *Social Indicators Research*, 2014, 118 (1): 1-31.

[84] H. G. Lewis. *Unionism and Relative Wages in the United States*. Chicago: Chicago University Press, 1963.

[85] Y. Lu, Z. Tao, and Y. Wang. "Union Effects on Performance and

Employment Relations: Evidence From China". *China Economic Review*, 2010 (1): 202-210.

[86] OECD. *Proposed Standard Practice for Surveys on Research and Experimental Development*. Paris: Frascati Manual, Organisation for Economic Co-operation and Development, 2002.

[87] S. Slichter. *Union Policies and Industrial Management*. Washington, DC: Brookings Institution, 1941.

[88] S. Slichter, J. Healy and R. Livernash. *The Impact of Collective Bargaining on Management*. Washington, DC: Brookings Institution, 1960.

[89] A. Verma. "What Do Unions Do to the Workplace? Union Effects on Management and HRM Policies". *Journal of Labor Research*, 2005, 26 (3): 415-449.

[90] Y. Yao and N. Zhong. "Unions and Workers' Welfare in Chinese Firms". *Journal of Labor Economics*, 2013, 31 (3): 633-667.

图书在版编目（CIP）数据

筑牢制造强国之基：产业工人队伍建设改革的理论逻辑与实践探索/赵明霏著.--北京：社会科学文献出版社，2024.1
ISBN 978-7-5228-2669-1

Ⅰ.①筑… Ⅱ.①赵… Ⅲ.①产业工人-体系建设-体制改革-中国 Ⅳ.①D412

中国国家版本馆CIP数据核字（2023）第198269号

筑牢制造强国之基
产业工人队伍建设改革的理论逻辑与实践探索

著　　者 / 赵明霏

出 版 人 / 冀祥德
组稿编辑 / 任文武
责任编辑 / 郭　峰
责任印制 / 王京美

出　　版 / 社会科学文献出版社·城市和绿色发展分社（010）59367143
地址：北京市北三环中路甲29号院华龙大厦　邮编：100029
网址：www.ssap.com.cn
发　　行 / 社会科学文献出版社（010）59367028
印　　装 / 三河市东方印刷有限公司

规　　格 / 开　本：787mm×1092mm　1/16
印　张：14.75　字　数：222千字
版　　次 / 2024年1月第1版　2024年1月第1次印刷
书　　号 / ISBN 978-7-5228-2669-1
定　　价 / 88.00元

读者服务电话：4008918866

版权所有 翻印必究